KB074421

여덟 학교 '환경교육 프로젝트'가 가져온
마을과 학교, 아이들과 교사의 변화를 기록하다

학교, 행복을 노래하다

학교, 행복을 노래하다

2017년 4월 20일 처음 펴냄
2018년 6월 11일 2쇄 펴냄

기획 교보교육재단
글쓴이 김경환
펴낸이 신명철
편집 윤정현
영업 박철환
관리 이춘보
디자인 최희윤
펴낸곳 (주)우리교육
등록 제 313-2001-52호
주소 03993 서울특별시 마포구 월드컵북로 6길 46
전화 02-3142-6770
팩스 02-3142-6772
홈페이지 www.uriedu.co.kr

ISBN 978-89-8040-157-4 03370

이 도서의 국립중앙도서관 출판예정도서목록(CIP)은
서지정보유통지원시스템 홈페이지(http://seoji.nl.go.kr)에서 이용하실 수 있습니다.
(CIP제어번호:2017001733)

여덟 학교 '환경교육 프로젝트'가 가져온
마을과 학교, 아이들과 교사의 변화를 기록하다

학교, 행복을 노래하다

교보교육재단 기획 | 김경환 글

우리교육

발간사

김대영•교보교육재단 이사장

교보교육재단은 1997년 설립된 이래 우리 시대의 환경 문제에 관심을 가지고 다양한 관련 프로그램을 진행해 왔습니다. '올바른 인성을 갖춘 참사람 육성'을 목표로 하는 저희 재단에게 생명의 존엄성을 전파하는 환경사업은 특히 그 의미가 남다릅니다.

그리고 지난 2011년부터 시작한 학교환경교육지원 프로그램은, 대부분 일회성에 그치고 있는 기존의 청소년 환경교육에 문제의식을 느끼고 기획한 사업입니다. 단기간의 교육은 아이들의 환경의식을 높이는 데에는 일정 부분 효과가 있지만 창의적이며 자발적인 실천행동을 이끌어 내는 데는 한계가 있습니다. 기틀을 다지고, 지역사회와 꾸준히 소통하며 가치 공유를 통한 지역공동체 완성에는 긴 호흡의 프로그램이 필요하다 판단했습니다.

'학교, 행복을 노래하다'는 8개의 학교가 3년간 이를 실천한 이야기를 담은 것입니다. 지난 2014년 '학교, 생명을 노래하다'를 발간한데 이어 새로운 이야기를 후속으로 엮었습니다. 각 학교의 지리적 위치와 환경적 특성을 고려하여 테마를 설정하고 다양한 사례를 개발하기 위해 많은 공을 들였습니다. 벼농사 짓고 텃밭 가꾸는 소녀들, 두루미 먹이를 나누며 시 쓰고 노래하는 아이들, 플러그를 뽑고 탄소 배출량을 체크하는 친구들 등. 동식물 터전에 대한 교육부터 친환경 에너지의 필요성까지, 지속가능한 환경에 대해 아이들과 함께 고민하고 함께 체험했습니다.

그리고 무엇보다 저희가 중점을 두었던 것은 과연 이 사업을 진행하는 동안 '선생님과 아이들이 얼마나 행복했느냐?'였습니다. 관찰과 체험은 흥미와 활력으로 가득 한 일상을 선사했습니다. 더불어 생태가치를 체험하는 매 순간이 놀랍고 즐거웠다는 감상을 나누었습니다. 하나의 생명을 책임지고 직접 가꾸어 나가는 기쁨은 충족감을 선사했고, 자연이 간직한 놀라운 생명력은 경외심을 불러일으켰습니다. 이러한 깨달음은 아이들의 자존감을 키우며 사춘기 청소년들이 흔하게 겪을 수 있는 외로움과 우울감을 개선하고 개방적인 사고방식을 갖출 수 있도록 도왔습니다. 자연과 함께하는 삶이 행복의 한 방향으로 기능할 수 있겠다는 확신이 들었습니다.

소통에서 오는 행복도 빼놓을 수 없습니다. 생명을 어여삐 여기는 아이들은 어른들의 눈에도 아름답고 찬란합니다. 그런 아이들을 향해 마을 어르신들이 던진 수고한다는 따뜻한 인사 한마디, 작물이 많이 자랐다는 담소 한마디가 지역사회와 학교의 소통을 만들어냈고 더불어 살아가는 삶의 보람을 몸소 체험하게 했습니다.

아직은 '학교'라는 명사 앞에 '행복한'이라는 형용사가 붙는 것이 어색하게 느껴지는 지금, 다양한 자연의 빛깔로 물든 학교 안에서 그만큼 환하게 웃는 아이들의 얼굴을 보며 저희 재단은 '행복의 지름길을 찾았다'고 감히 이야기하고 싶습니다. 학교 중심의 생태 공동체를 위해 부딪친 이 시도가 지역사회에 얼마나 따뜻한 변화를 불러 왔는지 그 희망의 노래를 이 책에 오롯이 기록하고자 했습니다. 학교환경교육을 위해 노력하는 분들에게 이 현장중심의 연구 결과가 의미 있는 사례로 다가가길 바라며, 아울러 청소년 인성함양에 애쓰는 교육자에게도 좋은 본보기가 되었으면 합니다.

교보교육재단은 앞으로도 장학, 리더십 교육, 인성 교육, 교보교육대상 시상, 그리고 생태 감수성을 위한 생명 교육 등의 다양한 공익사업을 통해서 미래세대에 필요한 역량과 발판을 제공하기 위해 노력할 것입니다. 지속적인 관심과 성원을 부탁드리며, 저희 재단과 함께 더 밝은 미래를 열어 가는 데 힘이 되어 주시길 바랍니다.

차례

지속가능한 삶, 사회를 위한 생태교육

의정부여자중학교 에코소녀들의 농사 이야기

즐거운 배움이 일어나는 학교

누구도 특별하지 않지만 누구나 소중하다

농사 프로젝트 '꿈꾸는 농부 되기'

'에코소녀들'의 한해살이

의정부여자중학교는 혁신학교를 넘어 모범 혁신학교로서 공립학교에서 무엇이, 어디까지 가능한지를 보여주려고 노력해왔다. 매년 신입생을 대상으로 학년부장이 오리엔테이션을 두 시간에 걸쳐 진행하는데, 이때 어떻게 배울 것인지, 우리 학교의 철학은 왜 자존감과 배려이며 자존감과 배려는 어떻게 기르는지, 우리는 어떻게 성장해 나갈 것인지에 대해 학생들과 깊이 있게 공유한다. 의정부여자중학교에는 민주적인 학교 문화를 원하고 혁신학교 원래의 취지를 잊지 않는 사람이 아직 많아 희망이 있다.

즐거운 배움이 일어나는 학교

길을 헤맸다. 1호선 전철 가능역에 내려 엉뚱한 곳을 더듬다 겨우 제 방향을 찾았다. 의정부여자고등학교 바로 옆에 의정부여자중학교(이후 의여중)가 있었다. 비지땀을 흘리면서 학교 안에 들어섰는데 뜻밖의 풍경이 눈앞에 펼쳐졌다. '햇살촌'이란 푯말이 붙은, 운동장 옆에 너른 텃밭과 더불어 물이 찰랑찰랑 넘실대는 푸른 논이 있었던 것이다. 미꾸라지를 풀어놓았다는 논에는 그물이 쳐져 있었다. 왜가리나 청둥오리가 날아와 미꾸라지를 잡아먹지 못하도록 하기 위해서란다. 의여중에서는 올해로 3년째 논농사를 짓고 있다. 수도권 대도시의 어느 학교가 이런 정도 규모의 '농사'를 지을까 싶다. 아름드리 은행나무들이 늠름한 장군처럼 도열한 가로수 길 벤치에 앉아 땀을 식혔다. 오래된 나무는 그늘이 깊다.

1955년 문을 연 의여중은 2011년부터 혁신학교로 지정되었다.

혁신학교란 공교육의 획일적인 교육 커리큘럼에서 벗어나 창의적이고 주도적인 학습 능력을 배양하기 위해 2009년부터 시도되고 있는 새로운 학교 형태를 말한다. 전교생 580명, 21학급의 의여중은 다른 원도심의 모습처럼 도심 재개발 바람과 함께 학교 주변이 슬럼화하였고, 지역 토박이보다는 서울에서 이주한 가정이 많은 편이다. 기초학력이 부진하거나 기초생활 습관이 부족한 아이들도 많았다. 학생들은 낮은 자존감으로 학교생활에 어려움을 겪고 있었다. 어떻게 하면 학교를 정상화하고 지역사회와 함께 성장할 수 있을까.

의여중은 '혁신학교는 뺄셈에서 시작한다'는 신념을 갖고 수업 정상화를 위해 모든 역량을 집중하고, 배움에 앞서 관계 중심의 교육과정으로 재구성하였다. 이는 그동안 행사 중심, 일회성 교육에 머물러 있던 잠재적 교육과정을 수면 위로 끌어올렸다는 점에서 의미가 깊다. 이와 함께 교사들은 왜 교과를 가르쳐야 하는지를 성찰하며 자기 교과는 물론, 다른 교과와 연결하여 새로운 통합 교육과정을 만들어내기 위해 노력하였다.

배움으로 세우는 자존감, 실천으로 완성하는 배려교육을 철학으로 삼고 교육과정을 재구성하면서 놀라운 변화가 일어났다. 성평등 캠페인을 준비해 플래시몹을 하고, 운동장 한켠을 생태 텃밭으로 만들어 전교생이 기른 배추로 김장을 담가 이웃과 나누고, 근현대사를 멋진 뮤지컬로 만들어 무대에 올리는 등 삶을 일구는 교육을 통해 마을과 함께 성장하고 있는 것이다.

이 과정에서 초등학교 때부터 '왕따(집단 따돌림)'의 아픔을 가진 친구가 마음을 나눌 친구를 찾게 되고, 말하는 법을 잃어버린 친구가 수다쟁이가 되었다. 또 자신을 방기하던 아이들이 점점 자신을 사랑하게 되고, 다름을 인정하고 배려할 줄 아는 민주시민으로 성장하기 시작했다. 의여중의 4년에 걸친 '교육과정 혁신 이야기'는 2015년 4월 『수업을 비우다 배움을 채우다』라는 책을 묶었는데 교사들은 서문에서 이렇게 말했다.

"2011년 혁신학교를 시작하면서 제일 큰 바람은 학교가 행복한 곳이고, 배움이 행복했으면 좋겠다는 것이었다. 행복한 학교를 위해서는 교사와 학생 사이의 존중받고 배려하는 관계도 중요하고 문화를 바꾸는 것도 중요하지만 배움의 즐거움이 빠져서는 안 된다. 그 길을 가는 동안 구성원들이 머리를 맞대고 하나하나 시도해 나가면서 서로에게 배울 것들을 찾고, 함께 배울 때 더 행복하다는 것을 알게 되었다. 그리고 다양한 배움은 모두를 주인공으로 만들면서 잃어버린 배움의 즐거움을 찾게 해주었다."

누구도 특별하지 않지만 누구나 소중하다

'지속가능한 사회를 위한 생태교육'은 교사와 학생, 학부모가 생태적 감수성과 지혜를 기르고 지역사회와 함께 성장한다는 목표 속에 진행되었다.

학교가 어떤 곳이어야 하는지, 함께하는 아이들은 어떤 아이들인지, 이 아이들이 어떤 사람으로 성장하면 좋을지에 대한 고민은 자연스럽게 교육과정으로 확장되었다. 그리고 교사와 학생 모두 수업 속에서 스스로를 발견하면서 혁신학교를 넘어 학교 혁신으로, 학교 담장을 넘어 지역으로, 마을로 나가는 교사 공동체로 발전하게 되었다. 참다운 학교는 구성원 모두에게 즐거운 배움이 일어나는 곳이다.

"나무가 우리에게 많은 것을 주듯이 우리 또한 나누어야 합니다. 우리가 배우는 생태 목공은 자연과 하나되는 수업으로 소재는 자연에서 찾고 자연과 공유하며 자연에 흡수되어야 합니다. 아낌없이 주는 나무처럼 우리가 만든 나무 작품은 이웃의 따뜻한 선물이 되어야 합니다. 말 그대로 여러분 모두는 나눔의 목수가 되어야 합니다."

의여중 수업에서 빼놓을 수 없는 것이 목공수업이다. 목공의 소재는 나무이다. 나무는 자연에 가장 가까운 소재이다. 자연에 가까운 나무를 소재로 인간의 손을 거쳐 만들어지는 나무 작품은 친환경 이상의 것이다. 자연과 공유하며 자연에 흡수될 때 비로소 완성될 수 있다. 몸에 해롭지 않고 예쁘고 스스로 해냈다는 자긍심을 뛰어넘어 자연과 교감하고 자연을 이해하며 아낌없이 주는 나무처럼 나눌 수 있는 마음을 배우는 것, 이것이 목공을 통한 생태교육이 될 것이다.

삶의 기쁨은 돈 주고 간편하게 해결하는 데서 오는 것이 아니라 좀 귀찮더라도 스스로 만들어가는 과정 속에 있다. 아이들은 쉽게 사서 쓰는 물건을 스스로 직접 만들 수 있을까 반신반의하지만 오랜 시간 공들여 만든 목공은 쉽게 얻을 수 있는 공산품과는 분명 다른 느낌으로 다가갔다. 사포질 하나, 치수 재는 마름질, 페인트칠, 공구 사용을 비롯한 모든 과정에 몰입하게 되고 작품을 완성했을 때의 성취감도 크다. 이 모든 것이 자존감을 높이는 과정이 되었다.

처음 시작했을 때는 교과서적인 해석으로 아이들과 작은 필통 하나 만들어보고자 했으나 생태 목공으로 시작된 고민이 나눔으로 폭넓게 재해석되는 것, 이것이 목공수업이 가진 커다란 매력이었다. 의여중 학생들은 자신도 모르는 사이 나눔의 목수가 되어 가고 있다. 손우정(배움의공동체연구회 대표)의 말이다.

"저는 의여중의 혁신학교 만들기에 수업 컨설턴트로 관여해 왔습니다. 4년 전 학교를 처음 방문했을 때가 떠오릅니다. 점심시간 학교에 들어서니 운동장 구석구석에 아이들이 숨어 있었습니다. 사람이 다가가면 힐끗 쳐다보거나 노려보다 눈을 피해버립니다. 교실에 들어서니 여기저기 엎드려 있거나 떠들거나 화장하고 꾸미는 아이들로 수업도, 배움도 성립되지 않는 교실이 대부분이었습니다. 혁신학교 4년간 가장 큰 변화는 아이들이었습니다. 지금은 어디서 누구를 만나도 환한 미소로 인사합니다. 교실을 방문해도 책상에 엎드려 있는 학생은 거의 없으며 배우기를 거부하는 학생 또한 없습니다."

학교는 한 사람의 힘과 노력, 헌신만으로는 바뀌지 않는다. 학교 혁신에 필요한 것은 외부로부터 제시되는 조사 결과나 정책도 아니다. 학교 구성원들에 의해 공유되는 학교와 교실의 미래상을 보여주는 비전이 새로운 학교를 만들어 간다. 그리고 그 비전을 구성원들이 공유하며 실천을 위한 활동 시스템을 구축하고 교육 구성원 모두가 주인공이 될 때 비로소 완성된다. 의여중 교사들의 수업 하나하나는 교사 한 사람 한 사람의 독창적인 작품이다.

누구도 특별하지는 않지만 누구나 소중하다. 교사가 가슴에 소중함을 품고 학생들을 대할 때 누구나 특별한 존재로 다시 태어난다.

농사 프로젝트 '꿈꾸는 농부 되기'

"처음엔 부끄러울 정도로 자료도 없었고 체계적이지 못했어요. 해를 거듭할수록 점점 나아지긴 했는데…. 그래서 지금 3학년에게 제일 미안해요. 첫 아이를 기를 때 서툴렀던 것과 비슷한 기분이랄까. 그런데 어떻게 보면 실패도 교육입니다. 아이들이 기른 것은 단 한 톨, 단 한 잎도 버릴 수가 없어요. 너무 아까워서….”

유혜란 교사(1학년 과학)의 말이다. 그의 말처럼 의여중 농사의 역사는 시행착오와 좌충우돌의 연속이었다. 세상에 학교에서 논농사를? 그것도 여학생들이? 의심의 눈길 속에서 출발한 농사는 해를 거듭해 벌써 5년을 꽉 채웠다.

의여중에 입학하면 누구나 3년간 텃밭농사를 짓는다. 2013년부터 운동장 한편에 있던 테니스장 부지 250평에 흙을 퍼 나르고 땅을 고르며 시작된 농사는 2014년 75평의 논농사를 시작하면서 본격적인 생태학교로 전환하게 되었다.

1학년은 한 주에 한 시간씩 과학수업을 중심으로, 2학년은 생태가 학년 중심 교육과정인 만큼 전체 교과와 창의적체험활동(이후 창체) 시간에, 3학년은 기술가정과 과학교과를 중심으로 텃밭농사와 생태수업을 하게 된다. 생태수업으로 교과과정을 재구성한 기술가정, 과학교사들이 방학을 이용해 도시농부학교를 다녔고, 텃밭보급소와 업무협약(MOU)를 맺어 교사연수와 생태교육을 실시했다. 텃밭보급소는 학교 텃밭의 기초를 닦는데 세심한 도움을 주었다.

일회성 텃밭체험이 아니라 더불어 사는 생태수업으로, 학교 구성원의 삶을 바꾸어내는 생태교육으로의 전환을 위해 지속적인 교사연수, 학생연수, 책읽기, 여러 교과가 함께하는 생태수업, 삶을 고민하는 생활 습관 교육, 가장 중요한 먹을거리 교육을 연결시키는 통합적인 활동이 이루어진다.

텃밭 가꾸기는 반별로 모둠 꾸리기부터 시작한다. 밭 갈기, 지지

대 세우기, 벌레 잡기, 김매기, 퇴비 주기 등 공동작업, 농기구와 물주기 당번을 정한다. 흙에 대한 공부를 통해 건강한 채소는 건강한 흙에서 자란다는 것을 배운다. 햇빛 공부를 하면서 재배 계획을 짠다. 호미를 준비해 20~30cm 깊이까지 땅을 파고 아래와 위 흙, 옆과 옆 흙을 뒤집어주고 낙엽을 섞고 반별로 퇴비 한두 포대를 뿌린다.

두둑에 적당한 깊이로 텃밭 모둠당 고추, 가지, 토마토, 상추, 감자를 고루 심는다. 이 밖에 물주기와 김매기, 곁순정리, 병충해 관리, 상추 씨받기, 웃거름과 북주기, 여름밭 정리하고 가을농사 준비하기…. 밭농사와 벼농사 달력은 할 일로 빼곡히 차 있다.

텃밭은 유기농법으로 경작한다. 화학농약, 화학비료, 화학비닐(멀칭)을 사용하지 않는다. 화학농약 대신 천연농약, 화학비료 대신 천연퇴비, 비닐멀칭 대신 톱밥과 낙엽을 이용하여 채소를 재배한다. 여러 종의 채소를 섞어 심기, 해충이 싫어하는 기피식물 심기, 천적 이용하기 등으로 해충을 방제하고 퇴비와 미생물의 공생과 진딧물 예방을 위해 쌀뜨물 발효액과 난황유를 섞어 텃밭 채소에 매주 한 번씩 정기적으로 뿌린다.

봄이 시작되는 3월 한 달 동안 책을 읽으며 왜 텃밭수업을 하는지를 고민하고 난 후 모둠별로 텃밭마다 제시된 작물 중에서 고르되 작물이 고르게 성장할 수 있는 땅을 살리는 데 중점을 두어 기획한다. 모둠당 기본으로 상추를 재배하고 방울 토마토와 가지, 고추, 감자, 깻잎 중 선택한다. 4월 셋째 주부터 7월 셋째 주까지 1학기 농사가 끝나면 8월부터 가을 작물과 김장을 위한 준비를 한다.

정리한 작물은 퇴비로 쓸 수 있도록 다시 텃밭에 놓는다. 사용한 농기구는 수돗가 옆 고무통에 받아놓은 물로 씻는다, 수돗물 대신 알록달록 예쁜 빗물저장소에서 받아 사용하기도 한다, 수돗가에서 설거지를 하면 참기름과 음식물찌꺼기가 하천으로 바로 흘러들어 가서 강과 바다가 오염되니 집이나 가사실에서 한다…. 학생들이 환경을 생각하며 스스로 만든 규칙들이 눈물겹다. 학생들은 이 귀찮고 번거로운 일을 마다치 않고 실천했다.

"내 작물에 정성껏 물을 주는 것은 자존감이요. 조금 귀찮아도 함께, 깨끗하게 사용할 줄 아는 것은 배려입니다. 의여중 농녀들의 자존감과 배려는 텃밭작물과 함께 자랍니다."

김동선(1학년 3반) 학생이 가지런히 정돈된 농기구 그림과 함께 '텃밭일지'에 남긴 글이다.

유혜란 교사는 '무식한 농부가 되지 말자, 제대로 기록해야 좋은 농부가 될 수 있다'며 텃밭일지 양식을 세분화하고 쓰기를 일상화했다. 그는 날씨 난에 '흐림', '맑음'이 아니라 최대한 길게 쓰게 하는데 30명의 기록이 다르다고 한다.

"저는 매일 빼놓지 않고 아이들이 쓴 텃밭일지를 줄 그어가면서 읽는데 식습관의 변화가 가장 눈에 띕니다. 당근이나 토마토처럼 평소에 못 먹던 음식을 먹게 됐다, 상추 비빔밥을 먹어보니 너무 맛있어서 그전에 가져가지 않던 상추를 집에 가져간다. 고맙다, 감사하다는 표현이 많고, 인스턴트를 좋아하던 아이들이 건강한 먹을거리를 찾습니다. 실제 학기 초에 신체검사를 해보면 과체중인 아이들이 살이 빠진 것을 알 수 있습니다."

'에코소녀들'의 한해살이

'에코소녀들'은 텃밭에서 땅을 살리고 논에서 생명을 기르고 가꾼다. 4월 말 곡우 전후에 볍씨 담그는 것으로 농사를 시작한다. 2학년 학생들은 선배들이 전해준 볍씨를 틔워 모판에 심는다. 1반

(붉은 차나락), 2반(대추찰벼), 3반(자광도), 4반(북흑조도), 5반(대관도), 6반(원자벼), 7반(추청).

젖은 볍씨를 건져서 살짝 말리고, 목초희석액으로 모판을 소독한다. 모판에 흙을 60% 담아 수평막대로 평평하게 정리하고 볍씨를 일정하고 고르게 한 알 한 알 모판에 뿌린다. 이때 붙어 있는 볍씨는 떼어주고 나온 싹이 부러지지 않도록 조심한다. 볍씨가 흙 안으로 살짝 들어가게 조심히 눌러주고 흙을 체에 쳐 뿌려준다. 벼가 섞이지 않도록 모판 상자 옆에 유성매직으로 벼 이름을 쓰고 막대에도 벼 이름을 쓴다.

모(어린벼)를 내고 정성과 협동의 전통 손 모내기 방식으로 모내기를 한다. 이때의 모는 우리나라에서 수천 년간 나고 자란 토종볍씨로 싹을 틔워 낸 것이다. 모내기란 모판에 심은 모를 논에 옮겨 심는 일을 말한다. 기계와 화학비료, 농약을 사용하는 기존 관행논과 다르게 전통 방식은 살에 닿는 물과 보드라운 흙의 감촉을 직접 느끼면서 한 땀 한 땀 빈 땅에 모를 심는다. 하늘과 땅의 기운이 움터 자라는 '햇살촌'에서 아이들의 변화하는 자연을 만나고 쌀 한 톨의 소중함을 깨닫는다.

"논에 이상한 거 씌워놔서 궁금하셨지요? 어제, 오늘 2학년 아이들이 논에 미꾸라지를 놓아주었습니다. 미꾸라지는 논에서 모기 유충인 장구벌레를 먹어 모기의 확산을 막아주고, 물벼룩이나 물바구미와 같은 작은 수서곤충을 먹이로 해서 벼의 병충해를 작게나마 막아주는 역할도 해요. 작은 지느러미로 헤엄치고 다니면서

논바닥을 흙탕물로 만들어 잡초의 성장을 막기도 하죠. 의여중 벼 농사 도우미예요."

한지원 교사가 전교생에게 친절한 안내문을 돌렸다. 지난해에 미꾸라지를 논에 놓았는데 일주일 만에 새들이 다 먹어버렸다. 올해는 미꾸라지가 논흙 깊숙이 숨어들기까지 보호용으로 새망을 씌우기로 했다. 논을 찾아온 고양이가 물을 먹고 새들도 쉴 수 있도록 논 옆 둠벙을 좀 더 파고 고인물이 썩지 않도록 남은 벼와 식물을 더 심었다. 의여중 수업은 생태적 고민과 실천이 상호작용하는 땀냄새 진한 배움의 시간이다. 논과 텃밭은 학생들이 배우고 성장하는 교실이자 놀이터, 쉼터이다.

벼는 모내기를 한 후 150일 정도 자라는데 이 기간 동안 물 대기와 물빼기 그리고 거름주기를 주기적으로 한다. 모내기를 한 후 장마철이 온 후에는 물빼기를 해서 바닥이 바짝 마른 상태로 지냈다가 다시 물 대기를 하고 다시 물을 빼는 작업을 반복한다. 거름 또한 모내기 전에 주기도 하지만 모가 중간 정도 자라면 다시 주는 경우도 있다.

물 대기와 물빼기는 왜 필요한 것일까. 모가 바닥에 안착하기 위해서는 물이 있어야 하고, 잡초를 제거하고는 물을 빼야 하고, 벼 목이 숙여지고 벼 잎이 노래지면 논바닥을 말려야 벼를 수확할 수 있다. 물빼기를 안 하면 벼는 대가 약해져서 바람에 쉬이 쓰러지고 병충해에 약해진다. 그래서 대기-빼기를 반복해서 볏 대의 힘을 길러준다. 보호만이 능사가 아니다. 때를 적절히 하며 대기 빼기를 반복하는 것은 생명력을 기르고 알곡을 여물게 하는 기본인 것이다. 교육의 원리가 그렇지 않을까.

때때로 수업 외적인 문제가 생기기도 한다. 한 학생이 수업 시간에 손을 들고 말했다. "선생님, 우리 밭과 논을 사람들이 자꾸만 해쳐요." 사실 어제오늘 일이 아니었다. 어떻게 하면 학교 텃밭을 마을주민과 함께 소중히 가꿀 수 있을까. 마을주민 중 일부가 텃밭작물을 함부로 따 가거나 망가뜨리는 일이 가끔 생겼고, 학생들이 머리를 맞대고 해결 방안을 찾는다.

아이들이 찾은 원인은 크게 세 가지. 주민들은 텃밭이 교육활동의 하나라는 사실을 잘 모르고 있다(적극적 홍보 부족), 보안 시스템이 허술하다(정문이 항시 개방), 유기농 작물이라서 탐을 낸다(채소값이 비쌈). 여러 해결 방안이 나왔다. 텃밭수업 사진과 교육내용을 전단지로 만들어 돌리기, 주민센터에 가서 홍보하고 협조 구하기, 텃밭 울타리 치기, 하교 후 교문 잠그기, 수확물과 텃밭에서 얻은 씨앗 나누기, 주민텃밭 분양하기….

다양한 현수막 문구도 만들었다. '학생들의 노력을 뽑지 말아주세요.' '텃밭작물을 가져가시면 수업을 진행하지 못합니다.' '어린 농녀들의 땀과 노력을 지켜주세요.' '가져가는 기쁨은 짧고 보는 기쁨은 길다.'

낮은 울타리를 치고 포스터를 붙이자 효과가 금방 나타났다. 주민들은 든든한 응원군으로 나섰다. 농사에 필요한 지식과 물품을 지원하고 '텃밭지킴이'를 자처했다. 텃밭과 운동장은 학교 인근 가능동 주민들의 소중한 공간으로 인식되었다. 주민들은 모종과 씨앗을 가져오고 농사 지식을 나눠주었다. 시에서는 수돗물을 지원하며 격려하였다.

'유기데이'인 6월 2일은 하늘, 땅, 사람이 건강한 어울림이 있는 유기농의 날. 유기농이란 농약과 화학비료를 전혀 사용하지 않고 생산자의 노력과 자연의 힘으로 작물을 기르는 것을 말한다. 이날 1교시(9시 10분~9시 55분)에 가로수길에 돗자리를 펴고 앉아 텃밭에서 가꾼 상추와 쑥갓을 각자 준비해온 밥과 고추장 참기름을 넣어 썩썩 비벼 먹는다. 상추는 겉에 있는 잎부터 한 장씩 깔끔하게 따야 하고 통째로 꺾어서 따거나 안쪽부터 따면 안된다. 자신이 가꾸고 기른 상추로 비빔밥을 만들어 먹으며 일회용품은 절대 사용하지 않는다.

가을이 오면 벼를 수확한다. 낫으로 벼를 베고 나락을 말려 수

동탈곡기로 벼를 턴다. 껍질을 벗긴 벼로 떡을 만들어 전교생이 모여 떡 잔치를 벌인다. '평화平和'라는 단어의 화는 벼화禾에 입구口가 합쳐진 글자로, 곧 쌀이 입으로 들어간다는 말이다. 그래서 평화는 쌀을 평등하게 나눠 먹는 일이고, 그 평화를 짓는 사람이 바로 농부이다.

10월에는 '뚜기뚜기 깍두기', '김장김치 담그기의 날'이 있다. 텃밭에서 길러낸 무와 배추로 김치를 담가 고구마에 얹어먹으며 햇살, 바람, 비의 자연과 자신을 포함한 수고한 모두에게 감사하는 날. 한해 농사를 마무리하고 겨울이 다가오면 밭에서 기른 무와 배추로 김장을 담근다. 김장김치는 동네 혼자 사는 어르신들과 나눈다. 신문 기사를 읽고 문제의식을 공유하며 현재 우리 사회에 행복하지 않은 노인이 증가하는 이유를 생각하고 적는 시간도 갖는다. '어르신들이 행복한 우리 동네 만들기' 방법을 찾는 과정에서 사랑의 김장김치 배달을 시작하게 되었다. 4년째 이어오고 있다.

이렇게 의여중 학생들의 한해살이가 끝났다. 봄여름가을겨울, 계절의 순환과 함께 자연의 숨결 속에서. 농사農事의 농에는 두 가지 뜻이 있다고 한다. 별이라 상징되는 우주의 기운이 밭을 갈아 작물을 키운다는 의미와 새벽별을 보고 나가서 허리 굽혀 일하는 고달픈 노동이라는 의미. 그 힘들고 고단한 노동 속에서 농부는 다음 농사를 위해 반드시 씨앗을 남긴다. 그것이 인류를 지속시켜온 힘이다.

"어느 날 지나가다 보니까 벼 한 포기가 하수구 철망을 뚫고 나왔어요. 어떻게 거기까지 볍씨가 날아갔는지…. 목화에도 탐스러운 솜이 달렸는데 만져보면 너무 신기해요. 우리가 키운 작물로 음식을 만들어 섭생을 하고 음식물 쓰레기로 퇴비를 하고. 이 모든 과정이 너무 신납니다. 추석을 앞둔 단기방학 때의 일인데 한 명도 빠짐없이 물 주러 나오는 것을 보고 정말 놀랐어요. 이 아이들이 정말 논밭을 사랑하는구나 싶었어요. 농사가 교육이고 교육이 삶이에요."

이곳에서 처음 농사를 경험해본다는 조황숙 교사(2학년 기술가정)의 말이다. 전형적인 도시인인 그는 집에서도 텃밭을 가꿀 정도로 '마니아'가 되었다. 그에게는 잊지 못할 기억이 있다. 여름방학 때였다. 학교에 들러 텃밭과 논을 살펴보는데 숙직 주무관이 뛰

쳐나왔다. 주민 '에코 도우미'가 "웬 수상한 여자가 농작물을 따가려고 논밭 근처를 서성인다"며 연락했다는 것이다. 텃밭 조성 당시 농작물 도난 사고가 잦아서 운동하는 주민들이 '에코 도우미'로 자청해서 지켜주고 있는데, 교사인 걸 모르고 신고한 것이다.

텃밭에 자주 오는 고양이가 있다. 학생들은 그 고양이를 '에코'라고 부른다. 에코는 이제 혼자 오지 않는다. 친구들을 거느리고 당당하게 온다. 논이 생기니 흰뺨검정오리와 왜가리가 날아들고, 논 한쪽 둠벙에서 연꽃이 피었다. 논을 넓히느라 둠벙의 연꽃을 걷어 냈는데, 죽은 줄만 알았던 연꽃이 벼 포기 사이에서 얼굴을 내밀다니. 생명만이 기적을 일으킨다.

논에서는 누구나 평등했다. 몸이 불편한 친구도 마음의 상처가

깊은 친구도 맨발로 들어가서 논흙을 밟고 허리 굽혀 모를 심었다. 그곳은 나의 것도 너의 것도 아닌 우리의 것이었다. 논과 밭은 움직이지 않는 평면이 아니다. 뭇 생명을 품는 어머니 같은 존재이다. 결국 우리 안에 생명의 길이 있다. 우리는 작은 씨앗의 힘을 믿어야 한다.

낮은 목소리

생명을 가르치는 것이 참교육

한지원 • 의여중 교사

한지원 교사는 대전 출신의 8년 차 늦깎이 교사로 이곳 의여중에서 기술가정 과목을 가르치고 있다. 그는 중학교 1학년 때 국어 선생님을 보면서 교사의 꿈을 키웠다. 의여중 생태교육, 특히 벼농사는 한 교사의 노력과 헌신을 빼놓고 얘기하기 어렵다. 그만큼 그는 자연과 생명, 학생들을 묶어주고 싶었고 혼신의 힘을 다해 밀고 왔다.

"처음엔 마음을 열지 않던 아이들이 점점 변하는 모습을 보았습니다. 언젠가 논에 물대는 호스를 땅에 파묻고 있었는데, 멀리서 지켜보던 아이들이 하나둘 모여들더니 삽을 들고 얼굴이 빨개지도록 돕는 거예요. 그때 가슴이 뭉클했습니다."

농사가 가져다 준 변화는 컸다. 아이들은 마음의 문을 낮추고 생명을 가꾸었다. 그렇게 5년이 지나면서 배려하고 양보하는 문화가 자리 잡았다. 자연을 보호하는 방법을 적극적으로 고민하고 실천하고 있다.

한 교사는 목공이면 목공, 농사면 농사 못하는 것이 없는 재주꾼이다. 삽질, 낫질, 톱질, 망치질…. 또 전동공구나 기계도 능숙하게 다룬다. 작고 여린 체구 어디에서 그런 에너지가 나오는 것일까. 그의 말투와 몸짓에서는 배우려는 사람만이 지닐 수 있는 겸손함이 묻어난다. "제가 기술 교사이지만 기술적인 사람은 아닙니다. 거의 기계치 수준인데 연장을 다루는 일은 그리 어렵지 않아요. 다치지 않고 힘들지 않게 다루는 요령만 있으면 됩니다. 저는 우리 아이들이 그 요령만 알면 살아가는 데 필요한 사람의 기술을 사용하기에 충분할 거라 믿어요."

의여중에서는 가을에 벼를 수확할 때 낫을 쓴다. 위험해 보일 법도 한데 쓱싹쓱싹 잘도 한단다. 한 교사는 학생들은 스스로 지키는 힘이 있고 가르친 것보다 더 많이 배우고 응용한다고 말한다.

"기술가정은 아이들의 삶을 담아내는 의식주 교과입니다. 우리 기술가정교과 선생님들이 세운 목표는 '스스로 서고, 더불어 살 수 있는 능력을 기르는 것'이었어요. 생태적인 삶(의식주)의 의미와 중요성을 깨닫고 이를 실천할 수 있는 능력을 기르는 것이지요. 그 안에 다 있어요."

의여중의 텃밭과 흙이 살아나고 녹음이 많아지면서 주민들이 찾아오기 시작했다. 운동도 하고, 논 옆에서 쉬기도 하고, 아이들

을 데리고 산책도 온다. 인근 학생들도 심심찮게 찾아와 운동장 곳곳에 놓인 평상이나 의자에 앉아 쉬었다 간다.

"학교에서 이 넓은 땅을 내주었습니다. 생명을 가르치는 것이 가장 큰 수업이라면서…. 이 땅이 농사짓기에 적합한 땅이 아니었어요. 폐자재와 쓰레기가 잔뜩 쌓여 있는, 동네에서도 버려진 곳이었는데 선생님들과 아이들이 힘을 합쳐 텃밭으로 바꾸었지요. 텃밭은 올해 4년 차, 논은 3년 차인데, 우리 학교 선생님들은 벼농사가 아이들 교육에 꼭 필요하다고 생각했어요."

땅이라고 해서 저절로 논밭이 되는 것은 아니다. 밭 만드는 데 한 세대가 걸린다고 하지 않던가. 학교 땅은 유기질이 부족하고 물 빠짐이 심해서 농지로는 적합하지 않다. 밭에 부엽토와 말똥비료를 넣고, 호미로 갈고 콩과식물을 심었다. 쌀뜨물 발효액을 만들어넣었다. 농작물 수확보다 땅 살리기에 집중했다. 자연은 정직하다.

“땅이 살아나는 것을 느껴요. 예전엔 꽃도 없었어요. 지금은 땡별에 하루 한두 시간씩 풀을 뽑지만 싫지 않습니다. 근데 힘은 들어요(웃음).”

처음엔 풀도 못 자라던 땅이 해를 거듭할수록 풀도 곤충도 많아졌고 그 종류도 다양해졌다. 이제 땅을 파보면 제법 진한 색깔이 나온다고 한다.

“아이들은 자연을 좋아하고, 자연과 친구가 되고 싶어 하는 본성을 지니고 있습니다. 텃밭에 심은 모종의 어린 떡잎을 보면서 귀여워 어쩔 줄 몰라 하고…. 땅을 일구며 풍요로운 수확을 기원하는 이 아이들이 자연의 아름다움을 발견하고, 몸과 마음이 건강한 사람으로 자라도록 돕고 싶었습니다. 농사를 통해 생명을 귀하게 여기며 스스로 살아가는 힘과 지혜를 얻는다면 더 바랄 것이 없어요.”

한 교사와 텃밭과 논둑을 거닐며 두런두런 얘기를 나누던 참이었다. 참새 한 마리가 그만 먹이를 쫓다 논에 쳐놓은 그물에 걸렸다. 푸드득 푸드득 빠져나오려 안간힘을 쓰던 참새가 그만 그물 안으로 쏙 들어갔다. 눈 밝은 한 교사가 이를 놓칠 리 없다.

날쌔게 달려가더니 논둑을 밟으며 일일이 그물을 들춘다. 멀리서 아이 셋이 한달음에 달려온다. 여럿이 그물을 들추자 이내 큰 공간이 생겼다. 참새가 후드득 날아갔다. 아이들이 기뻐서 소리를 질렀다.

"선생님, 구멍 난 그물을 기워야겠어요."

"그러게, 자꾸 새들이 들어가네."

"선생님, 여기 민들레꽃 피었어요."

"오, 노란 꽃이 예쁘다. 콩도 잘 자라고 있고. 가을에 두부 만들어 먹자."

교사와 학생들의 대화가 정겹다. 구름 한 점 없는 하늘에 볼이 빨간 새 한 마리가 날아가고 있다. 아이들이 "안녕히 계세요" 인사를 하더니 금세 교문을 향해 달음박질쳤다.

한 교사가 지난 5년여 기간 동안 의여중에서 가르친 것은 기술과 가정이 아니라 생명과 자연이었다. 그는 학교라는 공간을, 자연을 담을 수 있는 생태적 공간으로 만들고 싶었다. 그 속에서 학생들이 생태적인 인간으로 성장하기를 바랐다.

"농사를 통해 아이들에게 자연과 인간이 함께 살아가는 원리를 경험하게 해주고 싶었어요. 그 마음은 다른 곳에 가서도 변함없을 겁니다. 의여중의 생태수업 또한 앞으로도 잘 이어질 것입니다. 의여중의 철학은 생태적인 삶을 기본으로 하고 있기 때문이지요. 생명을 귀하게 여기는 마음을 가르쳐준 자연과 아이들 그리고 함께 일하여 나누며 함께한다는 것이 무엇인지를 배우게 해준 의여중의 멋진 선생님들, 그리고 아낌없이 지원해주신 교보교육재단과 오창길 소장님께 감사드려요."

아이들은 논과 밭에 생명의 씨앗을 심었고, 한 교사는 아이들 가슴속에 희망의 씨앗을 심었다.

통합교과표

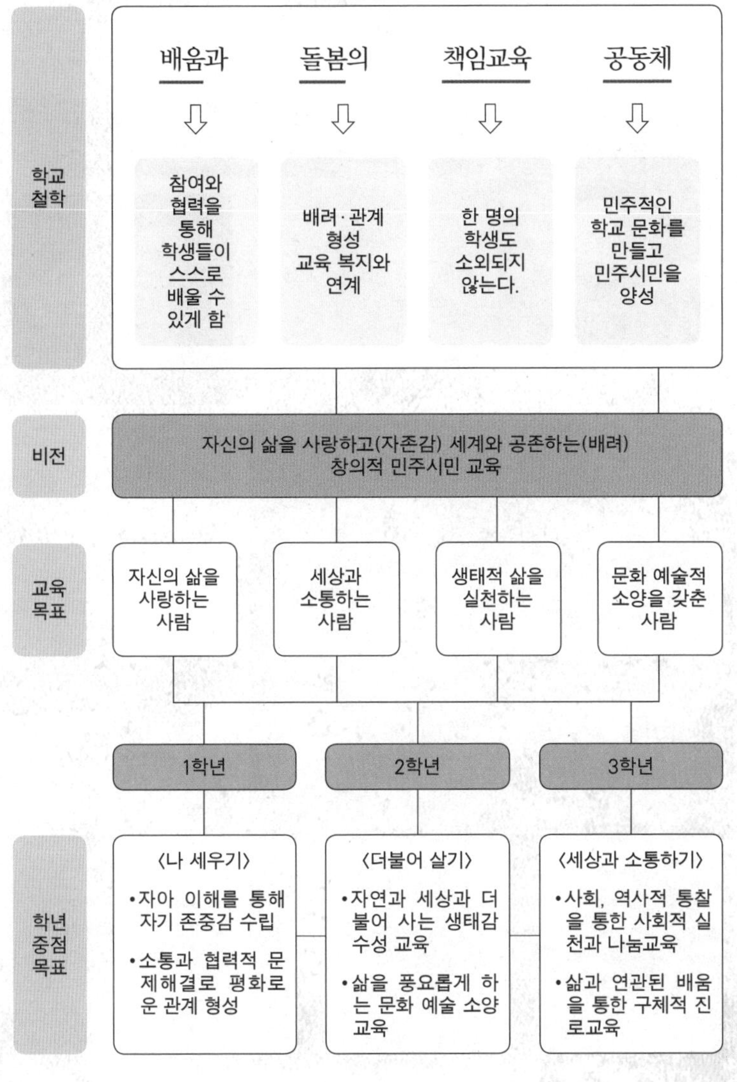

학교 철학
배움과
돌봄의
책임교육
공동체
참여와 협력을 통해 학생들이 스스로 배울 수 있게 함
배려·관계 형성 교육 복지와 연계
한 명의 학생도 소외되지 않는다.
민주적인 학교 문화를 만들고 민주시민을 양성
비전
자신의 삶을 사랑하고(자존감) 세계와 공존하는(배려) 창의적 민주시민 교육
교육 목표
자신의 삶을 사랑하는 사람
세상과 소통하는 사람
생태적 삶을 실천하는 사람
문화 예술적 소양을 갖춘 사람
1학년
2학년
3학년
학년 중점 목표
〈나 세우기〉
•자아 이해를 통해 자기 존중감 수립
•소통과 협력적 문제해결로 평화로운 관계 형성
〈더불어 살기〉
•자연과 세상과 더불어 사는 생태감수성 교육
•삶을 풍요롭게 하는 문화 예술 소양 교육
〈세상과 소통하기〉
•사회, 역사적 통찰을 통한 사회적 실천과 나눔교육
•삶과 연관된 배움을 통한 구체적 진로교육

에코농부

우리학교 생태교육
의여중 학생들은 오늘도
텃밭에서 생태
감수성을 배웁니다.
오랜 시간
변화하는 기후에도
스스로 적응해 살아남는 토종 씨앗처럼,
어서와~~~
이런 감자전 처음이지?
원산지: 1학년 공동 텃밭
양념: 배려+사랑+정성
가격: 5샛 (=500원)

국어 생태수업

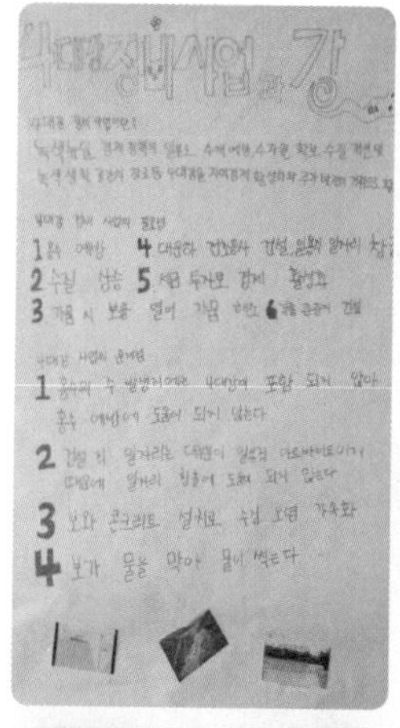

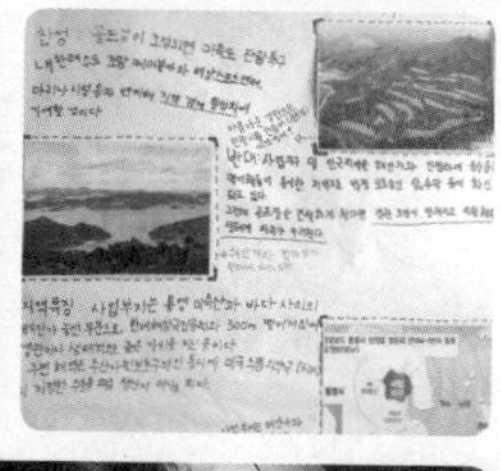

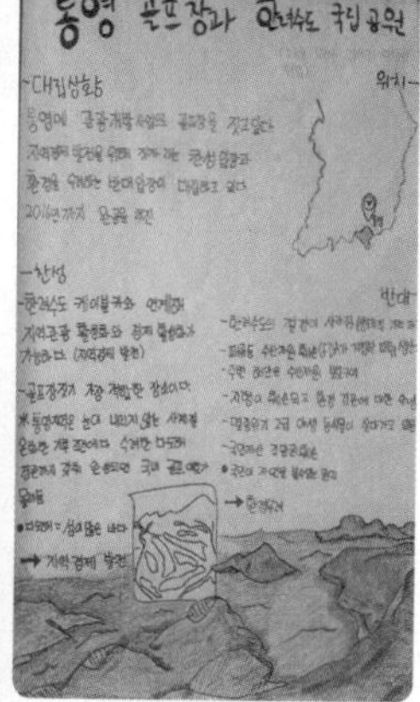

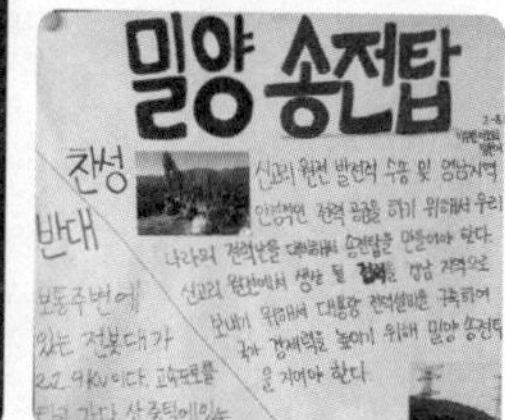

영어수업

By. Da Eun
By. Bo Hyun
EcoFarm

written by
hye
won

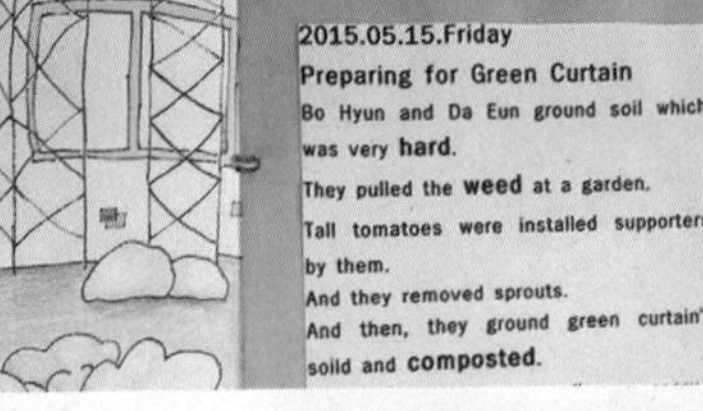
2015.05.15.Friday
Preparing for Green Curtain
Bo Hyun and Da Eun ground soil which was very hard.
They pulled the weed at a garden.
Tall tomatoes were installed supporters by them.
And they removed sprouts.
And then, they ground green curtain's soild and composted.

bo
gyeo

The
Garden
The
Live

텃밭일지

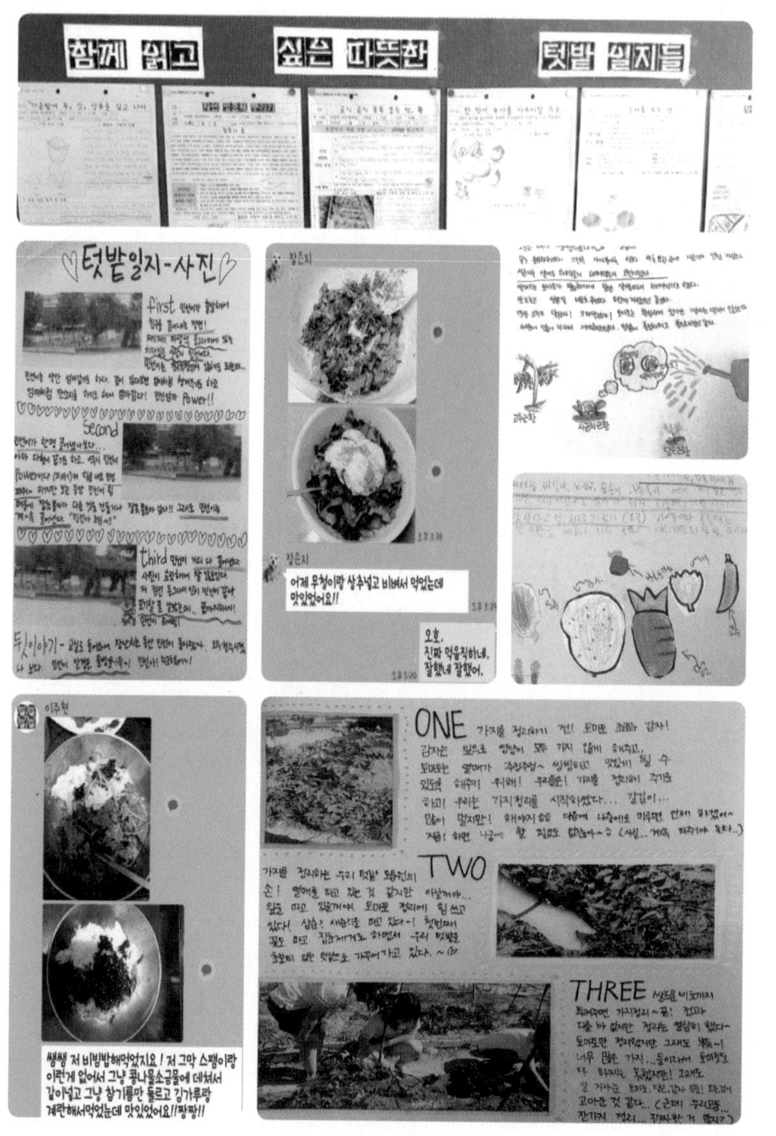

함께 읽고 싶은 따뜻한 텃밭 일지들
텃밭일지-사진
first
Second
third
장은지
어제 무청이랑 상추넣고 비벼서 먹었는데 맛있었어요!!
오호.
진짜 먹음직하네.
잘했네 잘했어.
이주현
쌤쌤 저 비빔밥해먹었지요! 저 그막 스팸이랑 이런게 없어서 그냥 콩나물소금물에 데쳐서 같이넣고 그냥 참기름만 둘르고 깅가루랑 계란해서먹었는데 맛있었어요!!짱짱!!
ONE
TWO
THREE

텃밭일지 날씨 쓰기

1학년 텃밭 일지

오늘의 날씨	

에 적힌 다양한 날씨. ' 맑음 ' 이나 ' 빈칸 '이 아닌 다양한 표현들이 참 좋아요.

나처럼 맑고 햇빛이 비친다.
약간 추움
손은 꽁꽁 얼굴 솔솔
햇빛이 쨍쨍하고 놀기 좋은 날씨
얇은 스타킹을 신어도 춥지 않다
매우매우 따뜻하고 밝음
아침은 춥고 저녁은 더움
화창하고 바람 분다.
햇빛이 쨍쨍 바람은 솔솔
햇빛 반 쌀쌀한 반이다
아침은 쌀쌀 점심은 햇빛
햇빛은 쨍쨍 바람은 휑휑
바람이 불고 햇빛이 있다.
완전 봄이 된 것 같이 따뜻하다.
햇빛이 뜨겁구만유. 그래서 몸이 뜨시구만유
햇빛이 너무 반짝반짝하고 약간 쌀쌀하다
햇빛은 쨍쨍한데 은근 추움
빛이 나고 약간 차가운 바람이 분다
쌀쌀하면서 비는 안올 거 같다
밖은 맑고 교실은 춥다
춥지만 쨍쨍
맑고 시원시원함
맑고 춥고 덥다.
해는 떴지만 바람이 차다
추우면서 따뜻하다
짤짤함
도화지처럼 하얀 구름이 떠다니고 보석처럼 반짝거리는 태양이 떠다니는 맑은 날씨이다

내기 & 무 가꾸기

건강한 흙에서!

(24)번 이름 : 조아라

텃밭 모둠이 나누어 사용한다.
무와 무 포기 사이에 골을 내어 한 주먹씩
으로 덮어(북주기)주도록 한다.
서고 뿌리 길이가 길어진다.

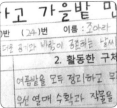

텃밭 활동	1. 사용한 물건(책, 의자, 호미, 조리개, 장갑 등)은 깨끗이, 제자리에

하고 가을밭 만

)반 (24)번 이름 : 조아라

2. 활동한 구체

여름밭을 모두 정리하고

우선 열매 수확과 작물을

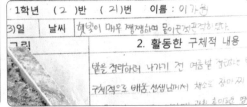

1학년 (2)반 (21)번 이름 : 이가은

3)일 날씨 햇빛이 매우 쨍쨍하며 몸이 끈적끈적하였다.

2. 활동한 구체적 내용

밭을 정리하러 나가기 전 여름밭 정리하는

구체적으로 배움. 선생님께서 채소로 장아찌

여름밭 정리하고 가을밭 만

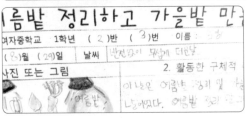

여자중학교 1학년 (2)반 (3)번 이름 :

(8)월 (29)일 날씨 번개가 무섭게 치던날

사진 또는 그림

2. 활동한 구체적

이 날은 여름밭 정리 및

날이었다. 여름밭 정리

학년 (4)반 (5)번

날씨 우산 챙기리

침묵의 봄

은 농장, 정원, 숲, 가정에서 광범위하

노래하는 새와 시냇물에서 펄떡거리며

앞에까지 침투해 들어갔다. 그것들의

김장수업

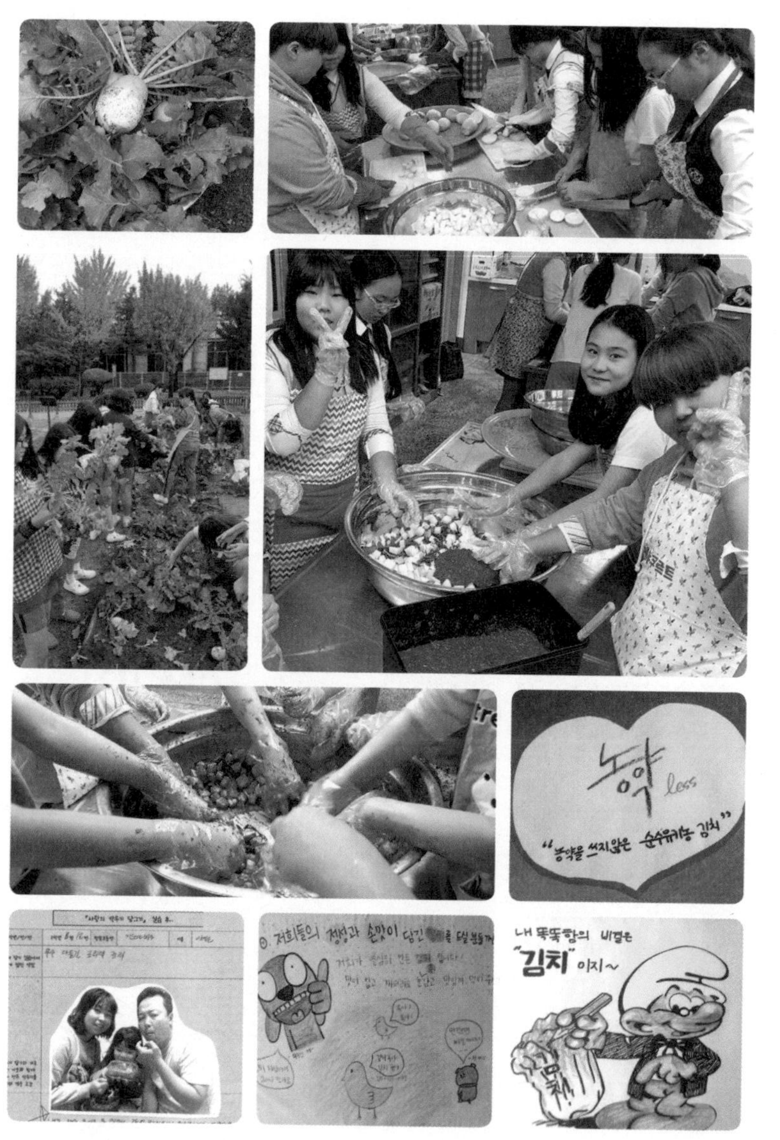

활동 안내문

농기구 사용 수칙

1. 농기구에 다치지 않도록 조심히 다뤄주세요.
   뾰족한 호미 끝은 항상 조심하세요. 손잡이에 가시가 있을 수 있어요.
2. 농기구를 밭에 버려두지 마세요. 버려지는 느낌을 아시나요? ㅠㅠ
   우리의 귀차니즘으로 자원을 낭비하고 있어요..

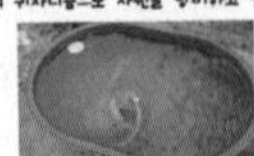

3. 농기구를 사용한 후 물에 깨끗이 씻어주세요.
   호스는 물에 씻으면 물이 많이 낭비되고 흙이 떠내려갑니다. 수돗가열에 받아놓은 고무통 물을 이용해서 남은 흙을 닦아주세요. 농기구를 오래 사용하게 해줘서 지구를 생각하는 행동이며, 다음사람을 위한 배려입니다.

4. 물에 묻은 농기구는 잘 건조시켜야 해요.

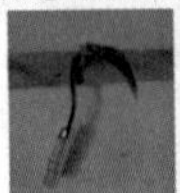
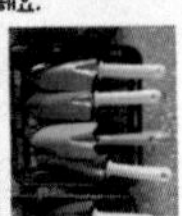

5. 농기구실은 깨끗이 정리정돈 해 주세요. ^^
   전교생들이 함께 사용하는 곳입니다. 생태수업의 처음이자 마지막인 곳입니다. 여러분의 배려가 다음 친구들에게 이어질 수 있는 함께하는 의여중인이 됩시다요.~

에코농녀, 볍씨 키우기(모판만들기)

어제(양력 4월 20일)는 24절기 중 봄비가 내려 백곡을 기름지게 한다는, 곡우였어요. 옛날부터 이즈음 벼농사에서 가장 중요한 볍씨를 담그는 것으로 본격적인 농사를 시작하였지요.
우리는 작년 선배들이 농사지어 우리에게 전해준 볍씨를 일주일 전 부터 띄우고 있었어요. 날씨가 추워서 발아가 늦지만, 아주 작게, 조심히 올라온 싹이 보이나요?

2학년 1반	추청(2판)	2학년 5반	대관도(1판), 추청(1판)
2학년 2반	대추찰벼(1판), 북흑조도(1판)	2학년 6반	천지벼(2판)
2학년 3반	자광도(2판)	2학년 7반	대관도(2판)
2학년 4반	북흑조도(2판)		

모판에 볍씨 뿌리기 (텃밭 모둠장이 과정 사진 잘 찍기-> 샘에게 카톡 전송)

1) 젖은 볍씨를 건져서 뽀송하게 살짝 말린다.
2) 목초액 희석액으로 모판 소독한다(선생님이 어제 소독했어요^^).
3) 모판에 흙을 60% 담아 수평막대로 평평하게 정리한다.
4) 60g의 볍씨를 모판 하나에 뿌리되,
   - 일정하고 골고루, 붙지 않게 한 알 한 알 뿌린다. 붙어있는 볍씨는 떼어준다.
   - 볍씨를 만질 때 나온 싹이 부러지지 않도록 조심한다.
5) 볍씨를 뿌리면 볍씨가 흙 안으로 살짝 들어가게 조심히 눌러준다.
6) 볍씨가 보이지 않을 정도로만 흙을 체에 뿌려준다.
7) 벼가 섞이지 않도록 모판 상자 옆에 유성매직으로 벼 이름을 쓰고, 막대에도 벼 이름을 쓴다.
8) 햇살촌 못자리로 모판과 막대를 가지고 나온다.

『곡우에 비가 오면 풍년든다』 고 합니다.
어제와 오늘, 하늘이 올해 에코농녀들 농사 잘되게 도와주셨으니
우리 정성껏 온 마음을 다해 농사지어봐요^^

" 의여중 햇살촌, 모내기 하는 날 "

의여중 에코 소녀들의 벼농사 이야기

의여중 에코소녀들은, 우리 학교 텃밭에서 땅을 살리고, 그 살아있는 땅에서 생명을 기르고 가꾸어 왔습니다. 작년 2학년들이 정성스럽게 키우고 받아낸 토종볍씨를 종자로 사용하여 모(어린 벼)를 내고, 이제 정성과 협동의 전통 손모내기 방식으로 모내기를 하려고 합니다.
기존 관행농과는 다르게, 살에 닿는 물과 보드라운 흙의 감촉을 직접 느끼면서 한 땀 한 땀 빈 땅을 메꾸어가는 초록물결을 우리 손으로 만들 예정이에요. 하늘과 땅의 기운이 품어 자라는 우리 학교 "햇살촌"에서 풍요롭게 변화하는 자연을 만나고, 쌀 한 톨의 소중함을 그깨 생명 밥상 나눔을 실현하는 그 귀중한 과정을 우리 의여중 2학년 에코농녀들이 정성을 다해 해내려라고 있어요♥

1. 일 시
   5월 23일, 24일, 25일 2학년 수업시간 중(각 반별로 확인)

	5월 23일(월)	5월 24일(화)	5월 25일(수)
1교시	2-4 (교실 및 텃밭수업, 모내기 준비)	2-6 (교실 및 텃밭수업, 모내기 준비)	2-5 (교실 및 텃밭수업, 모내기 준비)
2교시	2-4(모내기)	2-6(모내기)	2-5(모내기)
3교시	2-3 (교실 및 텃밭수업, 모내기 준비)	2-2 (교실 및 텃밭수업, 모내기 준비)	
4교시	2-3(모내기)	2-2(모내기)	
5교시		2-7 (교실 및 텃밭수업, 모내기 준비)	
6교시		2-7(모내기)	2-1 (교실 및 텃밭수업, 모내기 준비)
7교시			2-1(모내기)

2. 장 소 : 학급 교실 및 햇살촌
3. 준비물 : 모자, 수건, 젖은 새 옷
   편한 바지(일바지, 일명 '몸빼')나 7부 정도 긴바지, 시원한 옷, 번크질 양말이 젖을수 있어요 양말 하나 준비^^, 배질수 있으므로 속옷 준비^^

1학년 쩌리 쩌리 겉절이의 날

텃밭에서 길러낸 무와 배추로 겉절이를 담궈 밥에 얹어 먹으며, 햇살, 바람, 비, (자신을 포함한) 수고한 모두에게 감사하는 날.
(후에 감상을 텃밭일지에 상세히 적어서 11/3 월 제출)

1. 일시 : 10월 28일 6~7교시
2. 장소 : 텃밭(수확) 및 가로수길(김치 담글 때)
3. 인솔 : 각 반 담임(또는 교과담당) 교사

4. 학교 제공 재료
   - 양념(마늘, 양파, 붉은고추, 생강 같은 것), 쪽파, 고춧가루, 액젓, 설탕, 굵은 소금, 종량제봉투

5. 텃밭 모둠별 준비물
   - 도마(큰), 칼집이 있는 과일칼, 고무장갑, 비닐장갑, 돗자리, 빈 반찬통, 큰 통(고무대야), 개인 수저, 소쿠리(큰 체), 밥, 컵

6. 원칙 : 일회용품 사용 금지, 청소 및 뒷정리 공동 책임

1	텃밭 공동체 꾸리기		
쓴 사람	의정부 여자중학교 1학년 ( )반 ( )번 이름 ( )		
날짜	2016년 ___월 ___일	날씨(자세히) ( )	

지금의 아메리카 대륙에는 인디언들이 살고 있었지요. 1854년 백인들이 인디언들에게 땅을 팔 것을 [illegible]
그때 시애틀이라는 이름의 인디언 추장이 이런 말을 했다고 합니다. "어떻게 당신은 하늘을, 땅의 체온을 사고팔 수가 있는가? 우리로서는 이해할 수 없는 이야기다. 신선한 공기나 반짝이는 시냇물을 어떻게 소유할 수 있단 말인가? 소유하지 않은 것들을 어떻게 팔 수 있단 말인가? 우리는 땅의 한 부분이고, 땅은 우리의 한 부분이다. 향기로운 꽃은 우리의 자매다. 사슴, 말, 큰 독수리, 이들은 우리의 형제들이다. 바위산 꼭대기, 풀의 수액, 조랑말과 인간의 체온 모두가 한 가족이다."

1. 우리 모둠원	학번	이름		학번	이름

2. 텃밭이름	모둠 텃밭 이름	
	이유는?	
3. 모둠규칙 세우기	①	
	②	
	③	
4. 준비물	목장갑, 장바구니나 통, 체육복바지 (더러워진다고 체육시간에 안입으면 안돼요~)	
5. 역할은 따로 없어	우리는 농기구도 함께 가져가고 사용한 농기구도 함께 정리하고 물도 함께 주고 땀도 함께 흘리고 수확도 함께 할 거야.	< 2016 학교 텃밭 배치도 >

의여중 2학년 에코농녀들의 상추비빔밥데이(2016.6.10.금)

하늘 · 땅 · 사람의 건강한 어울림이 있는 유기농 텃밭작물의 첫 수확!

'유기농'이란 우리처럼 농약과 화학비료를 전혀 사용하지 않고, 생산자의 노력과 자연의 힘으로 함께 길러낸 것을 말해요. 우리가 텃밭에서 땀 흘리며, 사랑과 정성으로 자연과 공생하는 방법으로 농사짓는 그 방법인 것이죠!

밥을 같이 먹는다는 것은, 삶을 함께 한다는 것!!^^

함께 농사를 지었으니 함께 모여 나눠 먹어요!

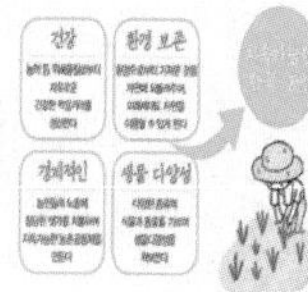

♥ 일시: 6월 10일(금) 1교시(9:10~9:55)
♥ 장소: 각반 텃밭(수확) 및 가로수길(먹을 때)
♥ 텃밭모둠별 준비물
- 밥, 고추장, 양푼, 숟가락, 돗자리, 상추씻을 쟁반(채), 계란후라이, 조미김가루, 마실 물
♥ 담임 교사 준비물 : 참기름
♥ 에코 농녀들의 약속
- 일회용품은 절대 사용하지 않도록 합니다.
- 다른 재료(계란후라이,조미김가루..등)를 가져올 수 있으나, 상추 본연의 맛이 무너지지 않도록 첨가되는 재료가 많지 않도록 배려 해주세요. 상추가 주인공이어야 합니다.
- 준비와 요리과정, 뒷정리를 함께 하도록 합니다. 우리는 에코농녀들이니까요~
- 수돗가에 소중한 상추가 버려지거나 밥알이 버려지지 않도록 깨끗이 먹습니다.

♥ 결과: 1) 함께 밥 먹는 사진
2) 함께 요리하는 과정,
3) 자신의 역할 및 한 일을 여섯 사진으로 찍는다.
다음 기술가정시간 수업시간에 텃밭일지를 작성한다(숙제 아님)

의여중 어린이 생태학교 봉사 도우미 모집

일시 : 7월 23일 토 9시 ~ 12시
장소 : 우리학교 텃밭
인원 : 정말 열심히 할 10명(선착순 모집, 봉사시간 2시간 부여)
하는 일 :
- 애기들이 텃밭에 들어오기 쉽도록 긴 잡초 정리
- 아이들 체험 위한 감자 묻기
- 아이들과 어머님들 마중 나가기(애들과 친해지기)
- 아이들의 텃밭 체험 돕기(감자, 토마토, 고추 등)
- 도구 정리 및 뒷정리
신청 : 한지원 쌤(본관 4층 2학년부 교무실) 쌤 없으면 010-3434-4467

이 날, 의정부 이주민센터에서 아이들 20여명과 어머님들 13여명이 우리 학교에 놀러 와요. 나이는 5살~9살 정도 되고, 엄마가 베트남, 아빠는 한국 사람인 다문화가정의 아이들입니다. 우리가 직접 물주고 땀 흘리며 키운, 유기농의 싱싱한 작물을 직접 따보게도 하고, 텃밭의 살아있는 곤충도 만나게 해주며, 우리에게는 일상적인 곳이니 텃밭과 논에서 아이들과 자연을 만나게 해주는 뿌듯한 일을 함께 해보도록 해요~

자연과 함께 키운 '무'로 내 마음을 전하는 -조리실습 (사랑의 깍두기 담그기)-

영화 [고령화가족]

[illegible]

평가 계획

1. 평가 척도안

평가 내용	등급(점수)
1) 모둠활동에 적극 참여하였는가? 2) 마무리 정리까지 주방적으로 깨끗한가? 3) 실습결과물을 성실히 제출하였는가?	5~0점

2. 조리실습 시기

조리실습	1반	2반	3반	4반	5반	6반	7반	8반	9반
재료손질	10월 30일 점심시간(1시 20분부터)	10월 31일 1교시	10월 28일 7교시	10월30일 3교시	10월28일 4교시	10월 30일 4교시	10월 29일 4교시	10월 30일 1교시	10월 28일 3교시
양념 버무리기	10월 30일 5교시	10월 31일 7교시	10월 29일 1교시	10월 30일 4교시	10월 29일 3교시	10월 30일 점심시간에	10월 29일 점심시간에	10월 30일 7교시	10월 29일 1교시

3. 조리실습 내용
1) 요리명 : 깍두기 만들기
2) 재료준비 : 양념류를 제외하고는 텃밭에서 구한다. (예: 무, 갓, 쪽파 등)
- 깍두기 기본 양념(고춧가루, 양파, 마늘, 생강)는 모둠별로 지급할 예정이지만, 필요한 만큼만 사용하도록 함.
(우리집의 비법 양념재료를 준비해서 참가해도 됨. 단, 화학조미료는 사용금지)
3) 모둠별로 무 8개는 깍두기 담을 재료로 하고, 나머지는 3학년의 독거노인들을 위한 김장나눔에 무를 기증하도록 합니다.

4. 개인준비물
1) 튼튼한 밀폐 용기(플라스틱 또는 유리병) (필요시에 가족과 함께 식사할 수 있는 보관 용기)
2) 앞치마 또는 체육복: 고춧가루 양념이 묻으면 잘 지워지지 않으니 흰색 옷과 교복은 입지 않고 옵니다.
3) 기타 개인준비물(우리집 비법 양념재료 등)

결과보고서 제출방법 (개인별)

1. 개인별로 작성 (나눔종 프린트 참고) - 깍두기를 먹이고 알맞게 맛이 들면 가족 또는 이웃(친구)과 나눠 먹도록 한다(사진첨부)
2. 제출마감일 : 다음주 기가 수업 제출
3. 수행평가 및 텃밭일지 사항에도 반영할 예정임

평화의 아이들과 DMZ 두루미

토성초등학교 글로벌 생태협동鳥합 프로젝트

참화를 딛고 움트는 생명의 땅

새가 살아야 인간이 산다

"잘 다녀와. 또 만나자"

철원에는 '두루미밴드'가 있다

떠나가는 천년학

토성초등학교는 전교생이 27명이다. 전학년제로 한울지기 동아리를 운영하지만, 인원이 점점 줄어들어 미래를 확신할 수 없는 상황이다. 천연기념물로 지정된 멸종위기종 두루미를 공부하고 철새보호활동 등을 익혔는데, 2016년부터는 두루미가 교육과정의 중심이 되어 교과 속에서 함께 숨 쉬고 있는 두루미학교이다. 생태환경교육과 교과교육의 통합 방법을 모색하여 교과교육활동의 한 부분이 되도록 노력하고 있으며, 철원의 새에서 시작한 학습을 지역사회에 대한 관심과 참여로 확대하려 한다.

참화를 딛고 움트는 생명의 땅

전쟁은 끝나지 않았다. 총부리는 여전히 남북의 동족을 향하고 있다. 우리는 이런 사실을 깜박 잊고 살다가 남북 간에 긴장이 조성되는 사건이 일어날 때나 전쟁을 환기시키는 경험을 할 때마다 새삼 깨닫고는 한다. 아, 아직도 전쟁이 끝나지 않았구나.

철원군 갈말읍에 들어서자 농촌의 적막을 깨는 포성이 울린다. '쐬에에 쿵, 쐬에에 쿵.' 어디선가 포 사격 훈련을 하는 모양이었다. 검은 페인트로 해골 문양을 그려 넣은 콘크리트 초소와 탱크 저지용 구조물을 지나치면서 이곳이 DMZ(비무장지대)와 바로 인접해 있다는 사실을 실감한다.

시원스레 뚫린 도로 양 옆의 울창한 숲은 실은 지뢰지대이다. 누군가는 '악마의 혓바닥'이라 부르기도 한다. '지뢰'라고 쓴 빨간 표식과 철망은 이곳이 계획 지뢰지대 또는 미확인 지뢰지대임을 알려준다. 공산치하의 산물이라는 노동당사와, 남과 북의 공법이 함께 조화를 이룬 승일교, 금강산 전기철도의 시발점인 철원역, 그리고 끊어진 금강산철교 등은 흔히 알려진 분단-전쟁-냉전의 산물이다.

철원군 전 지역은 38선 이북에 위치해 광복 직후(1945년 9월 2일) 소련군정의 관할 아래 들어갔고, 한국전쟁 중에는 중부전선 장악을 위한 최대 격전지였다. 휴전 후 이 지역을 가로질러 군사분계선이 설정되면서 남북으로 분단되었다. 현재 철원군은 대한민국과 조선민주주의인민공화국 양쪽 모두 행정구역으로 설정하고 있다.

아름다운 한탄강과 비옥한 철원평야. 가을이면 오대쌀의 황금물결이 넘실대는 철원은 미륵보살을 자처한 궁예가 한 나라(태봉국)의 도읍지로 삼을 만큼 비옥한 땅이다. 지구상에서 가장 많은 화력이 밀집한 이 살벌한 땅이 사실 생태계의 보고라는 사실은 비동시적인 동시성의 착각을 불러일으킨다.

철원은 한반도 생태계의 마지막 보루로 불린다. 70년 가까이 인간의 손길이 미치지 않은 비무장지대는 아이러니하게도 분단이 선사한 보물이다. 철원평야는 강원도 쌀 생산량의 21%를 차지할 만큼 기름지고 드넓은 땅이다. 가을걷이가 끝난 철원평야는 떨어진 곡식(낙곡)이 풍부하고, DMZ에서 흘러나오는 맑은 물이 민통선 이북 토교저수지에 모여든다. 먹이가 풍부하고 안전한 쉼터가 있는 철원은 두루미와 재두루미, 쇠기러기, 독수리, 흰꼬리수리와 청둥오리, 흰빰검둥오리 등 110종의 조류가 월동하는 철새들의 낙원이다.

철원의 작은 학교 토성초등학교(이후 토성초). 1954년 개교한 이 학교의 이름은 철원 토성에서 따왔다. 도착 소식을 전하자 이소라 교사가 마중을 나왔다. 작은 체구에 둥근 인상이 선한 느낌을 준다. 해를 닮은 아이들과 지내서일까. 초등교사들은 나이를 천천히 먹는 것 같다. 지속가능발전교육(ESD)과 환경교육에 관심이 많은 이 교사는 강원도 화천에서 1년을 지낸 것 말고는 19년 동안 줄곧 철원에서 아이들을 가르쳐왔다. 첫발령을 받은 철원의 토교저수지와 한탄강에 반해 '철원사람'을 만나 결혼하고 아이를 낳아 기르면서 철원사람이 다 되었다고 한다. 그는 올해 4학년을 담당하고 있다.

새가 살아야 인간이 산다

"우리 아이들이 저희를 보고 인사를 안 하는 거예요. 처음에는 정말 착한 아이들인데 왜 인사를 안 하지 의아했어요. 그러다 나중에 깨달았는데요. 저희가 선생님이 아니고 그냥 옆집 아줌마, 옆집 이모 같이 느껴진 거예요. 늘 보는 사람들이라 인사를 하는 게 오히려 어색했나 봐요. 아빠 엄마한테는 인사 안 하잖아요. 그런 느낌이 들기 시작하더라구요."

토성초의 전교생은 27명. 학생 수가 적어 학급이 없고 학년만 있

다. 넓은 운동장과 붉은 지붕을 머리에 인 2층의 아담한 교사. 교사 주위에 '뱀주의' 푯말이 붙어 있고 너른 텃밭에는 고추며 오이, 옥수수가 시퍼렇게 자라고 있다. 옥수수는 두루미 먹이로 기른다는데 푯말에는 '옥수수 세 알 심어서/한 알은 두루미 먹고/한 알은 벌레 먹고/나머지 한 알은 누가 먹을까/우리들의 발소리 듣고 쑥쑥 자라서/사이좋게 나눠먹어요/토성초등학교 어린이들'이라고 쓰여 있다. 교사 입구에는 나무로 깎은 두루미가 서 있고, 복도 천장에는 비상하는 두 마리 두루미 모형이 눈길을 끈다. 토성초는 그야말로 '두루미학교'이다. 토성초 교육은 두루미를 중심으로 돌아간다.

일명 학으로 불리는 두루미. 북한명으로는 흰두루미다. 수컷이 '두'라고 선창하면 암컷이 '두루' 따라하는 소리에서 두루미라 했다고 전한다. 천연기념물 202호(문화재청), 멸종위기야생종 1급(환경부), 국제보호종 1급(국제자연보존연맹) 조류이다.

몸길이 136~140cm, 날개 편 길이 약 240cm, 몸무게 약 10kg이다. 온몸이 흰색이다. 머리꼭대기는 피부가 드러나 붉고, 이마에서 멱·목에 걸친 부위는 검다. 날개의 안쪽 둘째 날개깃과 셋째 날개깃은 검정색이고, 나머지 날개깃은 흰색이다. 꽁지를 덮고 있는 둘째 날개깃이 검정색이므로 앉아 있거나 걸을 때는 마치 꽁지가 검은 것처럼 보인다.

농경지, 개활지, 갯벌, 강 하구 습지에서 번식하며 미꾸라지, 갯지렁이, 다슬기 같은 동물성 먹이도 섭취하지만 주로 옥수수, 씨앗, 곡식을 먹는다. 러시아 아무르 강 유역 습지, 캉카 호 습지, 중국 삼강평원, 자룽자연보호구 등에 머물다가 철원평야, 임진강 하구, 강화 등지에서 월동한다. 월동 기간은 11월~3월이며 4월 중·하순에 한두 개의 알을 낳는다. 어린 새는 황토색을 띠다가 커가면서 하얘진다. 주로 가족 단위로 생활하며 겨울에는 큰 무리를 형성하기도 한다.

© 도연 스님

토성초는 두루미를 중심으로 '글로벌 생태협동鳥합' 프로그램을 3년째 운영하고 있다. 이 환경교육지원사업의 목표는 세 가지이다.

첫째, 지역 자연 자원인 철새를 이해하고, 철새를 통한 생태학습을 실시한다. 철새를 외지인들의 관광자원이 아닌, 우리 지역 발전의 밑거름이 될 수 있음을 알고, 우리가 살아가는 지역 생태를 정확히 이해해야 하기 때문이다.

둘째, 자연과 인간의 공존, 더불어 살아가는 생태협동鳥합 커뮤니티를 운영한다. '새가 살아야 인간이 산다'를 모토로 새와 인간이 공존하는 방법을 모색한다. 학교만의 사업을 넘어 지역사회와 네트워크를 구축해 학교와 지역사회가 함께하는 커뮤니티를 형성한다.

셋째, 생태감수성교육을 통해 더불어 살아가는 환경교육의 역량을 키워준다. 현 세대와 미래세대가 공존할 수 있는 역량을 키우는 것이 환경교육의 역할이다. 철새의 이동에서 볼 수 있듯이 철새는 한 지역만의 문제에 국한되지 않는다.

"철원은 워낙에 두루미가 많이 오니, 두루미하면 토성초등학교를 떠올릴 수 있게 교육과정 안에 넣어보자고 생각했어요. 2년 차부터는 그 방향을 잡아가기 시작했죠. 창체 속에 동아리활동을 포함한 거예요. 저희는 27명밖에 안 되니까 개별활동, 특활 이런 거는 못해요. 1학년부터 6학년까지 모둠을, 언니 형제자매를 맺어주듯이 정해주었죠."

이러한 목표 하에 3년 계획을 세우고 꾸준히 사업을 추진한 결과, 학생들이 두루미를 바라보는 시선이 달라졌다고 한다. 두루미를 자신과 별개의 개체로 인식하던 학생들이 더불어 살아가는 존재, 내가 보호해야 하고 나를 보호해주는 존재로 인식하기 시작하였다. 또 철원을 두루미와 함께 살아가야 할 삶의 터전으로 생각하는 변화를 가져왔다.

두루미를 비롯한 철새를 탐조한 후 느낀 점을 그림, 글, 노래로 창작해 표현해내고 먹이주기나 보호캠페인 같은 실천 활동을 통해 내면화한 것은 큰 성과로 꼽힌다. 체험, 성찰·탐구, 창작·표현, 대화·실천의 순환에 충실한 교육이 이루어지고 있는 것이다.

“잘 다녀와, 또 만나자”

2014년 4월 15일 토성초 학생들이 철원군야생조수류보호사를 찾았다. 이곳은 한국조류보호협회 철원군지회에서 운영하는 야생동물구조센터이다. 한국조류보호협회는 조수류 보호, 구조치료, 홍보와 조사활동을 하고 있는데 전화번호는 ‘455-8181’이다. 팔 하나만 있으면 구조전화를 걸 수 있다는 뜻이라고 한다. 김수호 사무국장은 학생들에게 두루미가 철원을 찾는 이유는 농지가 넓고, 사람이 적고, 최적의 습지조건을 갖고 있어서라고 설명하면서 한국조류보호협회 철원군지회에서 하는 ‘두루미 땅 한 평 사주기’ 운동을 안내하였다.

이렇게 구입한 땅을 농민에게 임대하고 유기농, 무농약으로 벼농사를 짓고 두루미 월동 시기에는 추경을 금지하고 액비 살포를 금지하자는 것이다. 학생들은 그 자리에서 이 운동에 동참하기로 뜻을 모았다.

철새에 대한 강의가 끝나고 보호사에서 치료하거나 보호하고 있는 동물들을 실제로 본 아이들은 '꺅꺅' 신이 나서 소리를 지른다. 삵과 두루미, 물새와 독수리를 눈앞에서 직접 보니까 마냥 신기했던 것이다. 학생들은 비닐봉지 사용을 줄이기 위해 에코가방도 만들었다. 가방에 '따르릉! 야생동물병원입니다'의 최협 작가가 그린 야생동물 도장을 찍으며 동물 사랑의 마음을 다졌다. 학교에 돌아와서는 도장이 찍힌 에코가방 뒷면에 '두루미, 지속가능발전, 철새'

등을 주제로 시화를 꾸몄다.

김예진 학생(3학년)은 '철새들아 너희를 보호해줄게/훨훨 하늘에 날게 해줄게/철새들아 너희는 사라지면 안 돼/철새들아 너희가 사라진다면/우리들은 우리들은 혼자서 살 수 없단다/우리들이 우리들이 너희를 사랑해줄게'라는 노랫말을 썼다. 또 김세연 학생(5학년)은 '두루미를 지켜요. 농약치지 마세요. 비닐하우스 위험해요. 두루미가 살 수 있게 해요. 더불어 함께 살아요. 우리 두루미와 함께'라고 썼다.

학부모와 함께 두루미 먹이 나누기 활동도 벌였다. 이들이 찾아간 곳은 샘통 철새도래지이다. 샘통은 겨우내 얼지 않는 습지이다. 엄마와 아이들을 태운 버스가 샘통 철새도래지 인근의 논 옆에 멈춘다. 버스에서 옥수수 세 포대와 먹이 나누기 주머니를 꺼내고 바가지로 옥수수를 담아 먹이주머니에 나눠 담는다. 옥수수를 한 주먹씩 꺼내 물이 없는 논바닥에 놓아준다.

먹이를 줄 때에는 절대로 흩어 뿌리거나 먹이주머니째 쏟아 부으면 안 된다. 두루미가 하늘에서 내려다보고 먹이를 구분할 수 있게 일정한 간격을 두고 한 줌씩 살며시 놓아주어야 한다. 먹이를 주고 난 후 눈이 내리면 큰일이다. 눈에 불어버린 먹이는 물에 불어버린 밥과 같아서 두루미들이 아주 싫어하기 때문이다. 두루미들이 먹이를 먹는 모습을 볼 수 없지만 먹고 힘내서 러시아로 돌아갈 수 있을 거라고 기원하며 돌아왔다.

학생들은 또 철원군 지도를 펼쳐놓고 두루미가 많이 오는 곳을 찾아보고 그 까닭을 알아보았다. 사람이 없는 DMZ에 두루미 가족이 날아올 것이라는 아이들과 먹이를 먹고 물을 마셔야 하니 샘통 근처에 날아올 것이라 말하는 아이들도 있었다. 철원군 지도에 두루미의 은신처와 보금자리를 표시했다.

학생들은 모둠을 짓고 나무로 두루미 가족 3~5마리를 만들었다. 나무로 깎은 두루미 모형에 하얀색과 검은색 물감으로 날개와 머리를 색칠하고, 빨간색 물감으로 정수리를 표현한다. "이건 먹이 먹는 모양이야", "이건 춤추는 모양이네", "우와 하늘을 보며 다른 친구들을 부르고 있어" 아이들의 상상력은 끝이 없다. 아이들

은 두루미 가족 이야기를 하면서 틀렸느니 맞았느니 하며 이야기에 빠져들었다.

2016년 3월, 학생들은 아무르 강으로 떠나는 두루미들에게 인사하기 위해 다시 강산저수지와 동송저수지 일대를 찾아갔다. 논둑에 앉아 있는 두루미 가족들을 바라보며 아이들은 "잘 다녀와", "또 만나자" 인사를 했다. 그 말을 알아듣기나 한 듯 두루미들이 논바닥을 박차고 일제히 날아올랐다. 아이들은 아쉬워하며 손을 흔들었다.

철원에는 '두루미밴드'가 있다

토성초 아이들은 두루미를 공부하면서 철원 사람들에게 두루미를 알리며 보호하자고 호소할 필요성을 느낀다. 그런 생각에서 〈임길택 노래상자 : 나무꼭대기 까치네 집〉과 〈권정생 노래상자 : 바보

처럼 착하게 서 있는 우리 집〉 중에서 여섯 곡을 골라 함께 불었다. 이것이 계기가 되어 방과 후 학교 프로그램으로 오카리나와 기타교실을 운영하고 밴드를 결성하였는데 이름은 두루미밴드.

두루미밴드는 2014년 학예회를 시작으로 2015년 철원군평생학습축제, '새끼줄축제'에 찬조 출연하고, 2016년에는 '철원평화동요제'에 참가하였다. 또한 해마다 철원군노인전문요양원을 찾아 공연봉사 활동을 하고 있는데, 할아버지 할머니들은 "내년에도 또 올 거지?"라며 두루미밴드를 반겼다.

2015년 방과 후 학교 강사로 오셨던 신호승 교사(음악놀이 강사)와 강석규 교사(기타 강사)가 노래를 만들어볼 테니 학생들에게 가사를 지어보라고 제안하였다. 이렇게 해서 철원에서는 유명한 창작곡 '두루미야 두루미야'가 탄생하였다.

두루두루 다니다 배가 고프면/우리 마을에 오렴/맛난 곡식 줄게 두루미야 두루미야/두루두루 다니다 목이 마르면/우리 마

을에 오렴/샘통의 맛있는 물을 줄게 두루미야 두루미야/두루두루 다니다 답답하면/우리 마을에 오렴/깨끗한 공기 마시게 해줄게 두루미야 두루미야/우리 마을에서 같이 살자 두루미야 두루미야

토성초에서 이 노래를 모르는 학생은 없다. 누구에게나 노래를 시키면 언제 어디서든 바로 노래가 나올 정도이다. 입을 한껏 벌리고 힘껏 노래하는 아이들의 얼굴은 행복하기 그지없다. 두루미밴드는 매월 첫째 주 화요일 1교시에 작은 발표회를 갖는다. 이 시간에는 두루미밴드뿐만 아니라 편지글 발표, 학년별 노래 발표, 리코

더 연주, 무용 발표 같은 다양한 공연이 펼쳐진다.

토성초 텃밭은 꽤 넓다. 거의 농사 수준이다. 학년별 텃밭이 있어 파프리카, 오이, 야콘, 고구마, 땅콩, 방울토마토 등 자기가 먹고 싶은 작물을 기른다. 처음에 작물을 선택하고 밭을 갈고 심을 때까지는 신나서 하고 풀도 열심히 뽑는다. 그러나 바랭이, 명아주 이름을 찾아보면서 김을 매던 아이들은 세 번, 네 번 되풀이되면 마침내 "농사가 지겹다"며 탄식을 한다. 그러면서 나락 한 알의 의미를 생각하고 풍년을 기대한다.

학생들은 농사의 고단함과 수확의 기쁨을 몸으로 체득해갔다. 아이들이 다시 교실로 뛰어 들어왔다. 새가 유리창에 부딪혀 떨어

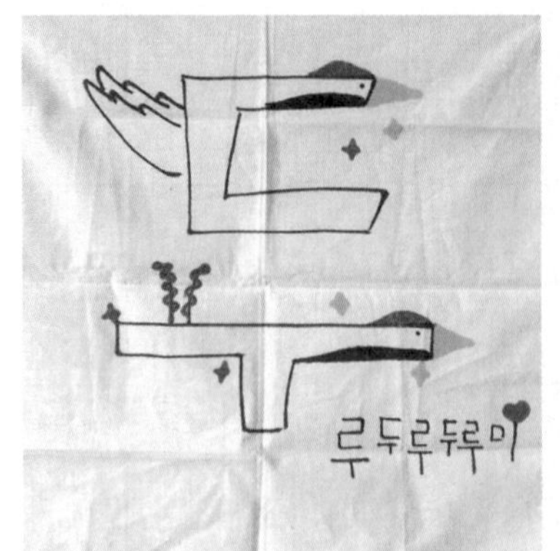

졌다고 난리법석이다. 이 교사가 허겁지겁 새를 상자에 넣으려는 순간 푸드득 날아가 버렸다. 아이들이 일제히 환호성을 지른다. 그런데 그 다음에 아이들은 쉴 새 없이 선생님을 괴롭힌다. 며칠 전에도 새가 죽었다며 슬퍼하던 호경이가 이렇게 말한다.

"선생님, 그동안 제가 살린 새만 해도 5마리가 넘어요."

떠나가는 천년학

명랑한 목소리로 이야기보따리를 풀어놓던 이 교사의 표정이 갑자기 흐려진다. 한숨을 폭 쉰다. 대규모 리조트가 들어서는 바람에 철원군에 하나밖에 없는 야생조수류보호사가 없어지게 되었다는 것이다. 아이들이 이 사실을 알면 크게 실망할 텐데 어쩌

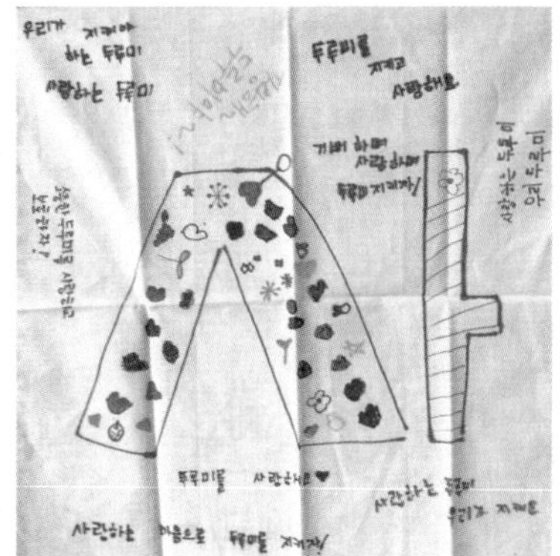

면 좋겠냐고 한다. 탐욕스러운 토건자본의 발톱 앞에 예외는 없었다. 개발바람이 불면서 곳곳에서 굴삭기 소리가 요란하다. 두루미의 적은 이제 비닐하우스 수준이 아니다. 두루미를 지켜내기가 점점 힘들어지고 있다. 이 교사는 얼마 전 학생들과 SBS스페셜 〈두루미, 떠나가는 천년학〉을 보았다. 영상을 본 학생들이 소감을 나누었다.

상아 두루미가 많은 것이 꼭 좋은 것만은 아닌 것 같다. 우리 지역만이 아니라 다른 지역까지 모두 함께 노력해야 할 게 있다.

금비 다른 나라에서는 두루미를 살리기 위해 많은 노력을 하는데 우리나라에서 두루미를 막 죽이고 있다. 두루미의 소중함을 다 알았으면 좋겠다. 두루미가 없으면 사람도 없다. 왜냐하면 먹이사슬로 인하여 먹고 먹히는 관계가 잘 이루어져야 하는데, 그 관계가 제대로 형성될 수 없기 때문이다.

세연 김포에서 총 맞아 죽은 두루미도 있던데…. 보호하지도 못하고 죽이려고 하니까 더 소중함을 못 느끼는 것 같았다.

고경 두루미라면 옛날부터 있었으니까 모두가 좋아할 것이라고 생각했는데…. 총으로 죽이기까지 할 정도로 싫어한다고 생각하니 충격이었다.

재영 세잎클로버는 행복, 네잎클로버는 행운이라는 말이 있다. 두루미가 있는 것은 행복, 농사짓는 사람들에게 두루미가 없는 것은 행운이라고 느끼는 것 같다. 하지만 그보다 내가 느낄 때는 두루미가 없는 것은 불행이고 두루미가 있는 것은 행운과 행복이 합쳐진 것과 같다. 나에게 두루미란 보물이다.

승빈 아까 동영상에서 본 것과 같이 두루미를 데려와서 보호하지 못하는 점을 보고 안타까웠다.

"여름캠프를 갔을 때였어요. 충남 서천의 국립생태원을 견학했는데 해설사들이 깜짝 놀랍니다. 강원도 북쪽 끝 철원에서, 그것도 27명밖에 안되는 전교생이 충남까지 찾아오다니. 감동한 해설사들이 정성껏 설명을 해주는데 끝나고 또 한 번 놀라는 거예요. 이토록 집중해서 듣는 아이들은 처음 봤다고. 토성초 아이들은 다른 건 몰라도 새 이야기만 나오면 달라집니다. 갑자기 새로 변신한다

고나 할까. 두루미는 아이들에게 그냥 새가 아닌 혈육 같은 존재입니다."

이소라 교사의 말이다. 그에 따르면 아이들은 처음엔 두루미를 개체만 본다고 한다. 그러다 점차 공부가 깊어지면서 동료애와 협동을 배우고, 공동체 속에서 자신의 역할을 생각하게 된다는 것이다. 두루미는 철원의 아이들에게 나와 함께 같이 살아가는 존재인 것이다.

낮은 목소리

두루미와 아이들로 작은 학교가 풍성해졌어요

이소라 • 토성초 교사

"1998년 겨울 토교저수지를 간 적 있었는데, 쇠기러기 떼가 지나가는 모습을 처음 보았어요. 그 순간, 마치 〈닐스의 모험〉에서처럼 커다란 새를 타고 나는 것 같은 황홀감을 느꼈어요. 잊을 수 없을 만큼 장관이었지요. 또 한탄강에 갔을 때 평지에 논이 있는가 싶더니 그 아래가 갑자기 뚝 떨어지는 절벽인 거예요. 폭포수처럼 물이 쏟아지고 강이 흐르고…. 참 신기하게 느꼈는데 그때부터 이 고장을 사랑하게 되었어요. 이제 이곳을 떠난 저의 삶은 상상하기 어렵습니다."

이소라 교사의 아버지는 평생 교사였다. 그는 37년 동안 초등학교 평교사로 봉직한 아버지를 지켜보면서 교사가 되겠다고 생각했다. 지금은 퇴직해서 벌을 치는 아버지가 이 교사에겐 인생의 사표이다. 그의 이메일 아이디 영문자가 TNT이다. 폭약을 뜻하는 것 같지만 사실은 진정한 자연 교사True Natural Teacher라는 뜻이란다.

"문득 몸에 맞지도 않는 옷을 입은 것은 아닌가 싶을 때가 있어요. 누군가는 꼭 입어야 하는 옷인데 아무도 입지 않겠다고 하니 참을성 없는 제가 덥석 입어버렸지요. 그러곤 옷의 맵시를 살리기 위해, 예쁘게 보이기 위해 발버둥치고 있답니다. 그런데 언젠가부터 사람들이 그 옷이 제 옷이래요. 맞춘 것처럼 엄청 잘 어울린대요. 그러면 저는 또 그 말을 믿고 패션쇼를 하면서 혼자 행복해합니다."

프로젝트가 시작된 2014년, 프로젝트의 주체가 되어 활발히 활동한 윤병용 교장과 김태기 교사가 학교를 떠나면서 2015년부터 담당하게 된 이소라 교사의 상황을 빗대어 한 말이다.

아무래도 어려운 일이었을 것이다. 그래도 이곳엔 아이들과 함께하는 교사들이 있었다. 철원의 새를 공부하고 가르치는 철원의 교사들이었다. 두루미의 중요성과 두루미 학습의 필요를 이미 확인한 교사들은 두루미를 보낼 수가 없어 머리를 맞대고 함께 고민하기 시작했다. 그 중심에 이소라 교사가 있었다. 사업에 대한 부담감과 어마어마한 업무 양에 스트레스를 받으면서 원망도 많이 했다고 한다. 하지만 누군가는 해야 할 일이었고, 함께 프로젝트를 진행하였던 교사로서의 책임을 떨칠 수가 없었다. 그리고 이것은 이소라가 교사가 인생에 큰 전환점을 맞게 하였다.

처음 토성초에서 생태교육을 시작할 때의 일화가 있다. 이 사건으로 김태기 교사는 환경교육에 뛰어든다.

"애들아, 철새가 뭐지?"

골똘히 생각하는 아이들. 잠시 어색한 침묵이 흐른 후 한 아이가 자신 없는 목소리로 답한다.

"철로 만든 새요."

아무도 웃지 않았다. 우스갯소리가 아니었던 것이다. 김 교사는 깜짝 놀랐고 이래서는 안 되겠다고 생각했다. 학교는 온통 군사시설로 둘러싸여 삭막하기 짝이 없었다. 아이들은 탱크와 콘크리트 저지선, 해골마크, 철조망을 보면서 자랐다. 메마른 감성에 생명을 불어넣을 수 없을까. 그래서 시작한 것이 생태교육 프로젝트이다.

"여름에는 두루미 캠프, 겨울에는 논에 나가 두루미 관찰하기와 먹이나누기를 합니다. 일상적으로는 두루미밴드와 한올지기 동아리활동, 텃밭 가꾸기를 하는데 아이들이 좀 힘들어합니다. 학생 수는 적은데 해야 할 일은 많아서…. 교과과정을 짤 때 중심 잡는 것이 가장 힘듭니다. 작은 학교라고 해서 교육과정이 적지는 않으니까요."

봄에는 아무르 강으로 떠나는 두루미 응원하기, 여름에는 병영체험수련원에서 생태체험하기, 겨울에는 샘통 철새도래지에서 두루미 관찰하기와 먹이나누기, 한올지기 동아리활동을 통해 두루미와 더불어 살아가는 방법을 찾고 실천하기를 진행하였다. 두루미가 학교에 활력을 불어넣었고 아이들은 생기를 되찾았다.

"아이들도 아이들이지만 학부모들이 변했어요. '내가 사는 이곳 철원은 안보지역, 무서운 곳, 외진 곳이 아니라 매력적인 곳, 살만한 곳, 좋은 곳'이라고 얘기합니다. 새로 전입 오신 선생님들도 처음엔 경계심을 갖다가 금세 풀어집니다. 두루미를 통해 자연과 이웃을 보기 시작하는 거지요."

이 교사는 강원도에서 나고 자랐고 시골학교의 선생님이 꿈이었다. 강원도가 자신의 생일을 기념하기 위해 강원도민의 날을 7월 8일로 정했다고 얘기할 정도로 강원도를 사랑한다. 머루나무의 줄기로 타잔놀이를 하고 다래를 따 먹으며 자랐지만 특별히 자연보호와 생태교육을 강조하면서 생활한 적은 없었다.

"저는 그냥 우리 농산물을 애용하자는 정도로 평범한 교사였어요. 그런데 생태교육을 하면서 마음의 여유가 생기고 삶이 풍요로워졌어요. 어느 순간 우리 아이가 받아쓰기 30점을 받아도 화가 나지 않더라고요. 그 전에는 수학문제 못 풀고 받아쓰기 못하면 화가 나서 다그치고 그랬는데. 아이들을 있는 그대로 바라보게 되고, 잘하는 면을 생각하게 되고, 배움이 교과서에만 있지 않다는 것을 깨달은 거지요."

농작물은 농부의 발소리를 듣고 자란다는 얘기를 들은 아이들은 틈나는 대로 발둑을 걸었다. 물을 주면서 작물을 살폈고 풀이 무성하면 풀을 뽑았다. 농약이나 화학비료 대신 소똥거름을 쳤다. 벽에 부딪혀 떨어진 새를 발견하면 야생동물보호센터에 알리는 것은 당연한 일이 되었다. 이처럼 놀라운 변화가 있기까지 토성초 교직원들의 헌신적인 뒷받침이 있었다.

"생태감수성은 하루아침에 길러지는 것이 아닌 것 같아요. 두루미를 생각하는 마음, 텃밭을 대하는 태도, 김매는 자세…. 이런 것이 단기간에 될 수는 없지요. 아이들은 옥수수 씨앗을 심으면서 '나도 먹고 벌레도 먹고 두루미도 먹고' 하는 넉넉한 마음을 갖습니다. 이런 경험이 아이들의 성장에 도움이 되고 커서도 행복한 기

억으로 남았으면 좋겠습니다."

방과 후 교실 수업차 음악실로 가던 아이들이 잠깐 교실에 들렀다. 낯선 이에 대한 호기심으로 눈을 반짝인다. 씩씩하고 표정이 밝다. 에버랜드나 박물관에 가고 싶지 않느냐고 묻자 세 아이 모두 고개를 젓는다. 화려하고 풍요로운 도시를 동경할 법도 한데 전혀 그렇지 않은 것이다. 왜 그러느냐고 묻자 이구동성으로 답한다.

"복잡하고 시끄럽고… 거기엔 두루미가 없잖아요."

이 교사와 아이들이 까르르 웃는다. 개구쟁이들이 우르르 몰려 나갔다. 잠시 뒤 오카리나와 기타 소리가 흘러나왔다. 처음엔 작게만 들리더니 이내 힘찬 합주 소리로 바뀌었다.

학생 글

토성초 텃밭

한명우 • 6학년 나래반

우리는 1학년 때부터 지금까지 꾸준히 텃밭관리를 한다. 1학년 때는 평소에 하지 않았던 농사를 하라고 해서 나는 정말 놀랐다. 왜냐하면 어떻게 하는지도 모르고 해보지도 못했는데 어떻게 하라는 건지 참 의아했다. 1학년 때는 하기 싫은 티 팍팍 내고 불만을 가지고 했다. 너무 힘들고 또 매일매일 와서 풀도 뽑아주어야 하고. 어떤 면에서는 봄에 심어서 가을 때까지 기다려야 한다는 게 힘들었다. 가을이 되어서 농작물을 수확하면 어떤 건 잘 익고 어떤 건 시들거나 벌레가 먹었다.

잘 익은 걸 볼 때는 정말 기분이 좋았는데 시들거나 벌레가 먹은 것을 볼 때는 속상하고 그동안의 노력이 헛수고가 된 듯한 느낌이었다. 2학년 때도 내가 열심히 했다고 생각했는데 그런 게 아니었나 보다. 성과는 역시 1학년 때랑 비슷했다. 2학년 때 역시 노력이 헛수고가 된 것 같아 1학년 때보다 더 속상했다.

수확이 끝나고 집에 와서 할머니께 농사를 잘 지으려면 어떻게 해야 되냐고 물어보았다. 고사리 손으로 할머니가 말씀하신 걸 적고 그걸 3학년 때 이용했다. 농사를 많이 지어보신 할머니께서 말씀하신 대로 해보니까 3학년 때는 풍년이었다.

드디어 4학년 때는 이제 고학년이라는 행복감을 안고서 3학년 때보다 더 잘해야겠다는 생각을 하였다. 그러나… 많은 체험학습과 많은 행사로 관심을 주지 못했던 텃밭은 거의 정글이 되었다. 잡초는 내 키보다 더 높게 자랐고 들어가라면 못 들어갈 정도로 커졌다. 힘 센 태호가 잡초 하나를 뽑았는데 두께가 100원 동전 정도였다. 토마토의 곁순은 토마토 줄기보다 두꺼울 정도로 많이 자랐다. 졸지에 제초기까지 등장하여 잡초를 제거하였다. 잡초제거를 하고 나서 수확을 했는데 예상 외로 결과가 좋았다.

5학년 때는 농사의 비법을 많이 찾아보고 그것을 외웠다. 땀을 빨빨 흘려가며 텃밭을 가꾸다 보니 올해도 작년, 재작년과 같이 풍년이었으면 좋겠다는 생각을 텃밭에 올 때마다 해주고 좋은 말을 해주면 잘 자란다고 하여서 '잘 자라, 잘 커라' 같이 좋은 말들을 많이 해주었다. 잡초를 일주일에 3~4번씩 뽑아주었는데, 4학년 때보다 훨씬 깨끗했다. 드디어 우리가 1, 2, 3, 4학년 때보다 더욱더 공들인 결과를 우리 손으로 직접 확인해보았다. 결과는 역시 안 봐도 비디오였다. 3, 4학년 때보다 훨씬 많이 수확하였다. 텃밭 가꾸기를 하면서 이렇게 행복했던 적은 처음이었던 것 같았다. 양이 너무 많아서 나누는 데도 시간이 너무 많이 걸리고 수확물을 담으려고 가져온 봉지가 찢어질 정도로 많고 또 무거웠다.

수확물들을 보면서 생각했다. '6학년 때는 더 잘해야지.' 이제 초등학교의 마지막 학년인 6학년이 되었다. 우리 반 선생님에 현상진 선생님이 걸린지라 텃밭 가꾸기도 저번보다 더욱 힘들어질 것을 예상했다. 슬픈 예감은 틀린 적이 없다. 거의 매일 와서 잡초를 뽑아주어야 하고 현장체험학습을 갔다 오면 우리가 노는

것 같다고 잡초가 아주 무성하게 자랐다. 아~주 힘들게 잡초를 다 뽑고 오이를 따러 갔다. 열린 게 오이밖에 없어서 아쉽긴 하지만 가을이 되면 과일과 야채들이 무성하게 자랄 것을 예상해 보니 너무 행복했다.

1학년 때는 수확하는 것조차 싫었었는데 이제는 너무 좋고 너무 기대된다. 오이를 따서 한입 먹어 보니 너무 맛있고 너무 행복했다. '이것이 진정 내가 기른 것인가! 고생한 성과가 6학년 때 몰아서 나타난 것은 아닌지 의심이 가기도 했다. 다른 것도 빨리 익어서 맛있게 먹고 가을 때는 풍년이었으면 좋겠다. 하지만 여름방학이 지나면 아주아주아주 많이 잡초가 자라 있을 것이다. 여름방학 때도 학교에 와서 잡초도 뽑아주고 또 선생님 허락을 받아서 익은 과일, 야채를 따가야겠다. 올해는 정말 풍년일 것 같다. 첫 포가 잘 터졌다. 참외와 호박 역시 벌써 자라고 있다. 맛은 신선도 때문에 파는 것과는 차원이 다를 것이다. 그 차원이 다른 맛을 빨리 보고 싶다.

아무리 힘들어도 고생한 성과가 있으니 힘든 것도 무력화가 된 것 같았다. 중학교 가서도 텃밭이 있었으면 좋겠다. 중학생이 돼서도 수확의 기쁨을 누리면서 중학교 생활을 하고 싶다.

두루미와 철새 사랑

두루미사랑 KYOBO 교보교육재단

2015. 12. 22.(화) 토성초등학교 (6)학년 (김고경)

★ '두루미' 하면 생각나는 것을 그림으로 그리거나 글로 써 보세요.☆

나는 두루미하면 내가 사는 지역 철원이 생각난다. 왜냐면 우리 지역에 두루미가 거의 제일 많이오고 우리도 철원에 있는 두루미에 대해 배웠기 때문이다

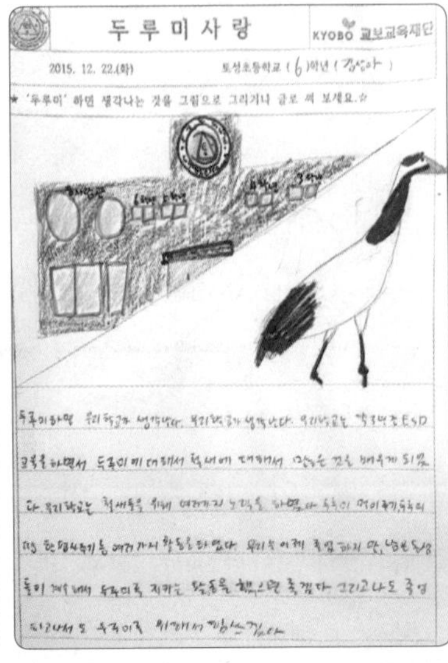

두루미사랑 KYOBO 교보교육재단

2015. 12. 22.(화) 토성초등학교 (6)학년 (김상아)

★ '두루미' 하면 생각나는 것을 그림으로 그리거나 글로 써 보세요.☆

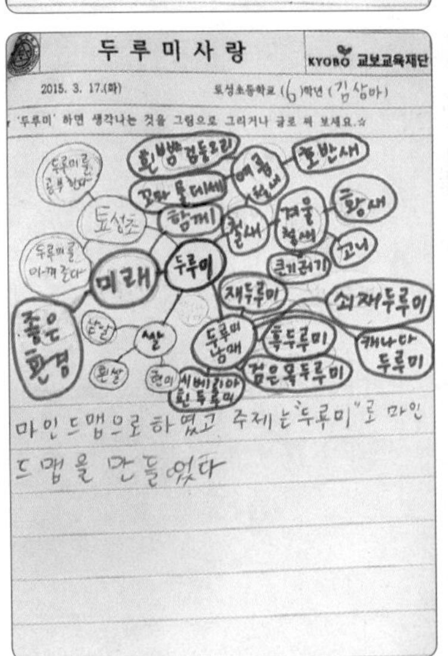

두루미사랑 KYOBO 교보교육재단

2015. 3. 17.(화) 토성초등학교 (6)학년 (김상아)

★ '두루미' 하면 생각나는 것을 그림으로 그리거나 글로 써 보세요.☆

마인드맵으로 하였고 주제는 "두루미"로 마인드맵을 만들었다

두루미사랑 KYOBO 교보교육재단

2015. 12. 22.(화) 토성초등학교 (2)학년 (김효나)

★ '두루미' 하면 생각나는 것을 그림으로 그리거나 글로 써 보세요.☆

두루미야! 내가 지켜줄게.

두루미의 소리는 '꾸액 꾸애' 의 소리이다. 두루미는 천염기념물이고, 두루미 먹이는 옥수수, 볍알, 우렁이를 먹는다. 두루미는 차가 멈췄을 때 날아간다. 날아가면서 '꾸액꾸애' 하면서 날아 간다. 사람들이 배날하으소를 지르면 두루미가 불편하다. 두루미 종류는 두루미, 흑두루미, 검은목두루미, 캐나다두루미, 재두루미, 시베리아흰두루미, 등이 있다. 관찰하는 것도 참~ 재미있다.

생태체험학습 소감문 쓰기

지속가능발전교육(ESD)
생태 체험학습소감문 쓰기
-철원 철새 탐조-

토성초등학교 (2)학년 ([illegible])반 이름([illegible])

★ 철원 철새 탐조에 다녀온 후, 물음에 답해보면서 알게 된 점이나, 느낀 점을 정리해 봅시다.(오늘 보게 된 그림이나 장면을 그려봅시다.▼) ☆

♣ 다음을 읽고, 물음에 답을 적어봅시다.(선생님과 함께 해결해요.)♣

▣ 오늘 본 새의 종류를 아는 대로 적어보세요.

[illegible]

▣ 철새를 보호하기 위해 철원에 사는 사람들이 해야 할 일은 무엇인가요?

[illegible]

▣ 오늘 활동을 통해 알게 되거나 느낀 점을 적어보세요.

[illegible]

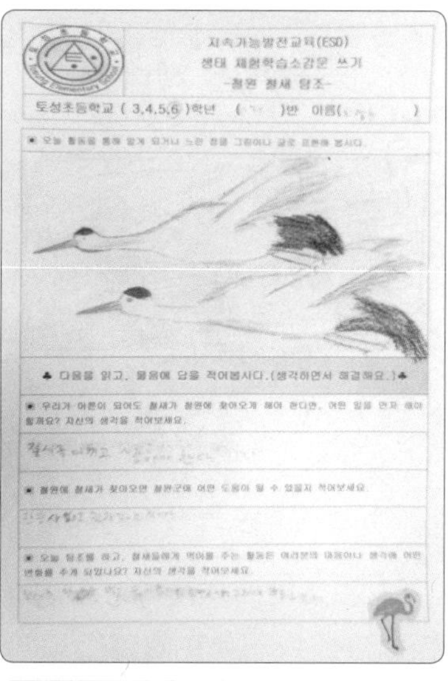

지속가능발전교육(ESD)
생태 체험학습소감문 쓰기
-철원 철새 탐조-

토성초등학교 (3,4,5,⑥)학년 ([illegible])반 이름([illegible])

▣ 오늘 활동을 통해 알게 되거나 느낀 점을 그림이나 글로 표현해 봅시다.

♣ 다음을 읽고, 물음에 답을 적어봅시다.(생각하면서 해결해요.)♣

▣ 우리가 어른이 되어도 철새가 철원에 찾아오게 해야 한다면, 어떤 일을 먼저 해야 할까요? 자신의 생각을 적어보세요.

[illegible]

▣ 철원에 철새가 찾아오면 철원군에 어떤 도움이 될 수 있을지 적어보세요.

[illegible]

▣ 오늘 탐조를 하고, 철새들에게 먹이를 주는 활동은 여러분의 태도이나 생각에 어떤 변화를 주게 되었나요? 자신의 생각을 적어보세요.

[illegible]

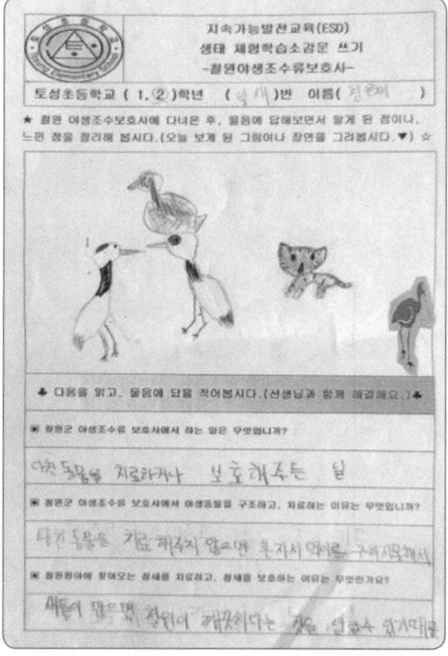

지속가능발전교육(ESD)
생태 체험학습소감문 쓰기
-철원야생조수류보호사-

토성초등학교 (1,②)학년 ([illegible])반 이름([illegible])

★ 철원 야생조수보호사에 다녀온 후, 물음에 답해보면서 알게 된 점이나, 느낀 점을 정리해 봅시다.(오늘 보게 된 그림이나 장면을 그려봅시다.▼) ☆

♣ 다음을 읽고, 물음에 답을 적어봅시다.(선생님과 함께 해결해요.)♣

▣ 철원군 야생조수류 보호사에서 하는 일은 무엇입니까?

[illegible]

▣ 철원군 야생조수류 보호사에서 야생동물을 구조하고, 치료하는 이유는 무엇입니까?

[illegible]

▣ 철원평야에 찾아오는 철새를 치료하고, 철새를 보호하는 이유는 무엇인가요?

[illegible]

지속가능발전교육(ESD)
생태 체험학습소감문 쓰기
-철원야생조수류보호사-

토성초등학교 (4)학년 ([illegible])반 이름([illegible])

★ 철원 야생조수보호사에 다녀온 후, 물음에 답해보면서 알게 된 점이나, 느낀 점을 정리해 봅시다.(오늘 보게 된 그림이나 장면을 그려봅시다.▼) ☆

♣ 다음을 읽고, 물음에 답을 적어봅시다.(선생님과 함께 해결해요.)♣

▣ 철원군 야생조수류 보호사에서 하는 일은 무엇입니까?

[illegible]

▣ 철원군 야생조수류 보호사에서 야생동물을 구조하고, 치료하는 이유는 무엇입니까?

[illegible]

▣ 철원평야에 찾아오는 철새를 치료하고, 철새를 보호하는 이유는 무엇인가요?

[illegible]

한울지기 동아리 활동

재미있는 생태놀이

토성초등학교 (2)학년 (잎새)반 이름 (권나영)

어제 5교시에 한울지기 동아리 활동을 했다. 무엇을 하였나면 식물과 동물이 서로 힘을 합해야 열매, 음식을 만들어 주는 것도 알게 되었다. 색 찾기가 재일 재밌었다.

우리들도 식물과 동물들에게 도움을 받고있다. 나도 누구를 도와주는 사람이 되고싶다.

KYOBO 교보교육재단

한울지기 동아리 활동

재미있는 생태놀이

토성초등학교 (3)학년 (들꽃)반 이름 ([illegible])

나는 생태놀이 시간때 제일 재밌었던것은 시에 그린그림이다. [illegible] 나는 이놀이를 하면서 배추흰나비애벌레가 무얼 먹고

KYOBO 교보교육재단

사는지 알고, 누구한테 잡아 먹히고, 배추흰나비가 되는 과정도 알게되었다.

제목: 우리반 텃밭

5학년 박미름

우리반 텃밭엔 많은 먹을거리가 있다 방울토마토, 고구마, 약콘, 가지, 오이, 파프리카가 있는데 그중 고구마가 요즘 많이 시들어서 속상하다 방울토마토는 익은건 따 먹었는데 안 익은건 빨리 익었으면 좋겠다 파프리카는 내가 가장 좋아 하는 채소 이다 그런데 아직 잘 자라지 않아 빨리 익으면 좋겠다 가지와 오이는 많이 자라서 집으로 가져가서 오이무침과 가지 볶음을 해 먹었다 우리 반이 열심히 심어서 열려 먹으니 맛있고 뿌듯했다 그리고 우리반 텃밭은 잡초가 많이 자랄때 못 뽑아 줘서 채소 들에게 미안 하다 이제 많이 자주 뽑아 줄 거이다 약콘은 한번도 먹어 본 적 없는 채소이다 배추 처럼 생겨서 처음엔 배추 인줄 알았는데 약콘 이 이름이였다 그래서 먹어 보고 싶다 또 우리반 텃밭은 아니지만 우리들 텃밭은 있다 이 옥수수는 옥수수 텃밭인데 전교생이 키우는 텃밭이다 더욱 의미 있는 텃밭이다 바로 이건 우리들이 매는 [illegible] 참새가 먹는다 처음엔 "우리가 [illegible] 이런 고생을 하나" 라고 생각 했는데 조금씩 지나다 보니 점점 "이게 좋은 일인가?" [illegible] 그래서 지금은 "이게 좋은 일이구나" 라고 생각을 하게 되었다 [illegible] 가을이나 겨울이 되면 우리반 채소나 옥수수텃밭 에 열매들이 자라 날텐데 그날이 빨리 오면 좋겠다 왜냐하면 빨리 수확 을 해서 맛 보고 싶기 때문이다 우리가 심어서 잘자라게 해주고 수확을 하고, 그걸또 우리가 먹고 정말 좋은일 같다 수확의 그날까지 꼭 참고 기다려야 겠다.

우리 밭 식구들

토성초등학교
4학년 [illegible]

우리 4학년 밭에는 오이, 참외, 파프리카, 땅콩, 고구마를 키운다. 이것들이 자라려면 햇빛과 물이 필요해야 잘 자란다. 그리고 우리 선생님이 식물들에게 발소리를 좀 들려 주어야지 잘 자란다고 하셨다. 발소리를 많이 안 들려 주어서 우리 밭에 사는 우리 [illegible]가 잘 못자라는것 같다. 어떻게 해야 잘 자랄까? 내 생각에는 발소리를 많이 들려 주고, 우리밭 식구들에게 관심을 많이 가져야 한다고 생각합니다. 그리고 고구마는 땅속에서 어떻게 크고 맛있게 자라는지 궁금하다. 파프리카, 참외, 땅콩도 무럭무럭 쑥쑥 자랄 것이다. 나는 우리 식구들 중에서 고구마가 제일 좋다. 우리밭 식구들이 무럭무럭, 쑥쑥 자라서 수확의 기쁨을 마음껏 느끼고 싶다

교보교육재단 밴드에 올린 토성초 활동

김매는 날

어제 비가 왔어요. 비 온 다음날은 김매는 날이지요. ^^
김매느라 흙 묻은 손이 참 이뻐요.
오이도 생겼답니다. 땅콩꽃이 피기 시작하였고, 파프리카와 토마토도 달렸어요.
풀도 쑥쑥 자라고 있어요.

두루미밴드 오디션

오늘 두루미밴드 오디션 치렀습니다.
독창 부분, 피아노 반주자 선발 중입니다.

두루미 목공예

동아리활동 시간에 두루미 스토리텔링을 합니다.
본인들이 만든 두루미에 이름도 지어주고, 보호해야하는 이유를 글에 담아 전시했습니다.

두루미밴드 작은 발표회

개학 후 아이들은 두루미밴드 수업을 받고, 오늘 아침 작은 발표회를 하였습니다.
아이들에게 새에 대한 인식은 조금 되는 것 같습니다.
노래 실력은 아직 좀 더 다듬어야 합니다. 그래도 이 아이들은 우리의 희망입니다.

마지막 추수

날이 추워지고 있어요.
곧 철원에도 겨울이 오겠지요?
그러면 두루미도 올 거예요~
오늘 마지막 추수를 했어요.
머리만한 고구마부터
새끼손가락만한 것까지...
아이들이 제법 호미질도 잘하네요. 호호호~

학교와
마을에
에너지의 씨앗을
심다

승문중학교 환경교육 프로젝트

'지표종'은 살아 있다

작은 실천이 마을을 바꾼다

지구 공동의 집에서 어떻게 살 것인가

삶을 위한 교육

변화의 동력은 생각하는 사람

환경수업은 과목의 특성상 지역사회와 연결이 된다. 교보교육재단의 지원사업으로 학교와 사회가 만날 수 있었다. 학교와 사회의 경계선 없는 환경교육으로 염리동 소금꽃마을의 네트워크에 참여할 수 있었던 것이다. 환경교육을 통해 마을도 성장을 하였다. 소금꽃마을은 2015년부터 현재까지 서울에너지 자립마을로 확장되었다. 그 중심 역할을 학교가 하고 있는 것이다. 인간과 자연의 경계선 없는 행복한 대화를 할 수 있는 사람으로 이곳에서 함께 살고 싶다.

'지표종'은 살아 있다

징글맞게 무더운 여름의 전조였을까. 2016년의 기록적인 더위는 이미 5월에 시작되었다. 황사와 더불어 미세먼지가 출현하고, '기후 변화'는 일상이 되었다. 조금만 걸어도 비지땀이 줄줄 등줄기를 타고 내리는 6월 초에 숭문중학교를 찾았다.

110년의 장구한 역사를 자랑하는 이 학교는 넓고 푸르렀다. 울울창창한 아름드리 나무가 많았고 그늘은 짙었다. 대도시 한복판에 이 정도 녹지가 남아 있다는 것이 놀랍고, 고마웠다. 신경준 교사가 편안한 차림으로 마중을 나왔다. 시원한 나무 그늘 아래 벤치에 마주 앉았다. 신경준 교사는 이 학교에서 11년째 환경 과목을 담당하고 있다.

"내 어린 시절이었던 1980년대 초엔 대전의 동네 뒷산에서 맘껏 뛰놀았고 맑은 약수도 마셨고 물속에선 도롱뇽 알도 볼 수 있었지요. 그런데 아시안게임과 올림픽을 치르면서 산기슭에 아파트가 엄청나게 생겨났습니다. 사라지는 동네 뒷산을 바라보니 왠지 마음이 이상해졌어요. 그땐 그게 좋은지 안 좋은지 판단도 할 수 없는 나이였지요. 그래도 아파트가 멋져 보였는지 건축가를 꿈꿨습니다. 대학에서 태양광건축을 공부했어요. 건물의 에너지를 태양에서 얻는다는 건 상상만으로 멋진 일이었습니다. 하지만 1997년 IMF 외환위기가 닥치면서 건축 분야에 찬바람이 불었고 고민 끝에 환경교육을 다시 공부했지요."

신 교사는 한국환경교사모임 공동대표를 맡고 있다. 환경교사란 독립교과인 환경과목을 가르치는 교사를 말하는데 전국 49만 명의 교원 중에서 이제 28명만 남았다. 그가 '지표종'이라 통탄할 만큼 위기인 것이다.

그와 한창 대화를 나누고 있을 때 엄청난 발파음이 귀청을 찢었다. 천지가 깨지는 듯했다. 강력한 음파가 심장을 타격했다. 일순간 생명 말살의 공포가 엄습했고 손발이 얼어붙었다. 신 교사가 말을 멈추었다.

"저 개발의 탐욕은 언제가 되어야 멈출 수 있을까요. 사람들이 살고 싶은 도시를 원하지만, 기업은 팔기 좋은 도시를 만들고 있어요. 끝없이 아파트를 짓고 환경을 파괴하고…. 학교도 언제까지 존재할 수 있을지 장담하기 어렵습니다. 새 아파트가 늘어나도 신기하게 서울은 아이들이 늘어나지 않고 있어요."

학교 정문 앞, 높은 가림막 너머 푸른 산은 허옇게 속살을 드러

지
구
의
날
에
지
키
면
항
상
즐
지
아
니
한
가
!

내고 있었다. 학교 바로 앞 대로를 사이에 두고 대규모 고층 아파트 건설공사가 한창이었다. 거대한 암반을 깨부수기 위해 한 번씩 엄청난 굉음이 대지를 흔들었다. 학교는 이미 아파트에 둘러싸인 형국이었는데 포위망이 점점 좁혀 들어오고 있었다. 대도시의 녹지(이른바 노른자위)는 토건자본이 가장 탐내는 먹음직스런 먹잇감이다.

휴식 시간을 알리는 종이 울리자 학생들이 밀물처럼 쏟아져 나왔다. 적막하던 운동장이 금세 활기로 가득 찼다. 농구공이 벤치 쪽으로 날아오자 학생들이 공을 쫓아 우르르 몰려든다. 신 교사가 공을 던져주었다. 굳어 있던 그의 표정이 부드럽게 풀어지며 입가에 미소가 번졌다.

작은 실천이 마을을 바꾼다

"서울에서 제주로 비행기를 타고 가던 어느 날이었습니다. 저 아래 시화호 조력발전소가 갯벌을 막고 있었고 더 내려가니 가로림만이 보였습니다. 말라버린 새만금 위를 날아갈 때는 가슴이 미어졌어요. 4대강 공사가 끝난 영산강은 물의 흐름이 끊겨 거대한 수조처럼 보였습니다. 잠시 후엔 원자력발전소가 있는 영광 지역이 보이기 시작했어요."

신경준 교사는 그때 결심했다고 한다. 아이들에게 깨끗한 공기, 물 그리고 흙을 만질 수 있는 기회를 만들어주겠노라고. 그는 낮에

는 학교에서 수업을 하고 저녁이나 주말에는 함께 아름다운 자연을 체험하러 다녔다.

그들이 만난 풍경이 늘 아름다웠던 건 아니다. 우리나라에서 가장 아름다운 하천으로 손꼽히던 예천의 회룡포는 4대강 공사로 잠겨가고 있었고, 양평의 두물머리 경작지가 파괴되는 현장도 지켜봤다. 훼손되는 자연을 바라보며 학생들은 무척 가슴 아파했다. 그리고 그 속에 있는 생명을 지켜주고 싶어 했다.

지속가능한 사회란 자연을 원래 모습 그대로 후손에게 전해주는 사회이다. 만약 지구가 100명의 마을이라면, 그중 단 20명이 전체 에너지의 80%를 사용하고, 겨우 12명만이 컴퓨터를 갖고 있다.

행복한 소수에 속한 우리가 세상을 위해 무엇인가를 해야 하지 않을까.

어려운 처지의 친구와 생명을 보살펴야 한다는 생각은 누구나 한다. 하지만 직접 행동에 나서지는 않는다. 우리 마을에 자연을 파괴하는 시설이 들어오려 한다면 다 함께 힘을 모아 그걸 막아내고 소중한 마을을 지켜야 한다. 그런 노력이 없다면 환경문제는 끊임없이 장소를 바꿔가며 이 마을 저 마을에 들이닥치게 된다. 밀양과 청도의 송전탑 문제가 그랬고, 제주도 강정 해군기지가 그랬다.

학생들은 작은 실천부터 시작했다. 대기전력 10% 절약을 위해 안 쓰는 플러그를 뽑고 빈 교실의 전등과 에어컨은 반드시 끈다. 학교에서 생활하는 시간은 하루의 절반에 불과한데 밤과 주말 심지어 방학에도 곳곳에 플러그가 꽂혀 있었다. 얼마나 많은 전기를 무의미하게 소모할까. 학교에서 할 수 있는 실천은 아주 많다. 음식물 쓰레기를 줄이기 위해 잔반 안 남기기 실천을 할 수도 있고, 학교 주변 주민들에게 빈 그릇 캠페인을 할 수도 있고 버려지는 쌀뜨물로 EM(유용 미생물) 배양액을 만들어 주민들에게 나눠줄 수도 있다. 혼자 하는 실천은 외롭지만 함께하는 실천은 아주 즐겁고 뿌듯하다.

학생들은 믿었다. 우리가 사는 마을이 아름답고 푸르게 바뀌면 옆 마을도, 또 그 옆 마을도 바뀔 수 있다고. 마을과 마을이 이어지면 지역 전체, 나라 전체, 나아가 지구 전체가 하나의 마을공동체가 될 수 있다고. 학생들은 마을의 놀이터를 살펴보다가 고장으로 이용이 불편하거나 부서진 곳이 있다면 가까운 관공서에 개선을 요청했다. 이름 없는 나무에 이름표를 달아주고 빈 공간에 씨앗을 심었다. 새로운 생명이 자라기 시작하면 생명을 존중하는 친구들이 늘어나고 작은 공동체가 만들어진다. 그렇게 학생이 바뀌고 학교가 바뀌고 학교 밖의 마을도 바뀌기 시작했다. 양재모(3학년 3반) 학생의 말이다.

"나는 서울 시청에서 열린 '어스아워Earth hour'에 참여한 적이 있다. 거기서 환경에 관해 연구하고 실천하는 그린멘토를 많이 만났다. 환경문제는 내가 생각한 것보다 훨씬 넓었고 그 문제를 해결하고 실천하고 있는 사람도 많다는 것을 알았다. 개인이 할 수 있는 일은 개인이 실천하고, 가정이 할 수 있는 일은 가정이 실천하며,

정부나 지자체가 해야 하는 일은 그들이 해야 한다. 이런 일을 우리나라뿐만 아니라 전 세계인이 함께한다면 지구의 환경은 더 좋아질 것이고 그러면 기후변화의 문제가 해결될 거라고 생각한다. 우리 모두 작은 것부터 실천해서 지구를 위해 큰 변화를 만들었으면 좋겠다."

지구 공동의 집에서 어떻게 살 것인가

신경준 교사의 첫 수업 주제는 '우리 집 전기는 어디에서 오는 것일까'이다. 우리가 편하게 사용하는 에너지의 대부분은 전기다. 우리나라에선 전기의 30% 이상을 원자력에서 얻고 석탄, 석유, 천연가스를 이용한 화력발전으로 60% 이상을 얻는다. 태양열을 비롯한 신재생에너지는 고작 2% 미만으로 OECD 꼴지이다.

그런데 원자력은 안전할까. 에너지로서 원자력이 가진 큰 장점에도 불구하고 원전 폐기물은 상상을 초월하는 위험을 안고 있다. 사용이 끝난 핵연료를 영구 처분하는 고준위 핵폐기물 처리장은 지구상에 단 한 곳도 없고 유일하게 핀란드에서 건설을 추진하고 있다. 위험한 쓰레기가 전 세계에 쌓이는데 처리장은 어디에도 없는 심각한 상황을 어떻게 해결해야 할까.

첫 수업을 마친 2011년 3월 11일 놀랍게도 일본 후쿠시마 원전 사고가 발생하였고 신 교사와 학생들은 착한 전기를 찾아 나섰다.

‘자연에너지를 찾아 떠나는 여행’을 주제로 충남 공주, 부안 등용 마을, 임실 중금마을과 보은 기대리 선애빌 공동체를 찾아 『노빈손의 아마존 어드벤처』에서처럼 살아남는 방법을 직접 체험하기도 하였다. 여행을 다녀온 이후 숭문중에서는 ‘에너지 축제’를 열어 전교생이 함께하고 있다. 축제의 수익금은 지역뿐만 아니라 지구 반대편에서 같은 운명을 살고 있는 청소년들을 후원하는 데 쓰고 또한 태양광 750W 패널을 설치해 착한 에너지 교실을 운영하고 있다.

숭문중 환경반은 2012년부터 ‘지구촌 전등 끄기(어스아워)’ 행사를 매년 진행하고 있다. 어스아워는 기후변화의 심각성을 알리기 위해 시작된 캠페인으로 매년 3월 넷째 주 저녁 8시 30분부터 한 시간 동안 전등 스위치를 내린다. 2013년에는 전 세계 14개 나라

에서 7천여 개의 도시와 마을이 어스아워에 참여했다. 한국에서도 7만 5천여 개 공공기관과 건물, 270만 세대의 주택, 6천5백여 개의 국내외 기업들이 1시간 동안 전등 스위치를 내리고 어둠과 친구가 되었다.

서울, 성남, 청주, 대구 등 각 지역의 도심에서 청소년들과 함께 캠페인이나 플래시몹을 진행하였다. 이날 거리에서 피켓을 든 청소년들은 2천여 명이 넘었다. 그들이 받아온 서명지에 이름을 올린 이가 15만 명에 달했다. 이 서명지는 박원순 서울시장에게 전달했다. 청소년들이 콘센트 벽 뒤에 숨은 전기의 진실을 알리는 데 놀랄 만한 역할을 한 것이다. 이날 행사는 CNN과 AP가 보도해 세계적인 뉴스가 되었다. 자신의 행동이 전 세계로 퍼질 수 있다는 경험은 학생들에게 크나큰 자신감을 불어넣었다.

숭문중 학생들은 1학년 때 '서울 바로 알기'라는 주제로 학급 소

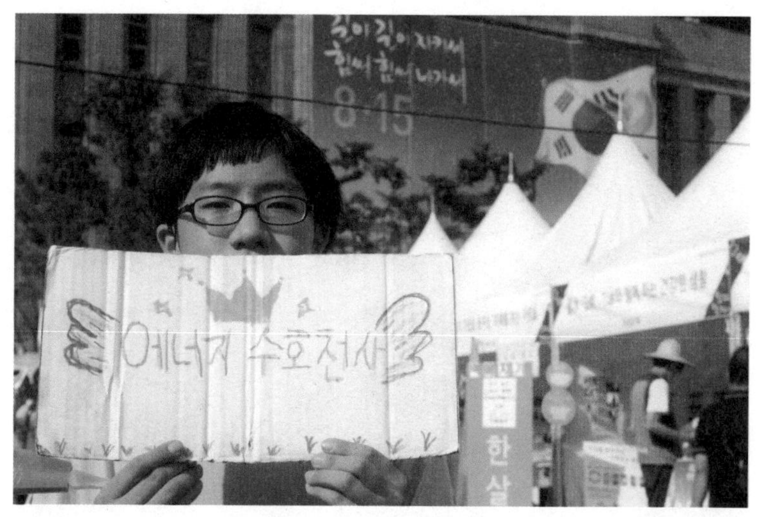

풍을 떠나는데, 에너지 위기를 시민과 공감하기 위해 광화문과 청계천에서 춤과 노래로 에너지 절약을 홍보하고 청계천에 발을 담그며 논다. 2013년에는 서울광장에서 단식 중이던 밀양송전탑반대주민대책위원회의 박은숙 주민과 공감의 시간을 가졌고, 2014년 세월호 추모 장소에서 또래의 아픔을 공감하며 서로를 위로하기도 하였다.

UAE에 수출한 신고리 3호기로 촉발된 행정대집행이 2013년 밀양 송전탑 마을에서 시작될 때에는 마포구 염리동 소금꽃마을의 축제에서 춤과 노래로 주민에게 연대를 호소하였다. 숭문중 학생들은 그들이 살고 있는 마을의 주민을 만나 착한 전기를 알리고, 윤리적 소비의 개념과 지속가능한 삶으로서 내가 할 일을 행동하

기를 시작한다. 그렇게 만난 장소를 기록해 '소금꽃마을 공정여행 지도'로 만들어 나누기도 한다. 그동안 집과 학교, 그리고 학원을 떠돌던 아이들은 마을 행사와 지역 축제의 주인으로 참여하고 성장한다. 다음은 조성목(3학년 6반) 학생의 말이다.

"내가 가장 중요하게 접한 환경과 관련된 행사는 '숭문제'이다. 지금도 태양열에 고구마 굽기와 자전거 페달을 밟아서 인간 동력을 이용해 전기를 생산하는 체험이 기억난다. 제일 먼저 페달을 밟아서 처음으로 바나나랑 우유를 섞어서 만드는 바나나 셰이크를 먹을 수 있어서 신선하였다. 그때는 재미로 행사에 참여하였는데 지금 생각해보니 많은 의미를 부여할 수 있는 행사였던 것 같다. 그런 행사 이후 일회성 운동이 아닌 지속적으로 환경에 관심을 가지고 나부터라도 적극적으로 참여해야겠다는 생각이 들었다. '지구촌 전등 끄기 행사'도 언제나 우리 곁에서 묵묵히 할 일을 하는 지구에 휴식을 주고 전기를 절약하는 운동이다. 말 그대로 지속가능한 삶이다."

삶을 위한 교육

숭문중은 후쿠시마 사고 이후 학교 전기를 28%나 절약하였다. 학교에서 실천한 환경 지식을 가족과 마을 구성원에게 열심히 알렸던 중학생들의 노력으로 소금꽃마을은 2015년부터 서울 에너지

자립마을로 성장하고 있다. 숭문중 학생은 서로의 생각을 함께 나누면 함께 성장한다는 공유 사회를 깨달으며 나 이외의 다른 생명을 존중하는 마음을 가진 사람으로 성장하고 있는 것이다.

숭문중의 '환경동아리활동을 통한 지속가능한 학교만들기' 프로젝트의 목표는 5가지였다. 학교숲 만들기, 전문가를 만나는 교육, 지속가능한 환경감수성 갖기, 지속가능한 학교 만들기, 이것을 교육과정에 적용하는 것이다.

이 목표를 달성하기 위해 환경동아리와 학부모, 마포구 주민을 대상으로 첫해에는 환경교육센터와 멘토제를 통한 체계적인 환경동아리활동, 2년차에 프로그램의 구체화와 함께 지역네트워크 형성으로·학교숲 가꾸기, 3년차에 지역과 환경단체, 학교가 협력한 지속가능한 학교만들기 모형 제시 등의 계획을 진행하였다.

먼저 생물종다양성 프로젝트를 진행하였다. 학교 빈 땅에 꽃을 심고, 스펀지를 이용해 수경재배도 한다. 교정 안의 꽃, 나무, 식물을 모니터링하고 QR코드로 이름표를 만들어 붙인다. 학기 초부터

시작하는 텃밭 재배 활동으로 생명의 소중함을 알아간다. 정성껏 물주고 가꾼 채소들로 맛있는 비빔밥을 만들어 먹고 수확물의 절반은 마포치매지원센터와 나눈다.

다음은 자원순환 프로젝트이다. 1년에 버려지는 음식물이 무려 20조 원에 달한다고 한다. 먹을거리의 소중함을 일깨우기 위해 한 달에 한 번씩 급식실에서 빈 그릇 캠페인을 한다. 학교에서뿐 아니라 마포아트센터와 대흥역에서도 시민 캠페인을 벌인다. 분기별로 급식실에서 쌀뜨물을 얻어 EM배양액과 친환경 모기 퇴치제, 친환경 비누를 만들어 숭문중 환경반 라벨을 부착해 마포치매지원센터와 마포희망시장 노인들과 나누었다.

폐건전지, 휴대폰, 의약품을 모아 약국과 동사무소로 보내고 여기서 얻은 수익금으로 아프리카 식수 사업에 후원하였다. 에너지절약 프로젝트는 실제적인 효력을 나타냈다. 가정과 학교에서 전기에너지 10% 절약을 목표로 정하고 매월 전력 사용량과 그때 발생하는 이산화탄소량을 탄소나무계산기로 환산하여 기록한다. 안 쓰는 플러그는 뽑고, 대기절전탭을 가정과 학교에 설치한다. 교실의 스위치를 점등 순서별로 스위치를 붙여 불필요한 전등은 끄도록 했다.

환경교육에서는 지식보다 태도와 가치, 실천이 중요하다. 대학 진학을 위한 지식전달이나 일회성 이벤트로 끝나서는 안 된다는 말이다. 독립교과로서 환경수업은 학생들에게 올바른 환경가치관을 심어주고 실천을 이끌어낼 수 있는 유일한 방법이다. 너도나도 환경이 중요하다고 말하지만 현실은 거꾸로 가고 있다. 그런 의미에서 숭문중의 도전과 실천은 주목받을 만하다.

환경반 학생들이 직접 가사 붙여 만든 곡 〈세이브 더 에너지save the energy〉를 스튜디오에서 정식 녹음했다. 이들은 이 음악에 맞추어 공연을 하고 서명을 받았다. 서서히 이름이 알려지기 시작하면서 찾는 곳이 많아졌고 서울 '에너지의 날'의 홍보대사로 위촉되었다. 이런 과정에서 박원순, 최재천, 최열, 하승수 같은 그린멘토에게서 환경정책과 참여 방법을 알게 되었고 '지속가능한 학교를 위한 에너지 축제'로 이어갔다. 축제를 통해 만난 지역 주민과 환경단체와 함께 공정여행 프로젝트도 실행하였다.

변화의 동력은 생각하는 사람

"내 꿈은 환경운동가이다. 『그린멘토』라는 책을 읽고 보니 너무 막연한 꿈이었다는 생각이 든다. 그저 병들어 가는 지구를 위해 내가 무언가를 해야 한다고 생각했다. 하지만 이제 다시 한번 나를 들여다보고자 한다. 평소에 나는 가우디 같은 건축가를 존경해왔고 건축가라는 직업을 상당히 흥미롭게 바라보고 있다. 적성검사에서는 논리적 지능과 공간적 지능 점수가 높다. 게다가 아버지에게 물려받은 미술적 재능도 있다. 어머니는 내게 무슨 일을 하던 따뜻한 스토리가 있는 사람이 되라고 말씀하시곤 한다. 모두를 연결하니 희미했던 내 꿈이 확실하게 보인다. 친환경 건축가이다. 앞으로

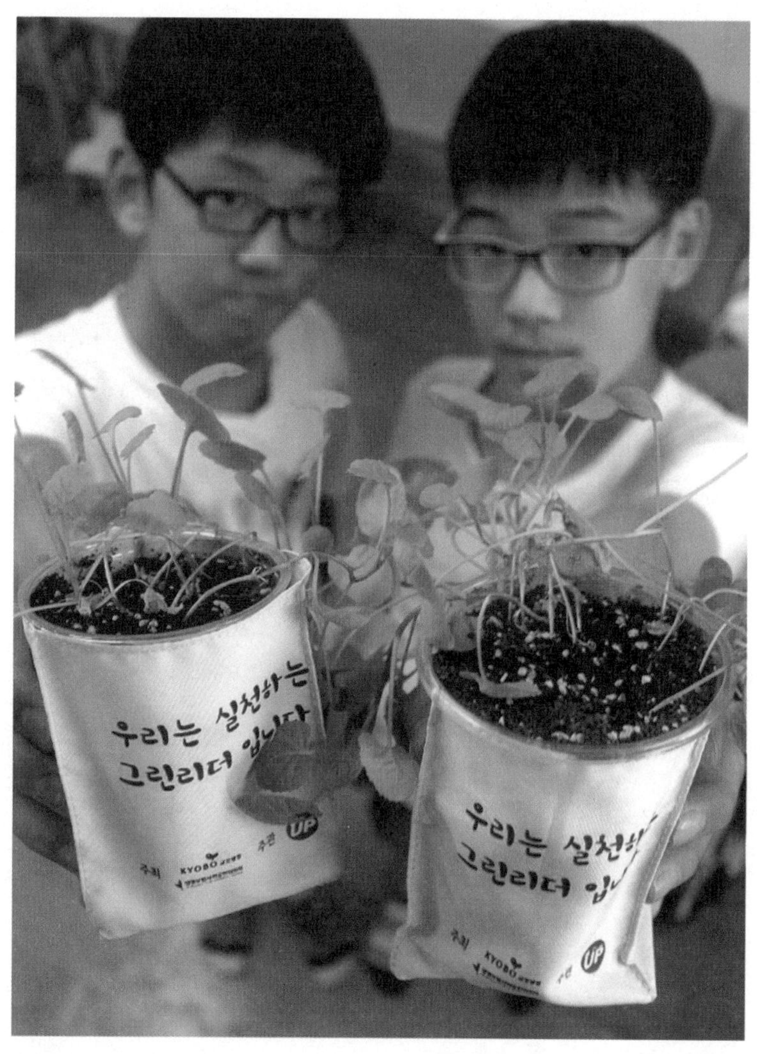
우리는 실천하는
그린리더 입니다
우리는 실천하
그린리더 입니

의 건축과 친환경은 실이 바늘 가는 데 따라가듯 언제나 붙어 다닐 것이다. 지구와 사람을 동시에 품는 집을 건축해야 한다. 미래의 나는 독일의 프라이부르크시를 세계 곳곳에 세우는 꿈을 꾼다."

장민성(3학년 6반) 학생의 말이다.

"나는 수업에서 나눔과 배려의 삶을 강조한다. 우리의 생각도 지구 반대편을 날아가 북극곰과 펭귄의 삶을 만나야 한다고 이야기한다. 그 과정에서 학생들은 용돈의 일부를 기꺼이 후원하기도 한다. 학교 축제를 준비하면서 학교 예산을 동아리 별로 지원하고, 예산 사용도 학생들이 직접 해본다. 그런데 문제가 생겼다. 학생들이 물건을 구입하면서 영수증은 잘 챙겼지만 거스름돈은 갖고 오지 않았다. 이유를 물었더니 계산대 옆의 후원함이 눈에 들어오더란다. 아프리카 아이들에게 빵을 보내야겠다는 마음에 거스름돈, 정확하게는 학교의 공금을 후원함에 투척한 것이다. 나눔과 배려의 삶을 강조했던 나로서는 구박도 못하고 고스란히 내 돈으로 채워야 했다. 그래도 전교생이 함께 부르며 춤출 수 있는 학생 자작곡 〈Save the Energy〉라는 노래가 서로에게 기쁨이 되어 준다."

그의 말에서 학생들의 놀라운 인식의 변화를 알 수 있다. 변화는 사람으로부터, 올바른 교육에서 온다.

한국환경교사모임은 '에코주니어'라 불리는 청소년들과 함께 '전국환경프로젝트대회'라는 대규모 축제를 열고 있다. 또 미래세대인 청소년들의 진로 탐색에 도움을 주고자 '그린멘토 인터뷰'를 기획해 진행하는데 그 결과물로 2014년 『그린멘토, 미래의 나를 만나

다』를 내놓았고 2017년에 두 번째 책이 나올 예정이다.

강원도 설악산에서의 케이블카 반대 캠페인은 학생들에게 삶의 전환점이 되었다. 서울로 돌아온 아이들은 마포구 대흥동과 염리동 지역에서 공정여행 코스를 만들기 시작하였다. 마을주민 유병주, 윤성일과 함께 '소금꽃마을 여행지도'를 완성해 전교생과 주민들에게 공개했다. 이 지도는 마포구 염리동 곳곳에 비치되어 주민과 탐방객의 눈길을 사로잡았다.

학교 축제 만들기 프로젝트도 진행하였다. 환경 교과와 동아리에서 접했던 환경 체험의 경험을 전교생과 공유하였다. 프로젝트 진행 과정에서 만난 지역 단체들도 참여해 축제는 더욱 풍성해졌다. 환경재단의 '환경영화제', 환경정의 남희정 선생님과 '비누만들기', 그린피스의 '에너지 홍보전', 한국환경교사모임의 '탄소라벨링 동참'과 같은 다채로운 행사가 펼쳐졌다. 축제에서 얻은 수익금은 월드비전과 유니세프, 밀양송전탑주민대책위원회, 염리동 나눔공부방에 후원하였다. 연말이면 환경반이 일 년간 펼친 활동과 프로젝트를 발표하고 공연을 하고 지역단체, 그린멘토에게 감사장과 작은 선물도 전달하였다. 학생들은 고등학교에 진학을 해서도 매년 축제에 참여하고 있다.

교육봉사 프로젝트도 진행하였다. 환경 지식은 나 이외의 다른 사람과 함께 나눌 때 비로소 지속가능한 세상이 될 수 있다. 숭문중 환경반 친구들은 서대문구 '충현공부방'과 망원동 '무지개공부방'을 찾았다. 그곳에서 초등학생 동생들에게 에너지 절약에 대한

강의를 직접 진행했다. 아이들과 함께 텃밭을 만들고, 에너지 퀴즈 카드게임도 했다. 멀티탭 사용과 전력 사용량을 관리해주는 '에코 마일리지' 같은 생활 속 절약 운동도 빼놓지 않았다. 현수막가방 만들기, 주머니 텃밭 만들기, 에너지 저금통 만들기, 재활용 분리 배출함 만들기를 가르친다. 고교 진학 후에도 활동은 이어진다. 경성고, 여의고, 숭문고로 진학한 고등학생들은 '성동청소년문화의집'을, 이대부고는 '아현동 충현공부방'과 연계해 활동하고 있다. 봉사 활동에 필요한 물품은 지역의 사회적 기업인 '터치포굿'에서 후원한다.

학생과 학교, 마을이 변하고 있다. 그 변화의 중심에 신경준 교사와 환경반 학생들이 있다.

낮은 목소리

마을에 조금씩 행복의 씨앗을 심는다면

신경준 • 숭문중 환경교사

나는 멸종위기종 환경교사로, 한국환경교사모임의 공동대표를 맡고 있다. 한국환경교사모임은 전국의 환경교사들이 2004년에 만든 단체로 학교에서의 보편적 환경교육을 통해 학생들에게 생태적 가치관과 지속가능한 사회를 위한 실천 의지를 나누는 것을 목적으로 한다.

환경단체인 초록교육연대를 거쳐 현재는 '태양의학교' 사무처장, 생명다양성재단 운영위원으로도 활동 중인데, 특히 착한 에너지에 관심이 많다. 2013년엔 중학교 기술교과서의 대안에너지 관련 내용을 분석한 논문을 통해 원자력에 관한 잘못된 설명을 수정하는 결과를 이끌어냈다. 환경재단에서 선정한 세상을 밝게 만드는 사람들 중 한 명이기도 하다. 2015년엔 탈핵 언행일치상을 수상하기도 했다.

환경교육은 5가지 요소로 나눈다. 감성, 지식, 시스템 사고, 사회정의, 행동과 실천이다. 환경수업은 교실에만 머물지 않는다. '생물종다양성, 자원과 에너지, 기후변화, 지속가능한 삶'을 수업하고 그 결과물로 학교 밖의 사회와 만나고 있다. '지구촌 전등 끄기', '그린멘토', 염리동 '에너지자립마을'이 대표적인 사례이다.

자신들이 준비한 퍼포먼스가 세계에 소개되는 것을 실시간으로 경험하는 것은 아이들에게 굉장히 멋진 경험이다. 교실 밖에서 다양한 체험을 하고 다시 교실에 돌아왔을 때 아이들을 달라져 있었다. 그만큼 성장하고 있다는 것이다. 국영수사과와 같은 과목의 수업만 공부가 아니다. 더 중요한 공부는 교실 밖에 있다.

딱딱한, 생명이 없는 이론은 박제에 지나지 않는다. 환경교육이야말로 최고의 인성교육이라 믿는다. 사회와 세계를 정확하게 이해할 수 있는 삶의 교육인 것이다. 지금은 위기의 'FEW(Food-Energy-Water)' 시대이다. 기후변화로 인해 세계는 식량의 위기, 자원과 에너지의 위기, 물 부족으로 인해 어쩌면 제6의 멸종이 사실로 드러날지도 모른다.

우리는 오늘도 중국에서 만든 알람시계가 기상 시간을 알리고, 거기서 흘러나오는 뉴스를 들으며 잠에서 깬다. 인도산 면화로 만든 침대보에서 일어나 욕실로 간다. 화력과 원전의 전기로 드라이

기를 돌리고, 동물실험과 화학물질로 범벅이 된 화장품을 바른다. 동남아산 셔츠와 청바지를 입고 콜롬비아산 커피나 브라질산 오렌지 주스를 마신다. 집을 나서 올라탄 자동차는 사우디나 러시아에서 나온 석유로 움직인다. 이처럼 내가 사용하는 자원이 어디에서 오는 것인지 모른 채 우리는 자연과 격리되어 생산, 유통, 소비, 순환, 폐기의 과정을 잊은 채 소비자로 살아가고 있다.

이제는 일본산 양파에서 수산물에 이르기까지 원산지가 세탁된 방사능 오염식품이 우리의 밥상에 오르고 있다. 유전자조작식품GMO은 수입량 1위에 이른다. 서해안에 집중된 화력발전과 자동차로 인한 미세먼지로 오염된 공기의 질은 세계 180개 국가 중 173위로 분석되고 있다. 또한 유해화학물질인 가습기 살균제로 인한 사망자 수만 2017년 1월 현재까지 1900명이 넘는다. 더욱이 30만 년의 폐기물을 남기는 원자력발전에 언제까지 집착할 때도 아니다. 기후변화의 지구 공동의 집에서 과연 우리는 어떻게 살 것인가. 위기의 FEW 시대에서 살아남기 위해 생존을 위한 환경교육이 절실한 시대이다. 그게 내가 환경교육에 전력하는 까닭이다.

나는 우리 학생들이 마을을 행복하게 만드는 일을 한다면 뭐든 좋겠다. 자신이 자란 마을에 본인 능력의 10% 나누며 살면 정말 더 많은 사람이 행복해질 수 있다. 마을에는 마을 소식을 전하는 기자도 필요하고, 가난한 환자를 무료로 진료해주는 의사도 약사도 필요하고 또 버려지는 자원을 보물로 만드는 사람, 마을 사람들의 행복을 위한 정책을 만드는 사람, 마을의 역사를 글과 노래와 그림으로 기록하는 사람, 아이들을 가르치는 선생님, 건강한 음식을 만드는 요리사 등 다양한 사람이 어울려야 행복한 마을이 될 테니까. 나는 우리 학생들을 믿는다.

환경이 대세라는 시대에 환경교사들이 멸종위기에 처한 나라는 아마 지구 전체에서 한국이 유일할 것이다. 환경교육은 생명을 존중하는 숲을 만드는 것이다.

중학생의 환경 이야기

착한 전기는 가능하다

조상준 • 숭문중 3

우리는 생활 속에서 전기가 없으면 안 되는 세기에 머물고 있다. 심지어 전기를 만들지 않으면 사람의 생명까지 위험한 세기에 머물고 있다. 이렇게 소중한 전기이기에 많은 나라가 전기를 아껴 소비를 줄이려고 노력하고 있다.

하지만 우리나라는 이러한 전력 소비를 낮추려는 노력보다는 발전소를 하나라도 더 지으려는 관념을 가지고 있다. 몇몇 사람들은 발전소가 하나라도 없으면 우리가 생활하기 어려워지고 하나라도 더 지어야 한다고 말을 하기도 한다. 하지만 정말로 우리가 이 발전소 없이는 살 수 없을까?

전혀 그렇지 않다. 물론 우리의 과학기술이나 사회의 발전으로 전기가 없던 시절로는 돌아갈 수는 없지만 전기를 절약할 수 있다. 예를 들면 몇몇 나라는 원자력발전소의 위험을 깨닫고 원자력발전소를 이제 전부 없애지만 전기 절약을 실천해 심하게 문제가 되지 않고 있다. 우리가 전력을 아낀다면 발전소를 줄일 수 있다.

그리고 이러한 전기는 대부분 대도시인 서울이나 경기도에서 사용하는데 전기를 만드는 발전소는 대부분 지방이나 해안가에 있다. 대도시에서 사용하는데 지방에 발전소를 만들면서 그 지방 사람들에게 해를 가하는 것은 있으면 절대 안 되는 일이다.

하지만 지금은 밀양 송전탑과 같이 초고압 송전선으로 많은 사람이 피해를 보고 있다. 이러한 초고압 송전선이 사람에게 주는 피해는 무엇일까?

먼저 건강상의 문제이다. 송전선 주변의 주민들이 암을 비롯한 많은 질병이 증가하였다는 결과이다. 한전은 이에 대해 아직도 부정하려고 하지만 많은 연구 결과가 있다.

두 번째로는 송전탑의 크기가 워낙 거대하므로 경관의 피해도 크다. 송전탑은 대도시에서 떨어뜨려 놓아야 하기 때문에 산과 자연의 경관 피해도 크다. 이렇게 송전탑과 발전소가 우리에게 주는 피해는 엄청나다. 위에서 말한 것과 같이 이를 대처하는 방법은 착한 전기를 이용하는 것이다.

착한 전기를 실현하는 것은 매우 간단하다.

첫 번째로 가장 간단한 방법인 전력 소비를 줄이는 것이다. 같은 전자 제품이라도 효율성이 높은 제품으로 선택하는 것이 필요하다.

두 번째로 재생 가능한 에너지로 대체하거나 다른 방식으로 전기를 생산하는 것이다. 예를 들면 소수력 발전이나 태양광 에너지를 선택하면 된다. 일본 후쿠시마 사고에서 보듯이 원전이 더 싸다는 결론은 설득력을 잃었다. 우리는 원전의 전력에 의지하고 있지만 착한 전기를 실현할 수 있다. 특정 사람들은 착한 전기의 실현이 불가능하다고 말하지만 위와 같이 우리가 전기 소비를 줄이거나 다른 재생 가능 에너지를 이용하면 착한 전기의 실현이 가능하다.

단지 집에서 콘센트를 빼놓거나 불을 끄는 것도 우리 모두가 실현한다면 엄청난 비용을 줄일 수 있다. 이렇게 착한 전기는 생활 속에서도 실현할 수 있다. 우리 학교에서는 전력 소비를 줄이기 위해서 TV를 사용하지 않을 때 플러그를 뽑거나 착한 전기를 실현하는 방법으로 가고 있다. 그리고 환경 동아리에서는 이러한 전기 소비를 2012년부터 3년간 그래프로 나타내어 절약하기도 한다. 개인의 노력이 더욱 많아진다면 착한 전기는 분명 가능하다.

에너지 콘서트

지속가능한 학교를 위한 신나는 에너지축제
제15회
숭문한마당
건축전
과학전
미술작품전
산악반 사진전
환경 사진전
도덕 과제전
독서 퀴즈
스포츠활동
에너지체험마당
슈퍼스타SM
초청공연
일시 : 2014.10.24(금) 09:00-16:30
주관 : 숭문중학교 학생회, 환경반

응답하라 마을, 공동체

소금꽃 마을 네트워크는?

윤성일 • 소금꽃마을네트워크

〈응답하라 1988〉 드라마에는 1988년 당시의 여러 장면이 나옵니다. 여러 장면 중 나의 집 너의 집 넘나들며 함께 먹고 나누며 동고동락하는 골목문화, 이웃 간의 관계를 보면 "아, 저럴 때가 있었지", "저땐 참 좋았는데"라는 말을 나도 모르게 하곤 합니다. 먹고살긴 힘들었지만 정이 있고 관계를 맺으며 살아가는 서울 도심 마을의 모습입니다.

현재는 어떨까요. 개발로 옛집이 허물어져 가고 집은 이웃과 정을 나누고 살아가는 곳이 아니라 집값에 따라, 자녀들의 학교에 따라 머무는 곳이 되니, 경쟁사회 속에서 마을이 가당키나 할까 하는 생각이 들 정도입니다. 하지만 최근 다시 '마을'을 이야기하고 '공동체'를 이야기하는 사람이 많아지고 있습니다. 경쟁과 효율만이 강조되는 사회에서 경쟁에서 살아남는 것이 해답이 아니라 진정한 행복과 대안은 다시 관계를 회복하고 더불어 살아가는 것이 해답이라 생각하는 사람이 늘게 되었기 때문이죠.

우리가 살아가는 이곳 염리, 대흥동 일대에도 수년 전부터 주민들이 직접 만드는 마을 축제가 열리고, 다양한 커뮤니티들이 생겨 마을에서 생활을 나누고, 대안을 나누고 있습니다. 마을카페가 있고, 부모 모임이 있고, 동아리가 생기고, 청년 모임도 만들어지고, 환경문제도 논의하고, 먹고사는 경제문제도 같이 해결해보자는 모임도 만들어지고 있지요. 약 20여 개의 커뮤니티가 모여 소금꽃마을네트워크를 만들어 '더불어 사는' 마을을 만들어가고 있습니다.

각박한 일상에서 우리는 행복을 꿈꾸고 경쟁사회에서도 '함께'라는 소중한 가치가 중요하다는 것을 우리는 알고 있습니다. 마을은 서로 같이 살아가는 공간이자, 협동의 관계형성을 통해 먹고사는 것, 자기가 하고 싶은 것, 아이를 키우는 것을 만들어가는 공동체의 공간이기도 합니다. 이제 이곳 소금꽃마을에서 '마을'과 '공동체'를 통해 함께 즐겁고 행복해지는 길을 찾으면 어떨까요?

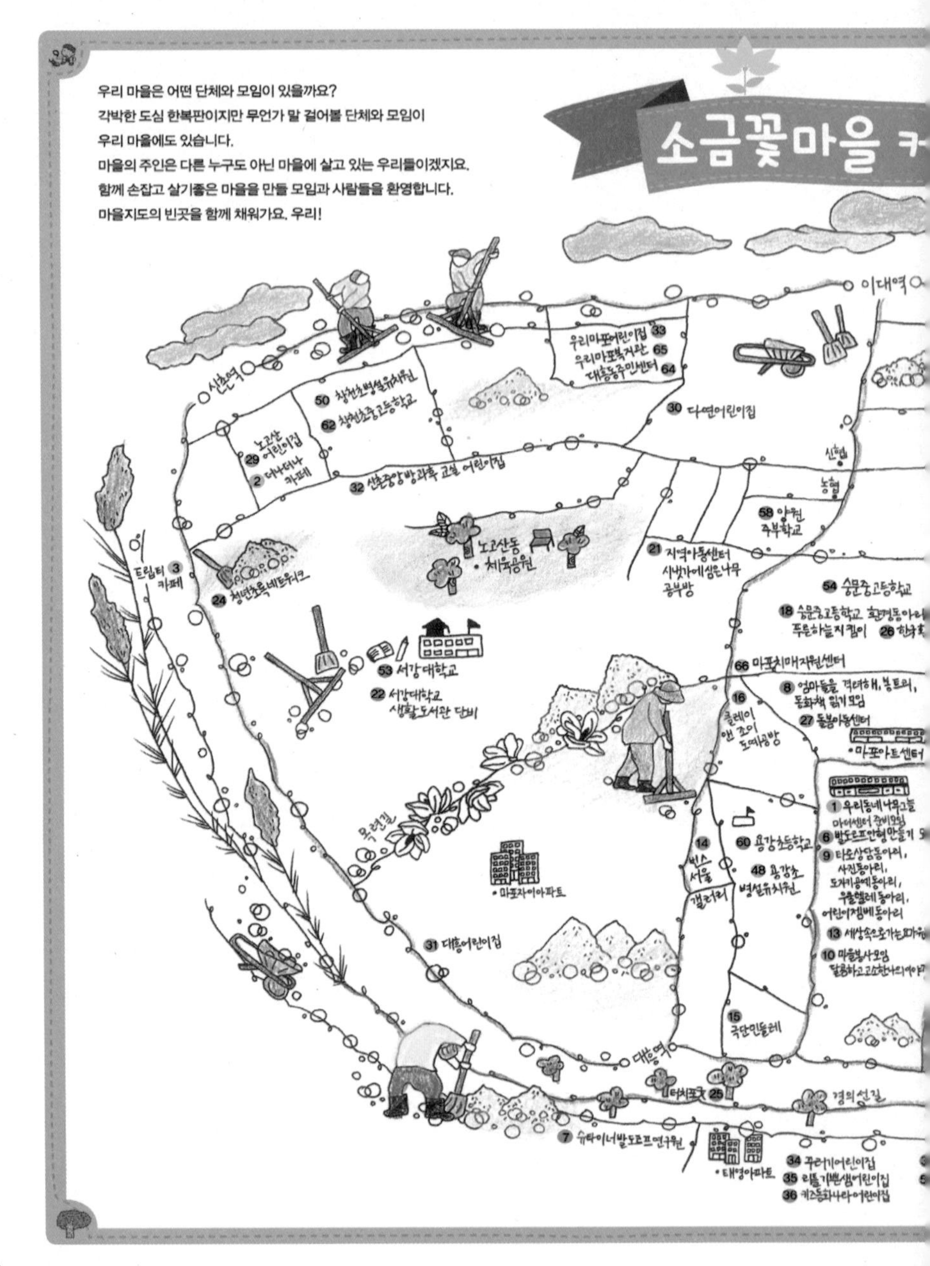

우리 마을은 어떤 단체와 모임이 있을까요?
각박한 도심 한복판이지만 무언가 말 걸어볼 단체와 모임이
우리 마을에도 있습니다.
마을의 주인은 다른 누구도 아닌 마을에 살고 있는 우리들이겠지요.
함께 손잡고 살기좋은 마을을 만들 모임과 사람들을 환영합니다.
마을지도의 빈곳을 함께 채워가요. 우리!
소금꽃마을
이대역
신촌역
우리마포어린이집 33
우리마포복지관 65
대흥동주민센터 64
50 창천초병설유치원
62 창천초중고등학교
30 다연어린이집
노고산 어린이집 29
2 더나더나 카페
32 신촌공방방과후 교실 어린이집
신협
농협
58 양원 주부학교
노고산동 체육공원
21 지역아동센터 시냇가에심은나무 공부방
트립티 3 카페
24 청년초록네트워크
54 숭문중고등학교
18 숭문중고등학교 환경동아리 푸른하늘지킴이
53 서강대학교
22 서강대학교 생활도서관 단비
66 마포치매지원센터
8 엄마들을 격려해, 봉트리, 동화책 읽기 모임
27 돌봄아동센터
16 클레이 앤 조이 도예공방
마포아트센터
1 우리동네나무그늘 마더센터 준비모임
6 발도르프인형만들기
9 타로상담동아리, 사진동아리, 도자기공예동아리, 우쿨렐레동아리, 어린이젬베동아리
13 세상속으로가는
10 마을봉사모임 달콤하고고소한나의이야기
목련길
60 용강초등학교
48 용강초 병설유치원
14 빈스서울 갤러리
마포자이아파트
31 대흥어린이집
15 극단민들레
대흥역
터치포굿 25
경의선길
7 슈타이너발도르프연구원
태영아파트
34 꾸러기어린이집
35 리틀기쁜샘어린이집
36 키즈동화나라어린이집

지도
아현어린이집 45
아현방과후교실 46
20 지역아동센터 나눔공부방 소망어린이집
아현역
42 염산어린이집
59 한서초등학교
상록아파트
39 성화어린이집
51 성화유치원
57 일성여자중고등학교
55 서울여자중고등학교
56 동도중학교 서울디자인고등학교
19 동도중 과학동아리 스위트 사이언스
23 공덕시장 상인회
공덕역
47 마포유치원
61 염리초등학교
커뮤니티
도란도란 이야기가 흐르는 카페!
모임하기 좋아요
1 [카페/마을기업/공동체] 우리동네나무그늘
2 [카페/교육] 더나더나
3 [카페/공정무역] 트립티
4 [카페/마을기업] 솔트카페
건강한 먹거리로 건강한 삶을!
안전한 먹거리를 살 수 있어요
5 [소비생협/나눔] 울림두레생활협동조합
부모가 행복해야 아이가 행복해요!
부모를 위한 모임
6 [부모모임] 발도르프인형만들기모임, 마더센터 준비모임
7 [교육/공간] 슈타이너 발도르프연구원
8 [부모모임] 엄마들을 격려해, 봄트리, 동화책읽기 모임
솜씨도 자랑하고 이야기도 꽃피우고!
우리동네나무그늘 주민동아리
9 타로상담동아리/사진동아리/
도자기공예동아리/우쿨렐레 동아리/어린이 젬베동아리
함께 하여 즐거운 삶, 나눔과 복지
10 [나눔/봉사] 마을봉사모임 달콤하고 고소한 나의 이야기
11 [장애인복지] 마포장애인자립생활센터
12 [장애인복지] 사)함께가는 마포장애인부모회
이렇게 멋진 문화단체가 마을에~
우리마을 문화예술단체
13 [문화/요가] 세상속으로가는요가원
14 [전시/사진] 빈스서울갤러리
15 [공연/예술] 극단민들레
16 [공방/문화] 클레이앤조이도예공방
17 [공방/문화] 청산공예공방
아이들이 행복할 수 있는 교육공동체!
지역과 함께하는 교육공동체
18 [청소년] 숭문중학교 환경동아리 '푸른하늘지킴이'
19 [청소년] 동도중 과학동아리 '스위트 사이언스'
20 [교육/복지] 지역아동센터 나눔공부방, 소망어린이집
21 [교육/복지] 지역아동센터 시냇가에심은나무 공부방
22 [대학/도서관] 서강대학교 생활도서관 단비
장도 보고 구경도 하고
사람냄새 나는 재래시장
23 [전통시장] 공덕시장상인회
더불어, 함께 살기 위한 생태 가꿈!
우리가 쓰는 환경은 미래꺼래요
24 [환경/청년] 청년초록네트워크
25 [환경/재활용] 터치포굿
26 [환경/교사] 한국환경교사모임
보육시설
27 [돌봄] 마포아트센터, 돌봄아동센터 (아이돌봄)
[어린이집] 28 아기사랑어린이집 29 노고산어린이집
30 다연어린이집 31 대흥어린이집 32 신촌중앙방과후교실
어린이집 33 우리마포어린이집 34 꾸러기어린이집
35 리틀기쁜샘어린이집 36 키즈동화나라어린이집
37 태영어린이집 38 상록어린이집 39 성화어린이집
40 삼성하안어린이집 41 염리어린이집 42 염산어린이집
43 삼성아이마루어린이집 44 만민어린이집
45 아현어린이집 46 아현방과후교실
[유치원] 47 마포유치원 48 용강초병설유치원 49 연희유치원
50 창천초병설유치원 51 성화유치원 52 태영유치원
학교
53 서강대학교 54 숭문중고 55 서울여중고
56 동도중, 서울디자인고 57 일성여중고 58 양원주부학교
59 한서초 60 용강초 61 염리초 62 창천초, 창천중
공공시설
63 염리동주민센터 64 대흥동주민센터 65 우리마포복지관
66 마포치매센터 67 소금나루(카페, 장난감놀이공간,
모임공간 등)

햇빛 쏟아지는 신나는 학교

서울상원초등학교 에코스쿨 만들기

햇빛발전소와 연계한 에너지교육

건강한 문화인을 목표로

착한 에너지를 찾아서

'나도 환경운동가'

시행착오를 통해 큰 그림을 그리다

상원초등학교의 혁신학교 출발은 내부형공모제 교장선생님 선정부터이다. 학교 내에서 자발적인 목소리를 높여 교육의 변화를 위해 혁신학교를 해보자는 움직임이 있었다. 환경교육사업도 교장선생님부터 시작되었다. 교실 컴퓨터의 그린터치 프로그램 설치, 매월 전기세 모니터링 등과 학교 전체 구성원이 참여하는 공통 교육과정인 '학교의 착한 에너지를 찾아서'라는 프로그램을 구축했고 실천하였다. 이 사업은 인근 학교와도 연계되었고, 지역 환경단체인 '지구의친구들', '노원구 사람들'과 협력하여 '해뜨는 학교' 사업을 진행하고 있다.

햇빛발전소와 연계한 에너지교육

한여름 따가운 뙤약볕이 쏟아지는 7월 18일 서울상원초등학교(이후 상원초) 정문에 들어서자 오른쪽에 보안관실이 있다. 예전에는 수위실로 불렸던 작은 박스 같은 공간인데, 빨간 지붕에 파란 태양광패널 두 기를 올린 모습이 앙증맞다. 적청의 극명한 대비가 눈길을 끌며 이곳이 '태양의 학교'라는 사실을 새삼 일깨워준다.

카우보이 모자가 잘 어울리는 보안관의 안내로 1학년 1반 교실로 향하는데 강춘화 교사가 반갑게 맞이한다. 운동으로 단련된 듯 건강한 모습이다. 교실로 이끈 강 교사가 잠시 기다리라며 의자를 권하고 나갔다. 수업을 마친 교실, 작은 의자에 커다란 엉덩이를 붙이고 앉아 땀을 식혔다. 에어컨을 가동하지 않는데도 그다지 덥지는 않았다. 잠시 후 강 교사가 서리가 맺힌 생수 한 통과 일회용 종이컵을 들고 나타났다.

"이거 구하느라고 애먹었어요. 다들 자기 컵을 쓰거나 텀블러를 갖고 다녀서…."

강 교사가 종이컵을 들어 보이며 환하게 웃는다. 그는 2012년 상원초에 초빙교사로 와서 4년째 근무 중인 16년 차 교사이다. '태양의학교' 회원으로 활동 중이며 환경운동에 관심이 많아 여러 환경단체에서 연수를 받았다. 환경생태분과 분과장을 맡아 학년별 환경생태교육과정을 지원하는 역할을 했고, 교보교육재단 사업 담당자로 활동하고 있다.

상원초는 서울시 노원구 상계9동에 위치한 34학급 규모의 학교이다. 학교 주변은 1980년대 후반에 건설된 중소 규모의 주공아파트로 둘러싸여 있고 5분 거리에 수락산 자락이 있다. 또 15분 정도 걸어나가면 노원구와 도봉구를 가르는 중랑천에 도착할 수 있어 서울에서는 드물게 주변 산과 하천을 교육 장소로 활용할 수 있는 좋은 교육환경을 갖추고 있다. 상원초는 2011년에 서울형 혁신학교로 지정되었고, 2014년 12월에 재지정 받아 2019년까지 다시 4년간 혁신학교로 운영하고 있다.

상원초가 지향하는 학교 모델은 '21세기 문화인을 기르는 친환경 학교Eco School'이다. 21세기 문화인이란 생태적·문화적 감수성을 갖고 다양한 변화를 읽어내며 한국인의 정체성을 바탕으로 세계적인 보편성과 다양성을 갖춘 소통하는 사람을 일컫는다. 이를 위해 에코스쿨, 책임성과 다양성이 보장되는 교육과정 운영, 교수학습 중심의 학교운영 시스템 만들기, 지역사회와의 소통 확대, 공동

체 문화 구축을 과제로 설정해 조금씩 변화를 만들어나가고 있다.

특히 에코스쿨 만들기는 학교 환경과 교육과정 운영 전반에서 환경·생태적 관심을 높이고 지역사회에 지속가능한 삶에 대한 화두를 던지며 공동의 실천을 모색하도록 하기 위한 주요 목표 중 하나이다. 이를 위해 상원초에서는 2011년부터 학년별 프로젝트학습과 주제통합학습을 통해 텃밭농사와 벼농사 체험, 동물(닭, 토끼)기르기, 계절음식 만들어 먹기, 천연 염색, 숲 체험활동, 지역 하천인 중랑천 생태 탐방, 자전거 배우기 등 생태감수성 향상과 자연친화적인 활동을 교육과정에 반영해왔다.

또한, 2011년 일본 후쿠시마 원전사고 이후 생산과 소비가 분리된 중앙집중형 전력공급 시스템의 대안 중 하나인 햇빛발전소를

학교 옥상에 설치해 에너지문제에 대한 관심과 참여를 유도하고 환경문제를 삶과 직결된 문제로 바라볼 수 있도록 하였다. '햇빛발전소와 연계한 에너지교육과 생태교육과정 만들기'는 에코스쿨을 구체화하고 공존과 평화의 가치를 체험하는 생태교육 프로그램이다.

건강한 문화인을 목표로

여기서 잠시 2014년 4월 12일로 돌아가보자. 햇빛발전소가 올라가던 그날이다. 이날 오후 2시 상원초 강당에서 햇빛발전소 준공식이 열렸다. 상원초햇빛발전소는 서울햇빛발전협동조합 조합원들이 출자해 만든 첫 번째 발전소로 이 학교 옥상에 37.2kw 규모로 만들었다. 참가자들은 준공식 이후 옥상으로 이동해 테이프를 끊었다. 2013년 11월 1일 상원초(교장 이용환)와 부지 임대차 계약을 체결하고 그해 12월 17일 서울시로부터 '상원초마을햇빛발전소' 전기사업 허가 승인을 받은 후 착공해 뜻깊은 결실을 맺은 것이다.

모든 처음이 그렇듯 상원초에 햇빛발전소를 세우기란 쉽지 않았다. 2012년 9월 24일 학부모와 지역 주민들을 대상으로 시민햇빛발전소 설명회를 연 것을 시작으로 학부모와 지역 주민, 교사, 노원구청 직원들을 대상으로 조합원을 모으기 시작했다. 그렇게 81명의 조합원이 모여 '상원초햇빛발전협동조합'을 창립하고 준비에 들어갔다. 사업은 순탄치 않았다. 건물 구조 안전 진단에서부터 임대차 계약 체결, 전기사업 허가 취득, 한전 전산망에 계통 연결을 하는 문제 등 예기치 못한 난관들이 발생했다.

상원초햇빛발전소는 전국의 학교에서 협동조합 방식으로 세운 첫 번째 발전소다. 햇빛발전소 전기생산용량은 37.2kW. 월 평균 3,837kWh의 전기를 생산하며, 하루 평균 3시간 40여 분 발전한다. 상원초는 대부분 남향이며 옥상 구조가 간단해 일조 시간이 길다. 태양광 발전시설이 들어서기에 최적지라 할 수 있다. 이러한 햇빛발전소를 세우는데 약 8천만 원 정도 들었다. 발전 개시 후 12년 동안 한전 자회사와 계약을 통해 연간 약 1천100만 원 정도의 전기 판매수익이 발생하고, 그중 조합운영비, 인건비 등을 공제하면

출자 조합원에게 출자금액의 약 5~6% 이익배당이 가능할 것으로 예상했다.

한편 상원초에서는 옥상 임대료 형태로 1kW당 2만5천원 정도 수익이 발생한다. 12년 후에는 기부체납돼 발전소 시설을 학교에 기증하게 된다. 이후에 발생하는 수익은 학교로 귀속된다. 대개 학교 시설은 전기를 이용해 냉난방을 하기 때문에 운영비의 15~20% 정도가 전기요금으로 나간다(서울교육청 기준). 당시 이용환 교장의 말이다.

"우리 학교는 혁신학교로서 지속가능한 미래 가치를 학교 교육의 중요한 교육 방향으로 삼아서 나가고 있습니다. 기후변화 문제라든가 후쿠시마 사태에서 보는 바와 같이 원자력발전의 문제 등을 해결하고 지속가능한 미래를 확보해나가는 것은 시대의 요구라고 생각합니다. 우리와 우리 다음 세대들에게 지속가능성 확보 차원에서 에너지문제에 대하여 학생, 교사, 학부모 등 교육 주체들이 관심을 가지도록 하는 교육적 노력이 절실히 필요하다고 판단해서 이 사업을 시작하게 되었습니다."

강 교사와 햇빛발전소를 잠깐 둘러보기로 했다. 강렬한 여름 햇살을 받아 반짝이는 시퍼런 124장의 태양광 패널. 푸른 하늘을 배경으로 5줄로 설치된 패널은 멀리서 보면 바다 위에 떠 있는 선단처럼 보인다. 강 교사의 말이다.

"햇빛발전소가 생기고 나서 아이들이 에너지에 많은 관심을 갖게 됐습니다. 아이들에게 학교의 자랑거리를 꼽으라고 했더니 많은

친구가 햇빛발전소를 1위로 뽑았을 정도입니다. 햇빛발전소가 세워진 후 견학도 하고, 반별로 관련 교육도 진행하고…. 전환의 계기가 된 것만은 분명합니다. 하지만 햇빛발전소 하나만으로 환경교육을 진행하기에는 한계가 있었어요."

착한 에너지를 찾아서

"가장 어려웠던 점은 환경교육과 햇빛발전소를 연계하는 것이었습니다. 우리 학교의 가장 큰 자산은 햇빛발전소이지만 이 자원을 활용하는 방법은 생각보다 많지 않았어요. 햇빛발전소를 둘러보는 것 이외에 딱히 할 수 있는 것이 없어서 안타까웠습니다."

무엇을 해야 할까. 전 학년을 대상으로 환경교육을 진행하는 것은 생각처럼 쉽지 않았다. 환경·생태분과 교사들이 머리를 맞댄 끝에 세 가지 목표를 정했다. 첫째, 텃밭활동과 숲 체험, 계절별 자연활동 등 체험 중심의 다양한 생태환경교육을 통해 생태감수성을 향상시킨다, 둘째, 지구온난화와 원자력발전의 위험 등 환경 위기에 대처하기 위한 에너지 절약의 중요성을 알고 실천할 수 있도

록 한다, 셋째, 자신이 살고 있는 지역사회 환경에 대한 종합적 이해를 바탕으로 환경에 대한 올바른 가치관을 기르게 한다. 이런 목표를 갖고 3년 계획을 세웠다.

첫해인 2013년도에 집중했던 부분은 환경·생태교육 장소 구축과 텃밭 활동이었다. 학교의 다양한 에너지 교육장소인 에너지 체험존을 구축했고 텃밭활동에 관련된 다양한 체험을 바탕으로 생태감수성을 향상시켰다. 또한 에너지교육활동을 통해 환경 위기에 처한 지구를 위해 에너지 절약의 필요성을 알게 하였다.

2014년도에 관심을 두고 집중했던 것은 모든 학년에서 환경·생태교육에 대한 고민과 실천을 높이고 이것이 학교의 큰 흐름으로 자리 잡게 하는 것이었다. 이에 대한 1차 실행은 2013년 12월, 전 교사가 참여했던 '학교 교육과정 워크숍'이었다. 우려가 많았지만 아주 순조롭게 진행되었다. 환경·생태 분과는 월 1~2회의 모임을 갖고 환경교육 전반에 대해 점검하고 공동실천 계획을 세웠다.

2015년도의 교육 방향은 두 가지로 나뉜다. 에너지교육과정과 생태교육과정이었다. 특히 2015년에 주력한 사업은 에너지 프로젝트였다. 학교 전체 구성원이 참여하는 공통 교육과정인 '학교의 착한 에너지를 찾아서'라는 프로그램을 마련하고 실천했다. 이 교육은 인근 학교로까지 확장되었다. 생태교육과정은 이처럼 3년의 과정을 거치는 동안 내실과 체계를 갖추어나갔다.

상원초에서는 전 학년에 걸쳐 에너지교육 집중 프로그램을 운영하였다. 공통과정은 6, 7월에 진행한 학교의 착한 에너지 탐방(햇

빛발전소 탐방, 빗물저금통, 옥상정원, 태양열조리기 체험, 자전거 발전기 체험) 프로그램이다. '착한 에너지를 찾아서'라는 주제로 학교에 있는 친환경 에너지를 찾아보는 활동을 학년별로 나누어 진행했다.

학교 옥상 정원을 둘러보며 옥상 정원이 주는 에너지 절약 효과를 알아보고 햇빛발전소에 가서 재생에너지의 필요성을 공부했다. 또 체험활동의 하나로 자전거 발전기를 돌려 바나나주스를 만들어 먹고 햇빛조리기로 메추리알을 삶아 먹었다. 별관 쪽 텃밭에 있는 빗물저금통을 통해 자원을 절약하고 아끼는 방법을 학습했고, 햇빛발전소와 같이 안전하고 지속가능한 에너지 사용과 절전의 중요성을 인식했다.

이런 과정 속에서 학생들은 스스로 학급 회의를 열어 교실 전기

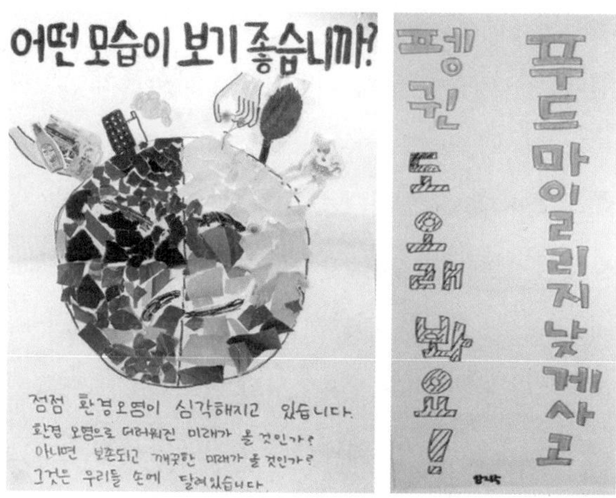

사용의 원칙을 정하고, 창가 쪽 불끄기, 점심시간 불끄기, 교실 이동할 때 불 꺼졌나 확인하기, 섭씨 30도 이상일 때 냉방기 사용하기를 실천하였다.

'나도 환경운동가'

저학년은 손수건 사용하기, 방한목도리 뜨기 등을 통하여 에너지교육을 지속했고, 고학년은 '환경이 미래다'라는 커다란 프로젝트 주제로 에너지교육을 풀어나갔다. 환경 도서를 읽고 토론하기, 논설문 쓰기, '나도 환경운동가'라는 주제로 발표하기 등 다양하고 체계적인 방법으로 교육을 진행했다. 이 프로젝트를 통해 교사가 챙기지 않아도 스스로 하는 학생들이 아주 많아졌고, 에너지 절약 캠페인은 익숙한 일이 되었다. 또 학교 축제 때 6학년과 환경·생태분과 교사들의 학급을 중심으로 '에너지 체험존'을 운영해 신재생에너지의 필요성, 에너지 절약의 중요성을 강조했다. 물 2*l* 캠프를 통해서는 에너지 절약을 몸으로 체험하고, 무심코 쓰는 에너지들이 얼마나 소중한 것인지를 깨달았다. 학생들은 서서히 변해가기 시작했다. 이예린(6학년) 학생의 말이다.

"지난번에 '착한 에너지를 찾아서'라는 주제로 수업을 하였다. 일단 선생님의 설명을 듣고 옥상으로 올라가서 햇빛조리기로 메추리알을 삶으려 했지만 날이 좋지 않아 삶지는 못하였다. 그래도 햇빛조리기 사용법을 배우면서 어떤 용도로 쓰는지 알게 되었다. 또 햇빛발전소에 가서 보고 태양열이 어디로 얼마나 모이는지를 알 수 있었다. 다음에는 체육관으로 가서 자전거 발전기를 돌려서 믹서기를 돌려 바나나우유와 수박우유를 만들어 먹었다. 집에서 플러그를 꽂으면 쉽고 간편하게 갈아서 먹을 수 있는데, 이렇게 자전거를 돌리면서 전기가 소중하다는 것을 느꼈고 전기를 아껴 써야 한다는 생각이 들었다."

에너지교육과 더불어 환경·생태교육을 실시하였다. 전 학년 대상으로 텃밭을 중심으로 학년별 교육과정을 연계해 다양하게 진행되었다. 2013학년도에는 학교 내의 유휴공간을 개간하여 텃밭을 정비하고 외부텃밭을 이용했다. 2015학년에는 6학년만 외부 텃밭을 이용하고 1~5학년까지는 학교 내의 텃밭을 이용했다.

붕붕카
만드는 방법
붕붕카
MODERN

2학년은 상자텃밭을 활용해 야생화 키우기에 주력했고, 4학년은 상자텃밭을 이용하여 모내기를 하였으며 6학년에서는 외부텃밭과 비닐하우스를 운영했다. 꾸준한 텃밭 운영은 학생들의 생태감수성을 높이기 위한 중요한 교육활동이다. 또한 수락산과 중랑천 등 학교 주변 자연환경을 교육활동에 적극적으로 활용한 점은 살펴볼 대목이다. 환경·생태교육의 가장 큰 성과는 구성원들의 참여와 실천이 확대되고 일상화된 것이다. 이희주 학생(6학년)의 말이다.

"어제 실과 시간에 텃밭에서 우리 반이 직접 캐온 무로 친구들과 요리를 했다. 우리 모둠은 희주, 예린, 성현, 민용이다. 우리는 무를 이용한 냉면을 만들기로 했다. 먼저 무 초절임을 했다. 무에 식초와 설탕을 넣어 재어놓고 물을 끓여 냉면을 데쳤다. 이제는 양념장 고춧가루, 설탕, 식초 등을 넣고 만들었다. 훌륭한 맛은 아니었지만 그냥저냥 먹을 만했다. 만들어 놓고 보니 생각보다 맛있었다. 우리는 남은 무를 잘라 그냥 먹었다. 내가 키운 무라 그런지… 정말 맛있었다. 요리 시간은 재미있었다. 특히 내가 키운 작물로 요리를 한다는 것은 정말 행복한 일 중의 하나였다."

주제통합학습을 하면서 학생들은 일회용품 쓰지 않기와 인스턴트식품 자제하기, 빈 그릇 운동 실천하기, 간식으로 친환경 건강 먹을거리 이용하기, 쓰레기 분리수거하기를 실천하기로 약속했다. 가정에서의 실천은 확인할 길이 없었지만 학교에서는 그 약속이 잘 지켜졌고, 체험활동을 나가서도 일회용품을 사용하지 않았다. 또 간식도 인스턴트를 피해 집에서 만든 건강 음식이나 과일 중심으로 준비해왔다.

에너지 수호천사단은 에너지 절약 실천활동을 꾸준히 안정적으로 이루어내기 위해 구성한 단체이다. 3학년에서부터 6학년까지 여러 학년의 학생들이 모였고, 에너지 절약 캠페인 활동, 교내 전등 끄기, 한등 비우기, 교실 형광등 스위치 위치 표시 스티커 붙이기를 실천하고 대기전력상태 감시 활동과 학교 에너지 사용실태 조사 등을 진행해왔다. 에너지 수호천사단이 활동하면서 환하게 켜져 있던 교실 형광등이 꼭 필요할 때만 불을 밝혔고 에너지 절약에 대한 관심이 높아졌다.

시행착오를 통해 큰 그림을 그리다

"아이들이 텃밭을 직접 가꾸고, 수확한 농작물로 요리를 하고, 자전거 발전기로 솜사탕이나 주스를 만들어 먹는 다양한 체험은 이젠 일상이고 익숙한 일이지요. 형광등 끄기, 교실 전등 하나 비우기 같은 실천은 몸에 밴 습관처럼 자연스럽고 서울시 에너지 수호천사단은 학교 울타리를 넘어 캠페인 활동에 앞장서고 있습니다. 이런 변화가 놀랍기도 하지만 한편으로 미흡한 부분도 눈에 띕니다."

강 교사의 말처럼 상원초의 에코스쿨 프로젝트인 '햇빛발전소와 연계한 에너지교육과 생태교육과정 만들기'는 학교 구성원들이 처

음부터 공동의 목표를 세우고 협력해 추진한 사업이라기보다 시행착오를 반복하면서 이삭줍기하듯 큰 그림을 맞춰나가는 과정이었다. 이 프로젝트의 가장 빛나는 성과는 관심을 갖고 실천을 모색하는 교사들이 모여 고민과 실천 활동을 공유한 경험이다.

상원초의 '에코스쿨 만들기' 사업은 그동안 추진해 왔던 에코스쿨을 위한 학교 시설이 완성되면서 이를 매개로 환경교육을 교육과정에 구체화하는 과정이었다. 별관 옥상정원과 본관 햇빛발전소, 텃밭의 빗물저금통은 환경을 생각하는 공간과 시설을 어떻게 구성하면 좋을지 생각하게 만들었고, 햇빛조리기와 자전거 발전기의 체험은 지속가능한 지구를 위한 대안의 삶을 생각하는 계기가 되었다.

2014년에 생태교육과정에 주력했다면 2015년에는 에너지에 주력했다. 학교 절전소를 운영하였고, 학년별 에너지 집중 프로젝트

프로그램을 구축하였다. 학교 에너지 절약을 위해 교직원회의, 환경연수, 상원 절전소 운영, 교사용 컴퓨터 그린터치 프로그램 깔기, 절전형멀티탭 설치, 교실 한 등 끄기 등 여러 가지 노력을 기울였다. 하지만 기대만큼 전기 사용량을 줄이기는 쉽지 않았다. 교사들이 아쉬워하는 대목이다. 교직원 전체의 합의와 동참을 이끌어내지 못하고, 생활 습관을 쉽게 바꾸지 못한 것이 주된 요인으로 보인다.

학년별 특성에 맞는 교육과정을 운영하기는 쉽지 않았지만 학년별 담당 교사를 배치해 다양한 프로그램을 운영한 것은 돋보이는 대목이다. 담당 교사들은 각 학년에서 환경·생태교육의 내용을 추출하고 교육과정 전반에서 학생들에게 환경에 대한 고민과 생태감수성을 키울 수 있도록 안내자 역할을 했다. 이들은 또 주기적으로 모여 각 학년의 환경·생태교육에 대한 의견을 나누고 좋은 아이디어를 공유하며 전체 교사를 대상으로 교육프로그램을 설계하고 운영하였다.

교사들은 먼저 자신부터 바꾸자는 의미에서 '개인 컵 갖고 다니기'를 생활화하고 '일회용품 없는 축제'를 실천하고, 전기 사용량을 줄이기 위한 캠페인을 지속적으로 펼쳐왔다. 더욱 높이 평가할 점은 이런 모든 활동을 누구의 지시나 행정업무가 아닌 '합의를 통한 자발성'에 기초해서 진행해왔다는 점이다. 환경·생태교육은 혼자 할 수 없다. 학년별, 반별로 의견을 교류하면서 협력해야 하는 부분이 많기 때문이다.

"환경·생태교육을 3년 동안 진행해오면서 내가 느낀 키워드는 세 가지입니다. 그것은 체력, 자발성, 그리고 성장입니다. 농사를 지어본 경험도 없던 선생님들이 땅을 파고 밭을 일구면서 비지땀을 흘렸습니다. 야외활동과 텃밭 가꾸기를 하려면 기본적으로 체력이 필요합니다. 힘들게 작물을 거두고 그것으로 아이들을 위해 요리를 해주겠다는 마음은 자연스러운 것입니다. 누가 시켜서 한 일이 아니기에 즐겁고 그런 과정을 통해 나 자신이 성장했다는 느낌이 듭니다. 교사인 나 자신에게 마음의 변화가 있었다는 것, 그것은 비록 통계에는 잡히지 않겠지만 앞으로의 교사생활에도 많은 영향을 미칠 것입니다."

강춘화 교사는 "지난 3년 동안, 아이들과 함께하면서 나도 모르게 뜨겁게 타올랐다"고 고백한다. 그것은 교사로서 경험할 수 있는 최고의 행복이 아닐까. 교사가 행복해야 학생이 행복하다는 말이 있다. 상원초에서 햇빛처럼 밝은 교사와 들풀처럼 건강한 학생이 더불어 성장하고 있다.

낮은 목소리

교사가 변해야 학생이 변한다

강춘화 외 • 상원초 교사

1학년 1반 교실에서 교보교육재단 '에코스쿨 만들기'에 함께했던 교사들이 모였다. 강춘화 교사와 손명화, 김선민, 탁영애, 조성희 교사가 그 주인공들이다. 처음엔 낯설어하던 그들도 하나둘 교과 진행과정을 얘기하기 시작하더니 금세 웃음꽃이 활짝 피었다. 작은 교실이 밝은 기운으로 가득 찼다. 강춘화 교사가 먼저 말문을 열었다.

"환경교육사업은 애초에 제가 시작한 것은 아니었어요. 옥상햇빛발전소를 설치한 후 당시 이용환 교장선생님이 교보교육재단에 계획서를 내보라 해서 시작했는데…. 3년 동안 하면서 많은 시행착오가 있었어요. 왜냐하면 환경문제는 수업에서 그치지 않고 실천을 해야 하기 때문이지요. 여러 가지 교육과정을 재구성하면서 학생들에게는 환경·생태감수성을 키워주고자 하면서도 정작 교사인 나의 감수성은 제로였던 것 같아요. 교육의 질은 교사의 질을 뛰어넘지 않는다는 말이 있는데, 아마 1년 차 환경교사였던 내가 딱 그

정도이지 않았나 싶어요."

농사라고는 상원초 와서 처음 해봤다는 교사들. 그런데 모든 시작은 다 처음이지 않을까. 가르치기 위해 배우고, 가르치면서 또 배우는 것이 교육이다. 변화는 동시에 일어나는 선순환 과정이다.

"입으로만 환경을 지키자 하는 교육, 그것이었던 것 같은데 3년을 거쳐 가면서 많은 변화가 있었어요. 개인적인 환경연수와 환경분과 선생님들의 모임, 학교 내 교사들의 환경을 바라보는 시각변화 이런 모든 것들이 나를 변하게 만든 거지요. 솔직히 연수를 받는 동안 마음은 불편했습니다. 왜냐하면 환경을 위한 길은 불편을 감수해야 하는 길이기 때문이지요. 애써 외면해보려고도 했지만 결국 알게 된 이상 실천해야 한다는 쪽으로 마음을 고쳐먹었습니다."

상원초의 교사 전체가 변화한 것은 아닐 것이다. 변화는 천천히, 막바지에는 한꺼번에 온다.

"모든 교사가 다 변하는 것은 아닙니다. 에너지 절약 실천 활동에 동참하는 선생님이 있는가 하면 그렇지 못한 선생님들도 계시지요. 에너지 절약의 문제는 인류 공통의 문제이기는 하지만 개인적으로는 많은 불편함을 감수해야 하는 문제이지요. 30도가 넘어야 에어컨을 트는 교사가 있는가 하면 혼자 교실에 있어도 에어컨을 켜는 교사가 있습니다. 그렇다고 일일이 따질 수도 없고…. 공감을 이끌어내는 것이 가장 어려웠습니다."

또 다른 교사의 얘기도 이어진다.

"사실 여름철보다 겨울철에 전기세가 더 많이 나옵니다. 추운 겨울에 난방기 가동을 자제하도록 말하면서 너무 하지 않았나 싶

기도 하고…. 하지만 추울 때 난방기 작동을 자제하고 더울 때 냉방기를 절제해야 전기가 절약되기 때문에 어쩔 수가 없고…. 좀 더디긴 하지만 절전소 그래프에 관심을 갖고 에너지 절약에 동참하는 선생님이 점점 늘어나는 것을 보면 기쁘지요."

교사가 변하면 학생이 변한다. 물은 원래 그렇게 흐른다.

"학생들의 변화도 마찬가지입니다. 이 환경사업을 시작하기 전에는 아이들은 불편함을 견디지 못했어요. 날씨가 조금만 더워도 '선생님, 에어컨 틀어주세요' 하고 날씨가 추워지면 '선생님 난방기 틀어주세요'란 말이 자동으로 흘러나왔지요. 하지만 학교의 착한 에너지 프로젝트 수업을 하면서 아이들은 조금의 불편함을 참아야 되는 것을 배웠습니다. 이젠 한여름에도 '에어컨 틀어주세요'란 말이 나오지 않습니다. 교사인 내가 너무 힘든 나머지 에어컨을 켠 적이 있었는데 아이들이 말려서 다시 껐습니다."

웃음이 터져 나왔다. 학생들이 에너지 지킴이로 나섰다.

"교실을 이동할 때도 교실의 에너지 지킴이 아이들이 늘 교실의 전등을 관리했고, 한 등 끄기를 자동 실천했습니다. 교사, 학생들의 노력으로 축제에서 일회용이 사라졌고 교사 회의에 종이컵이 사라진 지는 오래되었습니다. 자신의 컵을 들고 다니는 것이 생활화되었기 때문이지요."

상원초가 환경교육의 으뜸으로 꼽히는 것은 학교공동체 전체가 이 문제에 관심을 갖고 공부하고 실천했기 때문일 것이다. 교사들은 이구동성으로 말한다.

"3년 동안 환경분과 활동을 진행해오면서 많은 공부를 했고, 나 자신 그리고 선생님들 학생들의 많은 변화를 경험했습니다. 하지만 모든 일엔 순서가 있듯이 하루아침에 다 잘되지는 않는 것 같습니다. 작은 노력부터 시작한다면 우리의 미래가 달라질 수 있지 않을까요? 그런 믿음을 배운 것이 가장 큰 성과가 아닐까요?"

상원초 학생들은 훗날 초등학교 시절을 어떻게 기억할까. 텃밭에서 벼를 기르고, 자신이 가꾼 배추와 무로 김치를 담가 먹고, 자전거 발전기를 돌려 바나나 셰이크를, 햇빛조리기로 메추리알을 삶아 먹었던 시절을 추억하지 않을까. 불편을 견디고 절약을 실천하고 식물과 교감하고…. 그들에게 초등 시절은 지구 환경과 뭇 생명을 이해하고 사랑하는 법을 배운 소중한 풍경으로 기억될 것이다.

인터뷰

학교와 마을, 환경은 하나로 이어져 있다

이용환 • 서울특별시교육청 참여협력담당관(전 상원초 교장)

이용환 서울특별시교육청 참여협력담당관은 2011년 평교사 출신 교장으로 상원초에 취임하였다. 당시 그는 전국에서 단 두 명뿐인 내부형 공모제 교장 중 하나였다. 4년 임기를 마치고 서울시교육청으로 자리를 옮겨 지역사회 협력과 학부모 지원, 교육복지 사업 운영지원 등의 일을 하고 있다. 상원초의 사례를 서울시 전역으로 확산해보자는 제안을 받아들인 것이다.

"상원초가 혁신학교를 시작하면서 5대 목표를 세웠는데 그중 하나가 '친환경 에코스쿨'이었어요. 저는 전부터 환경문제에 관심이 많았고 후쿠시마 사고도 있고 해서 꼭 하고 싶었던 과제였습니다. 학교 전체를 바꿀 수는 없어도 친환경적으로 개선해나갈 수는 있겠다 싶었고, 학교 옥상에 햇빛발전소를 세우고 이를 중심으로 환경교육을 펼쳐나가면 좋을 것 같았습니다."

2012년 9월 서울시와 서울시교육청, 상원초 3자가 세종문화회관에서 업무협약을 맺으면서 본격적으로 학교 햇빛발전소를 추진하였다. 전국에서 최초로 협동조합 방식으로 햇빛발전소를 건립하는 일은 결코 쉽지 않았다. 이 전 교장이 발 벗고 나섰다. 교사와 학부모를 설득하고 열심히 지역 주민을 만났다. 그런 노력 끝에 20여 명으로 발기인대회를 치르고 출자금을 모았다.

"협동조합은 설립했지만 실제 건립까지는 생각보다 오래 걸렸어요. 교육청에 시설임대승인을 요청했는데 구조진단을 받아와라, 환경평가가 필요하다, 낙뢰피해나 일조권 문제가 있다 하면서 차일피일 미루는 겁니다. 서울시도 발전사업허가 따로, 시설 등록 따로 받느라 애먹었고요. 이래저래 한 2년 걸린 것 같습니다."

교장의 굳은 의지와 열정 없이는 어떤 새로운 것도 불가능하다. 이 교장과 협동조합의 끈질긴 노력 끝에 상원초 옥상에 태양광 패널을 얹었다. 생태·환경교육과정은 햇빛발전소를 중심으로 짜여졌다. 발전소와 더불어 절전소와 빗물저금통이 들어섰고, 자전거 발전기와 태양열 조리기가 돌아갔다. 전등 끄기, 빈 그릇 운동, 에너지 수호천사단 활동이 벌어졌다. 상원초는 '에코스쿨'로 자리를 잡았고, 이제 학생들은 환경보호를 실천하고 미래에너지를 고민한다.

"우선 전기료를 대폭 줄였어요. 연간 1천만 원 정도를 절감하면서 빡빡한 예산에 숨통이 트였어요. 절약한 예산으로 교사 연수도 하고 학부모 활동을 지원하고 작은 교실 꾸미기를 하였습니다. 가장 큰 변화는 전체 교과과정을 '에코스쿨' 프로그램으로 진행했다는 점입니다. 생태·환경이 정규과정에 들어가서 잘 정착하고 있는

데 앞으로 다른 학교와 마을로 발전시켜나가야 지요."

이 전 교장은 상원초의 사례가 확산되지 않는 현실을 안타까워했다. 여러 이유가 있겠지만 변화를 싫어하는 교장들의 마인드와 행정 시스템이 문제라는 것이다. 어떻게 바꿀 수 있을까. 그는 열린 생각과 부단한 실천에서 답을 찾는다.

"교육과정은 시대정신, 역사의 흐름과 맞아야 합니다. 지금까지 교육은 지식을 받아들여 재가공하고 축적하는데 머물러 있습니다. 지식이 아무리 많아도 실천 과정을 거치지 않으면 소용없습니다. 생각만으로는 아무것도 바꿀 수 없어요. 교육은 학교를 넘어 사회를 향해야 합니다. 학생에게 사회는 마을이겠지요. 환경이 중요하다고 생각하면 행동으로 이어져야 합니다. 재활용품을 모으고, 캠페인도 하고, 이웃을 돕는 실천과 나눔으로 나간다면 더 나은 사회를 만들 수 있지 않을까요?"

이 전 교장은 학교가 바뀌면 마을공동체가 바뀐다고 믿는다. 학교에 있을 때가 제일 행복하다는 그는 상원초의 경험을 널리 나눌 방법을 찾고 있다. 지금까지 그랬듯이 그는 결국 사람과 현장에서 답을 찾아낼 것이다.

페이스북을 통한 학부모와 소통

어제 북극곰 체험을 했습니다. 지구 온난화로 빙하가 녹아서 삶의 터전을 잃어가고 있는 북극곰 놀이지요. 가위, 바위, 보를 해서 이긴 사람은 깔판이 깔린 빙하 위로 올라갈 수 있습니다. 빙하의 넓이는 점차 줄어들지요. 처음에는 아이들도 편안하게 깔판 위에 앉아 있었는데 점점 몸을 부딪히게 되고 괴로운 표정이 역력했습니다. 더 게임을 계속했다가는 싸움이 날 수 있을 것 같았지요. 바로 이때 놀이를 중지하고 아이들에게 말해 주었지요. " 바로 북극곰도 이렇게 빙하가 없어지면 서로 싸우고 죽일 수도 있지. 결국은 다 죽게 되는 거야" 우리가 에너지를 아껴야 한다고 이야기 하면서 에어콘은 선풍기 사용 전력보다 엄청난 전기를 사용하니 되도록 사용하지 말자고 했습니다. 나갔다 들어왔을 때 너무 더우면 우선 샤워부터 하고 선풍기 바람을 쐬어도 좋을 것 같다고 했습니다. 에어콘을 트는 것보다. 얼마나 실천될지는 모르겠지만.

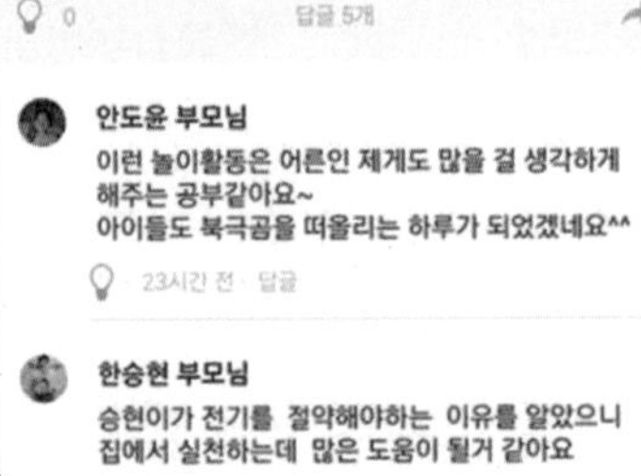

0 답글 5개

안도윤 부모님
이런 놀이활동은 어른인 제게도 많을 걸 생각하게 해주는 공부같아요~
아이들도 북극곰을 떠올리는 하루가 되었겠네요^^
23시간 전 · 답글

한승현 부모님
승현이가 전기를 절약해야하는 이유를 알았으니 집에서 실천하는데 많은 도움이 될거 같아요

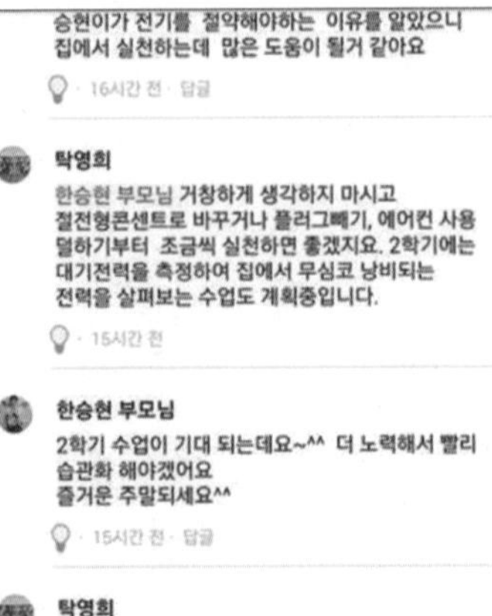

승현이가 전기를 절약해야하는 이유를 알았으니 집에서 실천하는데 많은 도움이 될거 같아요
16시간 전 · 답글

탁영희
한승현 부모님 거창하게 생각하지 마시고 절전형콘센트로 바꾸거나 플러그빼기, 에어컨 사용 덜하기부터 조금씩 실천하면 좋겠지요. 2학기에는 대기전력을 측정하여 집에서 무심코 낭비되는 전력을 살펴보는 수업도 계획중입니다.
15시간 전

한승현 부모님
2학기 수업이 기대 되는데요~^^ 더 노력해서 빨리 습관화 해야겠어요
즐거운 주말되세요^^
15시간 전 · 답글

탁영희
한승현 부모님 사실 이 수업 끝내자마자 아이들이 전기를 아끼겠다고 형광등도 다 꺼버려서 필요할

탁영희
6월 29일

3 답글 1개

3명이 빛냈습니다

안도윤 부모님
아이들이 점심시간 불 끄고 밥 먹을 생각을 다하고 대견합니다

북극곰 체험

북극곰 체험은 <북극곰의 눈물> 동영상을 보여주고, <엄마!> 책을 읽어주면서 북극곰이 희생된 이유는 지구온난화 때문이라는 것을 이해하고 우리가 에너지를 절약할 수 있는 방법에 대해 생각해 보는 수업이다. 손수건 쓰기와 한 등 끄기의 실천은 1학년 모든 반이 합의를 통해 함께 1년 동안 지속적으로 실천해 왔다는 점에서 시사하는 바가 크다.

몸과 마음을 키우는 텃밭 가꾸기

텃밭 가꾸기 활동은 텃밭을 일구기 위해 교사들의 고된 밭 만들기가 선행되어야 하지만 아이들의 정서에 상당히 도움이 되는 교육활동의 하나이다. 원예치료사라는 직업이 있듯이 농작물을 가꾸고 키우는 과정에서 아이들은 생명에 대한 경외감을 느낄 수 있다. 재배한 농작물을 먹으면서 자연스럽게 영양교육도 이뤄졌고 서로 나눠 먹는 즐거움도 느꼈다.

글똥누기

몸과 마음을 키우는 텃밭 가꾸기

글똥누기는 아이들의 생생한 경험과 발견의 내용을 그 감흥이 사라지기 전에 직접 학교에서 바로 써보는 글쓰기 작업이다. 글쓰기 작업은 매일 똥을 누듯이 중요하다는 의미에서 글똥누기라는 제목을 붙였고 글을 쓰는 즐거움에 목표를 두기 위해 맞춤법 등에 중점을 두는 것이 아니라 아이들이 자신의 생각을 말하듯이 써나가는 것에 중점을 두었다.

오늘은 놀이 시간에 친구들과 함께 텃밭으로 갔다. 도착을 했는데 선생님이 저 물통에 물을 담아오라고 하셨다. 그래서 친구들과 물을 담으러 갔다. 그런데 거기에 대박 말벌이 있었다. 그래서 나는 "으악, 대박 말벌이다!"라고 말할 수밖에 없었다. 그리고 나는 도망쳤다.

〈말벌〉 홍정무

〈산 나들이하고 나서〉

나무에 있는 무늬가 할아버지 주름 같다. 그리고 밑에 이끼가 껴 있었는데 만져 보니깐 부들부들하고 미끄러웠다. 그런데 자세히 보니 나무 사이사이에 빨간 줄이 있었다. 다른 나무도 보니 어떤 나무는 귀신같아서 소름이 떨었다. 지난번에는 폭풍처럼 쏟아졌는데 지금은 나비처럼 쏟아진다. 밤송이에도 찔렀다. 부러진 나무는 동굴 같다. _유하빈

산 언덕에서 뱀허물 같은 게 보였다. 큰 거미가 나무를 타고 올라갔다 산에 도토리가 없다. 산 뒤에서 무무~ 하는 소리가 들렸다. 늑대가 소리를 내는 것 같았다. 무서웠다. 올라가면 죽을 것 같았다. 귀뚜라미가 뛰다가 손에 부닥쳤다. _박하진

나뭇잎을 밟았더니 아삭아삭 사과를 먹는 것 같다. 나무 냄새를 맡았더니 상쾌한 냄새가 난다. 나무를 안았더니 나무가 너무 커서 안지를 못했다. 나무를 봤더니 안에가 뚫려 있었다. 나뭇잎을 또다시 밟았는데 이번에는 나무가 움직이고 있는 소리가 났다. 나무가 화살을 쏘고 있는 것 같다. 나무에 줄무늬가 보인다. 밤이 공같이 생겼다. 나뭇잎이 노래를 하고 있는 것 같다.

_임승현

나무를 끌어안았다. 근데 나무의 무슨 냄새가 난다. 이상한 냄새인데 진액 냄새가 난다. 소리는 물소리만 난다. 나무의 이끼도 많다. 나무의 소리를 들어봤다. 근데 이 나무는 나뭇잎이 다 떨어졌다. 소리는 꼬르륵 소리가 난다. 나무가 배가 고픈 것 같다. 나뭇잎을 살펴봤다. 나뭇잎이 따갑다. 바늘이 꽂혀져 있는 것 같다. _**전시윤**

〈에너지 체험〉

에너지 체험을 안 했으면 반에서 공부를 했겠지. 아마도 그럴 것 같다. 오늘 에너지 체험을 했다. 햇빛조리기로 메추리알 삶기를 하기 위해서 옥상으로 가서 냄비를 올려놓았다. 그 다음에 자전거 돌리기를 했는데 나는 거의 꼴지로 돌렸다. 돌릴 때 좀 많이 힘들었다. 바나나우유를 마시고, 반으로 돌아와서 점심을 먹었다. 점심을 다 먹은 뒤에 선생님께서 옥상에 갔다 오셨는데 다 안 삶아졌다고 하셔서 아쉬웠다. 그래서 그냥 삶아 먹었다. 그리고 오늘 아침에 퐁퐁이(장수풍뎅이)가 나와 있었다. 뿔이 있는 것으로 봐서 수컷인 것 같다. 오늘 퐁퐁이를 큰 통으로 옮겨줬는데 환경 적응을 빨리하면 좋겠다. 참 재미있었다.

2015.6.30. 이○은의 일기

텃밭활동

우상윤

1, 2교시 텃밭으로 뚜벅뚜벅
지지대를 쇠망치로 쿵쾅쿵광
팻말들도 쇠망치로 툭탁툭탁
긴 노끈을 지지대에 지그재그
물뿌리개 물을 담아 출렁출렁
텃밭에다 물을 뿌려 쏴아쏴아
우리들은 땀이 난다 삐질삐질
텃밭 갈 때 걸음걸이 뚜벅뚜벅
돌아올 땐 걸음걸이 터벅터벅
식물들도 우리들도 무럭무럭

나의 노력

엄혜정

흙을 고르며 흘린 땀
식물에게는 기쁜 땀

물을 주며 한 좋은 말
식물에게는 행복한 말

지지대를 세우며 한 수고
식물에게는 감사의 수고

난 힘들어도
식물은 행복해하는
나의 작은 노력

교사 글

상원초 햇빛발전소를 견학하고서

오늘 날이 흐려서 햇빛이 비치지 않아서 발전량이 적었겠지만… 오히려 걷기에는 덥지도 않고 다행히 비도 오지 않았네요. 상원초에 도착하자마자, 현관에서 ○○○선생님의 안내 설명을 들었습니다. 얼마나 전기를 절약했는지 나타내는 그래프에서 금년에 학교 체육관이 생겨서 작년보다 전기를 더 사용하게 되었다는 점을 말씀하셨습니다. 하지만 1학년 어린 학생들조차 교실이 좀 더워서 선생님이 켜기라도 할 것 같으면, “선생님, 에어컨 켜지 말아요!” 하고 말한다니 내심 놀랍기도 하고 기특하기도 하였습니다.

옥상으로 올라가는 길에 햇빛발전소(태양광발전소)를 세우는데 회원으로 돈을 내서 참여한 조합원들의 이름들이 쭉 적혀 있었습니다. 거기에는 희망하는 학생, 학부모, 선생님들이 참여하였으며, 생산한 전기를 한국전력에 팔아서 수익이 발생하면, 참여한 사람에게 골고루 나누어주는 협동조합제도로 운영하고 있습니다.

상원초 태양광 발전소에서 평소에 전기가 얼마나 생산되는지 충분하게 알아보지 못했습니다. 하지만, 태양광 발전소는 화력발전소처럼 화석연료를 사용하지 않아 공해나 이산화탄소가 나오지 않아 사람들의 건강에 피해를 주지 않고 지구온난화를 일으키지 않습니다. 또 원자력발전소처럼 무서운 방사능이 발생하지 않습니다. 그리고 생산한 전기를 멀리 다른 지역으로 전달할 때 필요한 고압선 송전탑이 필요 없습니다. 그런 점에서 환경에 아주 유익한 에너지입니다.

다음에는 반대쪽 건물의 옥상으로 급하게 올라갔습니다. 아이구 다리야~. 거기에는 노원구청 지원으로 정원과 텃밭이 훌륭하게 만들어져 있었습니다. 식물들 자라는 모습이 상자텃밭보다 더 안정감이 있어 보였습니다. 또 한쪽 구석에는 태양열 조리기(햇빛조리기)가 있었는데, 학생들과 메추리알을 구워 먹기도 했다고 하셨습니다. 마지막으로 같은 건물 2층인가 체육관 입구에 가 보니 자전거 발전기 3대와 이것과 연결된 선풍기와 믹서기 등 에너지 체험코너가 마련되어 있었습니다.

학생들이 기다렸다는 듯이 신나게 페달을 밟으며 자전거에서 만들어진 전기로 선풍기도 돌리고, 주스가 담긴 믹서기도 돌려보았습니다. 빨리 밟을수록 수치가 올라가고 기기의 움직임이 달라지니까 신나고 재미있게 참여하였습니다. 어느덧 3시. 벌써 예정시간 10분 초과하여 서둘러 나왔습니다. 운동장에서 기념사진을 찍고 15단지 입구에서 헤어졌습니다.

상경 학교에도 학생들이 즐겨 참여할 만한 장비를 예산 범위에서 조금씩 준비해봐야겠습니다. 상원초의 이런 환경을 위한 노력이 인근 지역으로 널리 퍼져 많은 학교에서 햇빛 발전소를 세우는 데 기여하면 얼마나 좋을까 생각해봅니다. 요즘 학교의 바쁜 일정에도 우리 학교 학생들을 위해 주스도 사주시고 설명과 안내를 하느라 수고해주신 선생님께 다시 한번 감사 말씀을 전합니다.

상경에너지수호천사단 인솔 선생님 후기

삭막한
도시에
녹색의
숨결을
불어넣다

상탄초등학교 스쿨팜체험과
에코놀이 활동을 통한 친환경적 감수성 기르기

개구리는 지렁이밭

배움은 삶, 미래다

아파트 숲에 피어나는 식물들

'도시 촌놈'의 농장일지

학교가 마을의 중심이다

도시와 농촌이 겹쳐져 있는 신도시이지만 초고층 아파트 밀집 지역의 학교다. 2011년 혁신학교로 지정받아 '꿈을 키우며 살아가는 행복한 학교'를 목표로 삼았고, 2015년부터 2기 혁신학교를 운영하는 상탄초등학교는 '배움은 삶이다, 미래다'라는 비전을 세웠다. 혁신철학을 바탕으로 환경·생태교육을 교육목표 중 하나로 삼아 그동안의 경험을 바탕으로 환경생태교육 환경 조성, 생태교육과정의 운영, 지역공동체와 함께하는 생태교육으로 환경감수성 실천력 향상을 위해 노력하고 있다.

개구리논 지렁이밭

상탄초등학교(아래 상탄초) 누리집 소개란은 조동화 시인의 '나 하나 꽃 피어'로 시작한다.

시에 이어 '아이들의 입가에 늘 미소가 걸려 있는 평범한 모습이 일상이 되길 꿈꾼다'는 인사말이 실려 있다. 인상적인 것은 여느 누리집처럼 교장이 아니라 '상탄교직원'의 명의라는 점이다. 이 학교의 지향이 무엇인지를 보여주는 단면이다.

경기도 고양시 탄현동(일산서구 현중로17) '숯고을'의 상탄초는 고층 아파트와 대규모 주상복합건물에 둘러싸여 있다. 마치 포위된 듯 답답하기 짝이 없고 우뚝우뚝 솟은 콘크리트 건물로 삭막한 느낌이다. 학교 후문에서 김병선 교사에게 기별하니 목공실로 오란다. 1층 로비에 들어서자 전기톱 돌아가는 소리가 들려온다. 목공실 문을 열고 들여다보는데 창가 쪽에서 누군가 손을 흔든다. 밀짚

모자에 마스크, 껑충한 '키다리 아저씨'가 잠깐만 기다리라며 소리친다. 학부모 대상의 목공수업이 있는 날인데, 어머니들 서넛이 한창 작업에 몰두하고 있었다.

1994년 개교한 상탄초는 많은 인구가 유입되면서 갑자기 학생수가 늘었다. 50개 학급 1222명으로 관내 최대 규모이다. 이로 인해 불만과 갈등이 생겼는데, 내부형 교장 공모제와 혁신학교가 대표적 사례이다. 일부 학부모들이 교장 자격증 없는 교장을 받아들일 수 없고, 혁신학교가 학력 수준을 떨어뜨린다며 반대했다. 평교사 출신 송병일 교장의 말이다.

"시작은 험난했습니다. 일부 학부모들은 내부형 교장 공모제에 반발하고 나섰고, '혁신학교'에 대한 편견으로 제동을 걸었습니다. 한 학기 동안 싸늘한 눈초리로 대하던 학부모들이, 교장실을 내어주고, 매일 아침 웃음으로 아이들을 대하는 모습을 보면서 변화가 시작됐습니다. 아이들의 눈빛이 달라지니 학부모들도 마음을 열기 시작하더라고요. 학부모, 교사, 아이 모두에게 변화가 일어나면서 아이들은 '학교가 행복하다'고 말합니다. 교사들 역시 그런 아이들을 지켜보면서 혁신교육의 성공을 자신했습니다."

2015년 송병일 교장이 임기를 마칠 때쯤 학부모들이 연임을 요청할 정도로 인식의 대변화를 가져왔다. 혁신학교는 공교육의 획일적인 교육 커리큘럼에서 벗어나 창의적이고 주도적인 학습 능력을 배양하기 위해 시도되고 있는 새로운 학교 형태를 말한다. 2009년부터 입시 위주의 획일적 학교 교육에서 벗어나 창의적이고 자기주

도적인 학습 능력을 높여 공교육을 정상화시키자는 취지에서 도입되었다.

2007년 도입된 '내부형 교장 공모제'는 평교사가 교장이 될 수 있는 제도이다. 교장 임용방식을 다양화하고 교육계에 새바람을 불어넣기 위해 도입되었는데, 이명박 정부의 규제로 경기도에서는 초중고 통틀어 3, 4곳 정도가 해당된다. 그중 하나가 상탄초이다. 2015년의 혁신학교 2기는 내부형 공모제로 선발된 고경민 교장과 함께 시작되었다.

배움은 삶, 미래다

혁신학교는 어떻게 운영되었을까. 가장 먼저 일제고사를 없앴다. 시대에 맞지 않는 일제고사를 통한 평가 대신 발달과정 평가로 바꾼 것이다. 일제고사를 없애니까 진짜 평가, 이른바 '참평가 계획'이 고개를 들게 되었다. 3월에 진단평가를 본 뒤 수행평가와 수시평가를 진행한다. 수행평가는 단원이 끝날 때마다 서술형과 논술식으로 진행한다. 이 과정에서 기초학력 부진아와 교과성취도 부진아를 가려내 특별보충학습도 진행하고 있다. 아이들의 반응은 폭발적이었다. "행복해요." "놀 수 있어 좋아요." "친구끼리 경쟁하지 않아 좋아요." "협동하면서 공부해요." "독서 시간이 늘어났어요."

학생들의 개성과 역량을 키우기 위해 교육과정과 평가를 혁신하였다. 먼저 '주제중심 통합교육'을 기본으로 실시하고 있다. 이는 암기 위주의 교육에서 벗어나 학생들에게 자율성과 개념화, 문제해결능력을 키워준다. 과목 중심이 아닌 생활문제와 같은 주제를 먼저 정하고 주제에 맞는 과목을 결합시키는 통합교육을 진행하는 방식이다. 이를 위해 '작은학교' 교육과정을 구성하고, 1~2학년, 3~4학년, 5~6학년을 묶어 '무엇을 가르칠 것인가'를 논의한다. 체험 중심 수업을 늘리고, 특정 교과 부분을 빼거나 더하면서 재구성한다. 사실상 사교육을 통한 선행학습이 불가능하다.

상탄초는 80분 수업하고, 30분 쉬는 '블록타임제'를 운영하고 있다. 이렇게 수업 방식을 바꾸면 학생의 수업집중도와 참여도가 높아진다. 또 휴식 시간이 길어져 학생들이 휴식 시간에 체육활동을 즐기며 스트레스도 풀고 체력도 향상된다. 중간·기말시험 대신 '성장창조형 평가'를 실시한다. 모든 서열과 상을 없애고 학생들에게 '행복통지표'를 내보낸다. 점수로 평가되는 학력통지서가 아니라 전반적인 학교생활을 관찰하고 돕는 과정 중심의 서술평가인데 1년에 4번, 3~5장의 행복통지표를 내보낸다. 여느 학교보다 2차례 더 많은 것이다. 이 통지표의 '평가 안내'란 항목에는 다음과 같은 글귀가 적혀 있다.

"현재 상탄초등학교에서는 기존의 일제고사와 서열식 평가의 문제점을 해결하기 위해 노력하고 있습니다. 서열과 점수 중심의 평가가 아닌 성장 참조형 평가를 실시하여 1년의 전반적인 학교생활

을 돌아보는 과정 중심의 평가를 합니다.” (5학년 통지표)

‘수업하는 교장’ 약속도 실행하였다. 5, 6학년 대상으로 1년에 석 달씩 사회·역사를 가르치고 학부모를 대상으로 일본어 수업을 진행하였다. 이런 변화를 지켜보면서 학력 저하를 우려하던 목소리가 쏙 들어갔다. 지식과 암기 위주의 교육에서 비판적 사고와 종합적 문제해결능력을 기르는 교육으로의 전환은 바람직하다는 데 더 이상 이견이 없었다. 이러한 변화를 이끌어낸 원동력은 자발성과 책임성이다. 교장이 주도하는 ‘무늬만 혁신학교’가 아니라 모든 구성원의 자발적인 참여가 뒷받침되었다.

학부모들의 참여는 단순히 참여 인원만 많은 게 아니라 아주 조직적으로 체계화되어 있다. 학부모회 산하에 학년군별 작은 학부모회 3개가 있어 학교 전체 학부모회의 연수나 행사를 자발적으로 기획하고 참여하고 있다. 이와 별개로 학부모 동아리가 취미와 흥미에 따라 11개나 된다. 아버지회 모임도 활성화되어 매달 정기적인 모임을 가진다. 작년 10월에 아버지와 학생이 함께하는 캠프에는 380명의 아버지와 아이들이 참여할 정도로 대성황을 이뤘다. 또 학교 인근의 황룡산 환경보호 개선활동도 지속적으로 하며 아이들과 함께하는 현장 중심의 교육을 펼치고 있다.

학생들의 행복한 삶이 이루어질 수 있도록 따뜻한 사제관계를 형성하는 것도 중점을 둔 부분이다. 특히 ‘오누이 프로그램’을 더욱 활성화해 선후배간 따뜻한 우애관계를 만들어 인성교육이 동시에 된다. 이 프로그램은 1학년과 4학년을 묶어서 수업도 같이 하

고 일대일 멘토를 형성해 1학년의 학교 적응을 돕는다. 5, 6학년은 후배들에게 연극 공연을 하며 자부심을 느낀다. 서로 이름도 불러주고 형, 오빠, 동생으로 지내며 선배들이 후배들을 챙겨주는 문화가 형성되어 고학년이 저학년을 폭행하는 일이 거의 없어졌다고 한다.

2기 혁신학교의 비전은 '배움은 삶이다, 미래다!'이다 이렇게 정한 이유는 학생들이 우리 미래를 위해서 현재의 삶을 포기하는 교육에 시달려왔기 때문이란다. 현재의 삶을 행복하게 살아갈 수 있도록 교육활동을 잘하면 미래는 자연스럽게 행복하게 살아갈 수 있다는 신념에서다.

아파트 숲에 피어나는 식물들

상탄초는 특색 사업으로 참여와 소통의 자치공동체, 존중과 배려의 생활공동체, 더불어 성장하는 배움공동체, 삶의 얼개를 짜는 교육과정으로 영역을 나누어 운영하고 있다. 혁신교육의 철학과 가치를 공유하고 '삶이 가르침이고 가르침이 삶이다'는 삶의 교육을 실천하고 있는 것이다.

이러한 혁신철학을 환경·생태교육의 가장 중요한 목표의 하나로 정하고 녹색이 부족한 환경에 생명의 가치를 불어넣고 있다. 환경생태교육 환경 조성, 생태교육과정의 운영, 지역공동체와 함께하는 생태교육으로 환경감수성과 실천력 향상을 위해 노력하고 있는 것이다. 1년 차에는 스쿨팜 조성과 텃밭을 활용한 학생들의 관심을 유도하였고, 2년 차에는 학교급식과 연계한 건강한 먹을거리 프로그램을 운영하였다. 3년 차에는 지역공동체와 함께하는 생태교육의 장을 확대하는데 중점을 두었다.

하지만 여건은 녹록치 않았다. 자연은 너무 멀리 있었다. 대부분의 학생이 아파트에 거주하고 있었고 학교에서는 창틀에 개인 화분을 놓고 물을 주는 정도였다. 한 학기에 1회 이상 생태 환경체험학습을 하고 있었으나 일회성에 그쳤고, 자연관찰 탐구원을 만들어 연못과 화초를 가꾸고 있었지만 학생 참여는 미미했다. 대부분 도시 출신인 교사들도 식물에 대한 지식이 부족해 제대로 된 생물교육을 하기 어려웠다.

이런 현실을 안타깝게 여기던 교장선생님과 환경에 관심 있는 교사들이 나서서 '친환경 감수성 기르기' 프로젝트를 계획하였다. 그들은 교내에 농장을 만들어 농사체험학습을 진행하기로 하고 세 가지 목표를 정했다.

첫째, 스쿨팜을 통해 농사체험활동을 하면서 땀의 소중함과 노작활동의 소중함을 일깨우는 기회를 제공한다. 둘째, 자신의 손으로 직접 경작한 농작물을 이용해 친환경 먹거리를 만들고, 맛보고, 나누어 주는 일련의 체험활동을 통해 친환경 농산물의 가치를 인식하고, 더불어 함께 살아가는 공동체의식 신장을 도모한다. 셋째, 교과와 창체 시간을 활용해 학교, 가정, 지역사회와 연계한 생태교육프로그램을 적용해 친환경 감수성을 향상시킨다.

친환경 생태교육 기반 조성을 위해 지렁이텃밭 150평과 개구리논 120평으로 농장을 만들고 농장 한쪽에 유기농 퇴비장과 빗물저수통도 두었다. 본관 앞과 옥상에 상자텃밭을 조성하였고, 5~6학년 20명으로 생태동아리를, 3~4학년 10명 채소밴드 '제비꽃과아이들'을 결성하였다. 꼬마도시농부(3~4학년 30명)와 꼬마도시목수(3~4학년 16명)를 연계한 프로그램과 삼거리(먹을거리, 볼거리, 쉴거리) 활동도 전개하였다. 교사 연수 4회, 학생 연수 1회, 학부모 연수 2회를 실시해 학교 구성원 모두가 참여하도록 유도하였다.

친환경 감수성을 위한 생태교육과정을 실천하였다. 학교 텃밭을 이용해 1, 2학년 교육과정에 편성된 각종 꽃나무와 채소를 심고 가꾸면서 각종 에코놀이 활동을, 3, 4학년 교육과정에 편성된 각종 곡식 종류를 심고 가꾸면서 각종 에코놀이 활동을 체험하였다.

5, 6학년은 벼농사를 통해 흙과 햇빛, 벼를 이해하고 가을에 수확의 기쁨을 느낄 수 있었다. 또한 지역공동체와 함께하는 생태교육을 진행하였다. 전교생이 텃밭과 수확한 벼를 활용해 떡(동네 방앗간 연계)과 채소 나눔활동을 하고, 지역복지센터와 연계해 홀몸어르신들에게 김장김치를 나누었다. 2014년 개최한 '한일 청소년 생명다양성 포럼'은 뜻깊은 행사로 많은 이의 주목을 받았다.

'도시 촌놈'의 농장일지

상탄초의 청일점 김병선 교사는 대도시(전남 광주) 출신이다. 그가 틈틈이 농사일지를 썼다.

텃밭 갈기. 우리 학교에는 지렁이텃밭과 개구리논이 있다. 아이들과 키우고 싶은 작물을 조사하고, 텃밭을 갈기로 했다. 작년에 구입한 밭가는 기계가 있어 한결 수월하다. 운행 중에 기어이 자기도 한번 해보겠다고 기를 쓰는 꼬마농부들. 갸륵하다.

땅 고르기. 동아리 학생들과 자기가 심을 텃밭 땅 고르기 중 반가운 친구, 달팽이를 만났다. 우리 텃밭은 살아 있는 텃밭이구나. 흐뭇했다. 작물이 자라면 더 많은 생물 친구들을 만나겠지?

상자텃밭 가드너. 고양시 시니어 클럽 어르신들께서 매주 텃밭 가드너 역할을 해주신다. 현관 앞 상자텃밭에 물주는 일부터 옥상텃밭, 농장까지…. 농사는 혼자서는 못한다.

모종 심기. 드디어 지렁이텃밭에 모종을 심는 날. 아이들과 땀 흘리며 열심히 심었다. 잘 자라야 해!

김매기. 아이들과 지주대도 세우고 잡초도 뽑았다. 에고 힘들다.

논 갈기. 경운기가 들어갈 수 없는 개구리논을 선생님들이 삽을 들고 나섰다. 흙을 뒤집고, 갈아엎고. 꾀부리지 않고 열심히 한다. "쌀 수확하면 맛있는 떡 해줘야 해!" "시루떡을 할까요, 호박떡을 할까요?" "난, 떡볶이." 모두들 즐겁게 논갈이를 하셨다. 진짜 쌀이 되긴 되려나.

모내기 체험. 여기저기 모를 구하려 애쓴 덕분에 충분한 모를 구하긴 했지만…. 가뭄 탓에 논에 매일 물을 채워도 스며들 뿐 고이지를 않는다. 며칠간 아침저녁으로 물을 채우고 써래질 비슷한 것(?)을 하고 희망하는 아이들과 모내기체험을 한다. "아~악. 느낌이 이상해요, 미끌거려요." "이게 커서 쌀이 되는 거예요?" "모를 처음 봐요." 우짜노, 이 도시 촌것(?)들. 근데 선생님들도 도시 촌놈이라 겁이 난다. "하~아. 얘들아, 모는 이렇게 심는 거

야. 못줄이 흔들리면 안 되고, 모가 뜨면 안 되고…." 진땀을 흘린다. 모가 어찌 되었든 아이들 얼굴엔 환하게 웃음이 피었으니 그걸로 된 거지. 수시로 방문하는 꼬마 손님들을 위해서라도 쑥쑥 자라다오.

오이. 오이가 열렸어요. 꼬마 손님들의 사랑을 받은 오이 하나. 참 대견하고 고맙다. 노오란 오이꽃도 너무너무 이쁘다. 우리 아이들처럼….

자매학교 감자캐기. 상탄초와 자매학교인 파주 월롱초에서 감자캐기체험과 연못생태체험을 하였다. 창포를 만지고 냄새를 맡고 맹꽁이 올챙이를 직접 보면서 텃밭이 주는 이로움과 즐거움

을 알게 되었다. 상탄초는 텃밭이 부족해 감자캐기체험을 할 수가 없다. 이날 체험은 아이들에게 특별한 추억거리로 남았다.

채소 시식회. 학부모 생태텃밭 동아리 어머니들과 함께 농장에서 생산된 오이, 피망, 상추, 고추 등을 수확해 아이들과 시식해 보는 시간을 가졌다. 중간놀이 시간 30분 동안 번개로 진행된 이벤트에 꼬마 손님들이 줄을 서서 기다렸다. 맛있게 먹는 모습이 너무 이쁘다. 우리 학교 밭에서 나온 것이라 더 맛있다고 한다. 학부모님들이 즐거운 비명을 지르고 가셨다.

토마토주스 시음회. 여름 내내 익어가는 토마토를 따서 직접 갈아 시음회를 가졌다. 세상 어느 주스보다 맛있는 주스. 최고다.

당귀 수확. 그동안 자랐던 당귀를 수확하였다. 모두들 한 뿌리씩 캐서 냄새도 맡아보면서 닭백숙에 넣어야겠다고 한다. 한약냄새가 난다고 찡그리는 아이들. 맛있는 닭백숙이 되기를….

유기농 지도자와 함께하는 수업. 경기도청, 경기도 농림재단, 고양 시니어클럽 어르신, 학부모동아리 어머니들과 함께 유기농 지도자님의 수업을 들었다. 함께 질문하고 체험하는 뜻 깊은 시간. 작물이 자라기 위해서는 흙이 중요하다는 것을 알게 되었다. 새삼.

허수아비 세우기. 논에는 허수아비가 있어야 제맛. 아이들과 함께 허수아비를 만들어 세웠다. 기둥에 허수아비에게 부탁하는 말을 적어보라 했다. 한 아이가 '외롭지만 개구리논 벼를 잘 지켜주세요'라고 적었다.

장단콩 수확. 된장을 만들기 위한 장단콩을 드디어 수확했다. 너무나 적은 양이지만 11월초 된장 만드는 체험학습에 일조할 듯하다.

추수와 탈곡. 누렇게 익은 벼를 추수하고 탈곡하는 가을걷이를 하였다. 정말 벼가 익어서 쌀이 되다니…. 아이들이 신기해한다. 전통방식을 이용한 벼 훑기도 참 좋은 경험이었다.

떡 나누기. 개구리논에서 생산한 쌀로 학교 축제 기간 중 떡 나누기 행사를 가졌다. 절편, 인절미를 맛있게들 먹는다. 우리가 고생해서 키운 유기농쌀이기 때문이겠지?

학교가 마을의 중심이다

상탄초는 학교를 환경교육의 장으로 만들기 위해 전력을 다하고 있다. 환경생태교육을 통해 학생들에게 생태적이고 친환경적인 생활양식과 태도를 지니게 하는 것이 최선의 교육이라 믿기 때문이다. 체험학습 중심의 교육과정을 개발하고 실행해 다른 초등학교와 지역사회에 전파하면서 사회 전반에 삶에 근거한 환경교육을 확산하려는 계획도 실천중이다.

교사들의 열정은 대단하다. 학교에서는 교사들에게 자율권을 주고 마음껏 역량을 펼칠 기회를 준다. 그러다 보니 자발적으로 교육연구활동에 임하는 교사들이 많다. 작은학교 체제를 안정적으로 운영하기 위해 업무를 체계화하고 민주적이고 효율적인 의사결정 체계를 완성하였다. 이러한 여건을 갖추었기에 과감하고 혁신적인 발상과 실천이 가능하다.

상탄초는 학부모활동에 남다른 노력을 기울이며 지원을 아끼지 않는다. 좋은 학생은 학교 힘만으로는 가능하지 않다고 생각하기 때문이다. 그래서 상탄축제와 마을 축제를 연결해 탄현동 마을사

업을 계획하고 마을문화 만들기에도 앞장서고 있다. 학교 구성원들의 지역사회 봉사 활동을 적극 지원하고 지역 유관기관과 시설을 적극 활용해 학교가 마을의 중심에 설 수 있도록 노력하고 있다.

상탄초에서는 3년에 걸친 '스쿨팜' 활동에 대해 유기농동아리 학생 25명(남 13명, 여 12명)에 대한 인식을 알아보는 설문조사를 했다. '스쿨에코팜 운영 사업의 취지에 대한 인식 정도' 조사에서 21명(알고 있다 16명, 들어는 봤다 4명)이 긍정적으로 답해 높은 인식율을 보였다. '농업·농촌을 더 알게 되었나'라는 질문에는 22명(매우 그렇다 10명, 그렇다 12명)이 긍정적으로 답해 이해도가 매우 높게 나왔다.

'유기농에 대해 더 잘 알게 되었는가'라는 질문에는 19명(매우 그렇다 15명, 그렇다 4명), '자연과 생명의 소중함 개선'에는 22명(매우 그렇다 17명, 그렇다 5명)이 긍정적으로 답해 유기농과 먹을거리에 대한 바른 인식이 생기고 생태감수성이 높아졌다. '유기농지도자 교육 프로그램 만족도'에는 23명(매우 그렇다 11명, 그렇다 12명)이, '유기농동아리 희망 여부'에는 19명(있다)이 답해 생태체험에 역량 있는 지도자와 연계된 교육활동이 필요하고 지속적으로 생태교육을 받고자 하는 욕구가 큰 것으로 나타났다. 프로그램 만족도 조

사에서는 23명(매우 그렇다 14명, 그렇다 9명)이 긍정적으로 답해 생태 프로그램의 지속적인 지원과 교육활동이 필요하다는 것을 알 수 있다.

파주와 탄현에서 5년째 생태교육에 몰두하고 김 교사는 학교농장 운영 경험을 통해 다음과 같이 세 가지를 조언한다.

첫째, 텃밭농장 운영 담당자가 직접 농사를 지어보지 않았다면 인터넷이나 관련 서적을 탐독하고 주위 사람들에게 자주 물어야 한다. 가장 좋은 방법은 개인적인 텃밭을 함께 운영하는 것이다. 개인 주말농장에 학교 텃밭과 같은 작물을 심으며 성장 속도에 따른 재배방법을 사전에 경험할 수 있었다.

둘째, 유기농 방법으로 농장을 운영한다면 더 많은 노력이 필요하다. 이를 위해 인근의 종묘상 어르신과 친해지는 방법을 권하고 싶다. 시기별, 작물별로 모든 것을 알고 있는 경험 있는 종묘상 어르신은 최고의 농장 매뉴얼이다.

셋째, 학교공동체의 여러 의견을 듣고 함께하는 노력이 필요하다. 정성들여 심어놓은 작물이 파헤쳐져 있거나 수확이 가까운 농작물이 훼손되어 있는 것을 본 학생들의 좌절과 분노, 슬픔은 이루 헤아릴 수 없다. 아이들의 인성교육에 좋은 방법은 각자의 작물을 애정을 갖고 정성껏 키우는 것이다. 학생들에게 마음의 상처를 주지 않기 위해서는 함께 노력하는 자세가 필요하다.

김 교사는 생태교육이 전 학년에서 체계적으로 이루어지고 있는 저력 있는 상탄초에서 환경을 사랑하는 교사들의 힘으로 무사히 프로젝트를 마무리하게 된 것을 감사하면서 한 가지 제안을 하였다. 스쿨팜 운영이 끝나더라도 지속적인 지원과 예산이 필요하다고. 텃밭교육은 곧 인성교육이며 그것이 얼마나 필요한 것인지 간절한 목소리로 호소하였다.

낮은 목소리

'짱구 아빠'와 아이들의 신나는 농사짓기

김병선 • 상탄초 교사

올해 22년차 베테랑인 김병선 교사는 지난해 초빙교사로 상탄초로 왔다. 초등학교 남자 교사는 '희귀종'으로 불릴 정도로 소수인데, 전라도 사투리가 구수한 그는 생태수업에 목숨 건 열정 넘치는 '사나이'다. 껑충한 키에 마른 몸, 웃을 때면 얼굴 전체가 하회탈처럼 주름지는 그를 학생들은 '짱구 아빠'라 부른다.

"대도시 아파트 밀집 지역에 있는 학교에 논과 밭이 있다는 사실이 너무 좋습니다. 이 학교는 구성원들이 생태교육에 대한 관심이 많고 적극적입니다. 전교생을 대상으로 논과 밭 수업을 하는데 아이들이 아주 좋아합니다."

지렁이밭에 지렁이가 없고 개구리논에 개구리가 없었다. 어떻게 생명이 돌아오게 할 것인가. 너무 애를 태우지 말자. 정성을 다하고 기다리면 올 것이다. 그런 희망을 담아 붙인 이름이다.

"논밭은 저와 아이들의 성장을 위한 장소입니다. 잘 안 돼도, 망가져도 괜찮다고 얘기합니다. 작물이 뜻대로 되지 않아도 마음의 성장이 있으면 되니까요. 오이에 물주고 가지에 물주면서 좋은 말도 해주고 노래도 부르고… 리코더를 불어주다가 '얘들아 우리 밴드해볼까' 해서 '제비꽃과아이들' 밴드도 생기고. 텃밭수업을 하면서는 즐거운 일의 연속입니다."

농사는 고된 일이다. 때 맞춰 심고 김매고 거둬야 한다. 사람 노력만으로는 안 된다. 하늘이 돕고 땅이 도와야 한다. 한번은 이런 일이 있었다. 흙을 기름지게 하기 위해서는 거름이 필요한데 목공수업에서 나오는 톱밥만으로는 부족했다. 파주 월롱초의 선배 교사로부터 전화가 걸려왔다. 파주시에 벌채한 나무로 만든 퇴비가 있는데 가져가라고. 신나서 한 트럭을 싣고 왔는데, 아차 싶었다. 이 많은 것을 다 누가 뿌리지? 결국 김 교사와 선배 교사가 밤새 뿌렸다고 한다.

"농사는 정말 한도 끝도 없는 것 같아요. 아이들과 제가 함께 배우고 있어요. 요새 제가 정말 하고 싶은 것이 하나 있는데, 원두막을 짓는 겁니다. 제가 목공을 할 줄 아니까 지렁이밭에 근사하게 원두막을 하나 올리는 거지요. 거기서 아이들과 점심도 먹고, 참외도 따 먹으면 얼마나 좋을까요. 아이들 수업 없는 날에 비라도 내리면 가까운 이들과 막걸리도 한 사발 하고…. 캬 정말 멋지지 않습니까?"

김 교사의 눈이 상상의 세계로 날아간 듯 아련해진다. 그는 천상 소년의 마음을 지녔다. 하고 싶은 것도 많고 꿈꾸는 것도 많다. 그의 꿈에는 늘 아이들이 있다. 그에게 기억에 남는 일이 무엇이냐

물었다. 갑자기 그가 울컥하더니 금세 눈이 빨갛게 물든다. 잠시 호흡을 가다듬던 그가 말을 이었다.

"저의 아픈 손가락 중 하나인데…. 서울에서 전학 온 아이가 있었어요. 걸핏하면 욕을 하고 별것 아닌 일로 아이들과 다투고, 심하게 어울리지 못하는 아이였는데, 신기하게도 텃밭 시간만 되면 얌전해지는 거예요. 물을 주라 하면 예하고, 풀 뽑으라 하면 예하고…. 그리 고분고분할 수가 없어요."

그 아이에게 퇴비장을 함께 만들자고 얘기했더니 금세 표정이 밝아지더란다. 아무도 말 걸지 않고 인정받지 못하던 아이는 많이 외로웠으리라. 그렇게 스승과 제자가 친구처럼 나무를 다듬고 판을 만들고 퇴비장을 만든다. 번듯한 퇴비장이 완성되었을 때, 많은 친구 앞에서 김 교사가 칭찬을 한다. "이 퇴비장은 ○○이가 만든 거야." 와 소리와 함께 박수가 쏟아졌고 그 어둡던 아이가 처음으로 활짝 웃었다. 햇살보다 밝은 웃음이었다. 그 아이는 지금은 아무 문제없이 생활한다고 한다. 생태교육의 힘은 이런 데서 확인되는 것이 아닐까.

"농사는 혼자 못해요. 지난해 벼수확을 했는데 결과가 아주 초라했습니다. 겨우 몇 줌이나 나왔을까. 떡을 해서 나눠 먹으려 했는데…. 아이들 실망이 이만저만 아니었어요."

유기농 지도자가 그 모습을 보더니 그 쌀을 자기 달라고 한다.

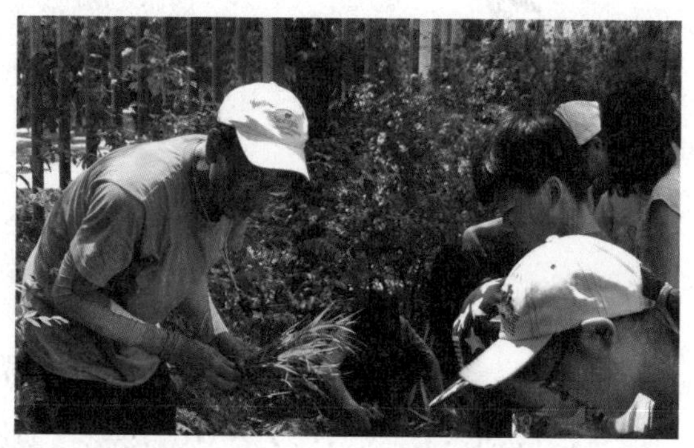

그래서 줬더니 며칠 뒤 20kg 쌀가마가 택배로 왔다. 거기에 포스트잇으로 이렇게 쓰여 있었다. '다른 곳에서 생산한 유기농쌀과 함께 섞었어요. 여기에 상탄초 학생들의 정성이 담겨 있습니다.' 김 교사는 가슴이 먹먹해져서 한동안 말을 할 수 없었다고 한다.

"대도시 학교일수록 도시농부, 학교 텃밭, 학교 농장이 절실히 필요합니다. 아이들이 가장 좋아하는 시간이 텃밭에 물주고 작물이 자라는 모습을 보는 시간이 되어야 합니다. 그렇게 키운 작물을 집에 가져가 부모님과 함께 요리를 만들어 먹으며 행복해야 합니다. 이런 데 예산과 지원을 아껴서는 안 된다고 봅니다."

생명과 평화를 사랑하는 사람에게서는 '풀향기'가 난다며 자신도 그런 사람이 되었으면 좋겠다고 말하는 김 교사. 새로 만든 비닐하우스에 갖다 놓은 야생화 화분을 돌봐야 한다며 일어서는 그에게서 풀냄새가 나는 것 같았다. 사람은 동물이지만 때론 식물이 되기도 하는 게 아닐까.

인터뷰

생태·환경이 최고의 혁신교육

송병일 • 백양초 교장(전 상탄초 교장)

10월 가을볕이 따갑게 쏟아지는 늦은 오후 고양시 덕양구 화정동 백양초등학교를 방문했을 때 송병일 교장은 교장실에 없었다. 토끼장이 들어온다고 그걸 보러 나간 것이다. 토끼장은 지게차로 들었다 내릴 정도도 크고 무거웠다. 송 교장의 진두지휘로 토끼장이 제자리를 잡았다. 청바지를 입은 초로의 교장은 생기와 활력이 넘쳐 보였다.

"처음 상탄초에는 논밭이 없었고 그냥 운동장만 덩그러니 있었지요. 2013년 4월에 상탄초 인근에 지하 5층 최고 59층, 총 8개 동 2천700세대 규모로 국내 최대 주상복합건물이 들어섭니다. 이 정도면 초등학교를 하나 지어야 하는데, 그 부지가 안 나오니까 상탄초에 교실 10개와 도서관, 시청각실을 지어주었어요. 그때 공사를 하면서 감독하는 사람을 졸랐어요. 논밭을 할 수 있게 굴착기로 땅을 좀 파달라고. 예산이 없으니 무조건 도와달라고 하니까 공사감독이 저만 보면 도망가고…. 결국 그렇게 해서 논밭을 만들었지요."

그는 2011년 전국에서 2개 학교만 허용된 내부형 공모제 교장이다. 처음 실시하는 생소한 제도인지라 부임하는 과정에서 진통과 혼란도 있었지만 그는 이를 딛고 혁신적인 정책을 과감하게 실천해 학부모와 학생들의 폭발적인 응원과 지지를 얻었다.

"사방이 고층건물로 둘러싸인 삭막한 환경에서 환경생태교육이 정말 중요하다고 생각했습니다. 논과 밭을 조성하고 학생들에게 이름을 공모했어요. 그래서 '개구리논, 지렁이밭'이라는 예쁜 이름을 지을 수 있었지요. 한 교사가 농작물은 농부의 발소리를 듣고 자란다는 얘기를 했는데, 2학년 학생들이 '그럼 우린 춤추고 노래를 들려주자'고 합니다. 그렇게 7~8명의 학생들이 '채소밴드'를 만들어 아침마다 춤추며 노래를 불렀어요. 어찌나 보기 좋고 예쁘던지…."

송 교장이 부임하고 나서 중간고사와 기말고사를 없앴다. 그렇다고 해서 평가 자체가 없는 것은 아니며 학생의 성장과 발달 정도를 잘 살펴 상시평가한다. 교사는 일제고사를 진행하던 때보다 더욱 세심하게 학생에게 관심을 갖고 1년에 총 5번의 통지표를 발송하였다. 이중 분기별로 발송하는 행복통지표에는 학습, 생활, 인성, 주제활동 내용이 골고루 담겨 있다.

교육과정도 재구성하였다. 기존의 40분 단위 획일적 수업구조

속에서는 효과적인 진행이 어렵다. 이에 학생의 자연스러운 활동과 참여를 유도하는 블록수업을 진행했으며 배움공책을 제공해 스스로 탐구할 수 있도록 도왔다. 이런 활동을 기반으로 환경생태, 배움, 나눔, 진로교육을 학년 수준에 맞게 재구성해 운영하였다.

"시험을 폐지하고 순위를 없앴습니다. 반장 부반장 같은 임원, 상장제도 없앴습니다. 천편일률적이고 관습적인 글짓기, 포스터 공모, 전시성 행사도 다 없앴습니다. 처음엔 학부모들의 우려가 많았습니다. 학력이 저하되는 것 아닌가 하고요. 그래서 제가 간곡하게 설득했지요. '이젠 시대가 바뀌었다, 달달 외우는 주입식 암기식으로는 안 된다, 창의력, 비판적 사고, 문제해결능력 이런 것을 길러줘야 한다, 그러려면 기존의 관행 관습 다 없애야 한다'고. 처음엔 찬바람이 쌩쌩 돌았는데 1년 반 만에 저의 주장이 증명됐습니다. 고양시 전체 학력평가에서 상탄초 학생들이 월등한 성적을 거둔 것이지요."

송 교장은 '수업하는 교장'이다. 학생에게 역사와 사회를 가르치고, 학부모와 지역 주민에게 일본어를 가르친다. 아침에 등교하는 학생들을 일일이 안아주고, 교사를 친근한 동료로 대하고, 학부모를 마을 주민으로 만나는 그는 생태·환경교육이 최고의 혁신교육이자 인성교육이라 믿는다. 상탄초에서 돼지를 기르던 그가 이제 백양초에서 토끼를 기른다. 물론 학교 뒤편 텃밭에서는 고추며 가지, 들깨가 자라고 있다. 그와 같은 선구자가 있어 학교가 푸르러지고 생명이 살아 숨쉰다. 열정 넘치는 그가 있어 학생들이 행복하다.

한일청소년생물다양성포럼

한일 양국의 생물다양성보호 협력·연대를 위한 한일청소년생물다양성포럼이 2014년 10월 5일 상탄초에서 열렸다. 한국·일본 청소년 10개 팀과 환경단체 관계자 등 100여 명이 모였는데, 일본에서는 오오사키 시 생물클럽, 도요오카 시 논생물조사단 등 일본 청소년 3개 팀이 참여했고, 한국은 상탄초, 토성초, 창녕군 우포 따오기자연학교 등 7개 학교가 참여했다.

양국의 어린이, 청소년들이 논 생태계 생물다양성 보존을 위한 활동을 발표해 큰 박수를 받았다. 기러기를 지키는 논습지활동(오오사키 시 생물클럽), 황새를 되살리는 논습지활동(토요오카 시 논생물조사단), 임진강 지키기 활동(파주시 월롱초등학교) 등 다양한 활동들이 이날 포럼을 통해 소개됐다.

포럼을 주최한 자연의벗연구소 오창길 소장은 "미래세대인 한일 청소년들이 양국의 자연생태를 학습하고 환경보존활동을 서로 교류하며 생물다양성에 대한 소중함을 인식하는 시간이 됐다"면서

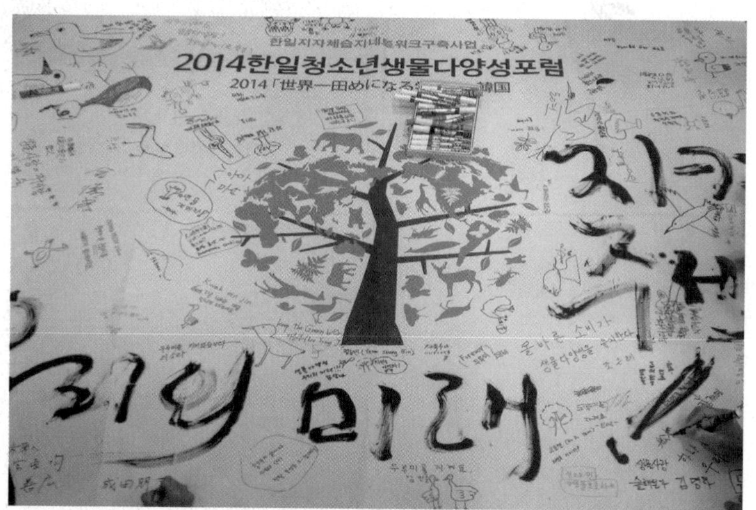

10월 4일부터 10월 8일까지 '2014 한일청소년생물다양성포럼'을 위해 청소년과 함께 하는 생물다양성 프로그램에 인천환경운동연합 녹색바람 소모임에서 참석하게 되었습니다. 녹색바람 활동회원중 이동엽, 조미성, 박혜원 학생이 참여를 하게 되었고, 10월 5일 고양생태공원을 탐방하면서 비오블리츠 프로그램에 참여하여 함께하였고 오후에는 인천수목원 '반디논'에서 논생물 조사학습을 하였습니다.

사람도 자연의 일부임을 강조했다. 이번 포럼에는 경상남도람사르환경재단의 이찬우 박사와 동경대학교 니시하라 쇼고 박사가 기조연설을 맡았고, 우포늪 따오기복원위원회의 이인식 위원장, 한탄강생태학교의 도연스님이 좌장으로 참석했다.

대화생태 소감문

대화생태공원을 다녀와서

4-한마음 52번 성명 : 3부4

나는 대화생태공원에서는 새들과 다양한 나무를 주로 보았다. 특히 화살나무가 가장 인상에 남는 것 같다. 대화생태공원에서 또 아름다운 새소리가 인상적이었다. 안내하시는 선생님이 여기는 "우리가 주인이 아니라 살고있는 다른 생물들이 주인이다"라는 말이 기억에 남는 것 같다. 한것은 자연재료로 얼굴꾸미기, 솔방울 컵에 넣기, 도토리 숟가락으로 옮기기 등이 있었다. 마지막으로 느낀점은 많은 새들과 나무들과 다양한 시간을 보내고 또 그들의 집을 방문하는 것이니 조용히 해야 되겠다는 생각이 들었다. 자연재료로 얼굴을 만들때에는 자연의 신비함을 느꼈다. 다양한 놀이들을 할때는 즐겁게 할 수 있어서 괜찮았다. 대화 생태 공원에서는 배우고 즐겁게 놀건 같아서 관람은 체험학습 이였던 것 같다.

꽃과 나무를 사랑해주세요

대화생태공원을 다녀와서

4-한마음 45번 성명 : 안유정

대화 생태 공원에서 부들도 보고, 희말채(리) 나무랑.... 거미집이랑 사마귀집 곤충이 겨울을 보내는 집 등을 봤다. 그리고 들은 것은 너무 추워서 채윤이, 유진이, 채윤이랑 놀어다니느라 선생님께서 설명하시는 것을 귀담아 듣지 못했다. 또 중간중간에 게임을 했다. 나무위에서 중심을 잡아서 앞으로 걸어가는 놀(이)도 있었고, 도토리의 윗부분과 나뭇가지를 놓아 도토리를 떨어지지 않는 놀이 등을 했다. 마지막으로 느낀점은 채윤이 2명하고 유진이 나 이렇게 서로 팔짱끼면서 추위를 이겨 내려고 옹기종기 모이기도 하고 인사하듯이 서로 모여 몸을 따뜻하게 했다. 효과 전혀 없진 않았다. 하지만 발가락이 얼음이 된 것 같았지만 서로 더 친해진 것 같다. 다음에는 날씨가 따뜻할 때 왔으면 좋겠다.

꽃과 나무를 사랑해주세요

대화생태공원을 다녀와서

4-한마음 41번 성명 : 장민지

본것: 새, 화살나무, 열매 등등등

들은 것: 이건 화살나무다. 이건 화살처럼 생겨서 화살나무다

한것: 색깔맞추기 나뭇잎 찾기 잎으로 얼굴 만들기 했다.

느낀점: 새도 귀여웠고 화살나무도 신기 했고 망고같은 열매도 신기 했고 여러가지 신기했고 재미있 었다.

꽃과 나무를 사랑해주세요

대화생태공원을 다녀와서

4-한마음 41번 성명 : 장민지

본것: 새, 화살나무, 열매 등등등

들은 것: 이건 화살나무다. 이건 화살처럼 생겨서 화살나무다

한것: 색깔맞추기 나뭇잎 찾기 잎으로 얼굴 만들기 했다.

느낀점: 새도 귀여웠고 화살나무도 신기 했고 망고같은 열매도 신기 했고 여러가지 신기했고 재미있 었다.

꽃과 나무를 사랑해주세요

작물 그리기

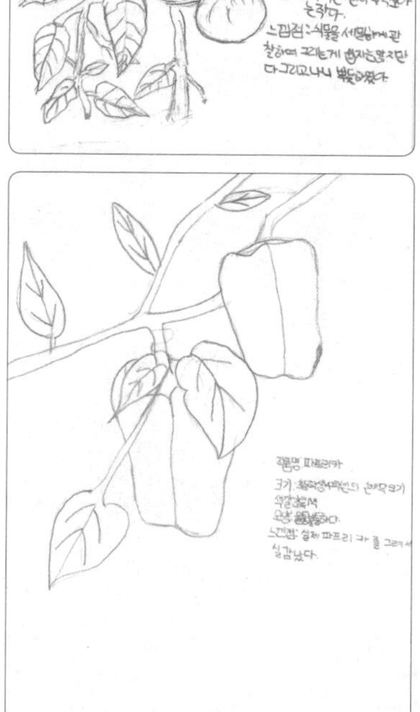
작품명: 토마토
생김새: 둥글다

작품명) 파프리카

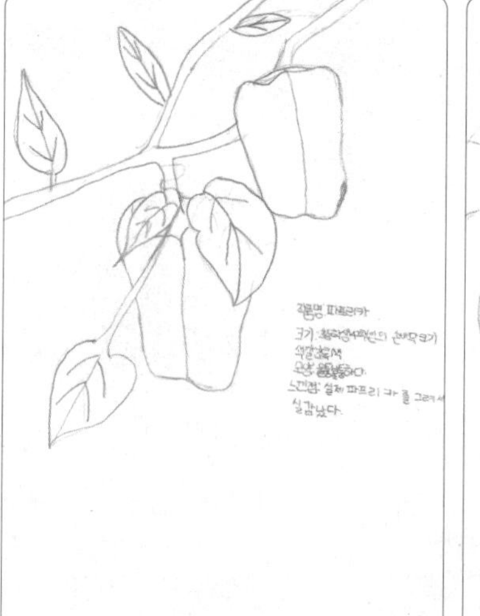
작품명: 파프리카

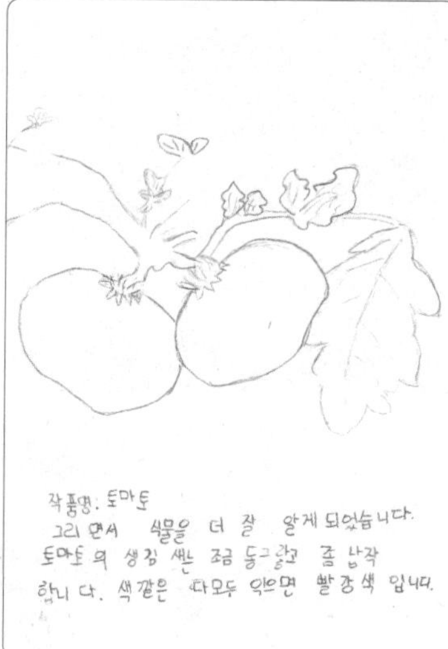
작품명: 토마토
그리면서 식물을 더 잘 알게 되었습니다.
토마토의 생김새는 조금 동그랗고 좀 납작
합니다. 색깔은 다 모두 익으면 빨강색 입니다.

유기농 지도사 수업

활동지

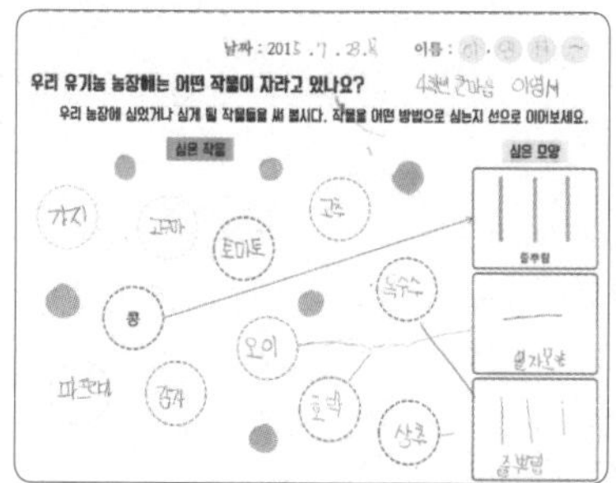
날짜 : 2015 . 7 . 28 .

이름 :

우리 유기농 농장에는 어떤 작물이 자라고 있나요?

우리 농장에 심었거나 심게 될 작물들을 써 봅시다. 작물을 어떤 방법으로 심는지 선으로 이어보세요.

심은 작물

심은 모양

가지 고구마 토마토 고추 콩 옥수수 오이 호박 상추 마늘 감자

줄뿌림

흩어뿌림

점뿌림

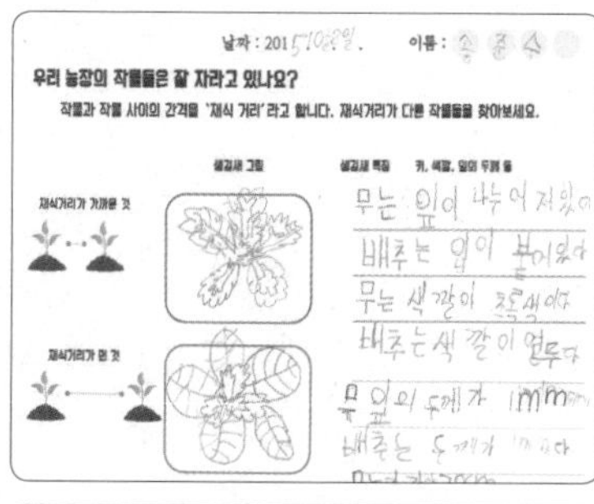
날짜 : 2015.10.28.

이름 :

우리 농장의 작물들은 잘 자라고 있나요?

작물과 작물 사이의 간격을 '재식 거리'라고 합니다. 재식거리가 다른 작물들을 찾아보세요.

	생김새 그림	생김새 특징 키, 색깔, 잎의 두께 등
재식거리가 가까운 것		무는 잎이 나누어져있어
		배추는 잎이 붙어있다
		무는 색깔이 초록색이다
재식거리가 먼 것		배추는 색깔이 연두다
		무 잎의 두께가 1mm
		배추는 두께가

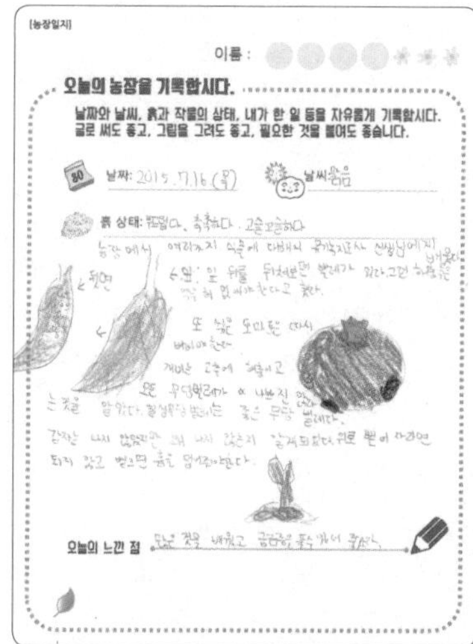
[농장일지]

이름 :

오늘의 농장을 기록합시다.

날짜와 날씨, 흙과 작물의 상태, 내가 한 일 등을 자유롭게 기록합시다.
글로 써도 좋고, 그림을 그려도 좋고, 필요한 것을 붙여도 좋습니다.

날짜: 2015. 7. 16. (목)

날씨: 흐림

흙 상태: 축축하다.

오늘의 느낀 점

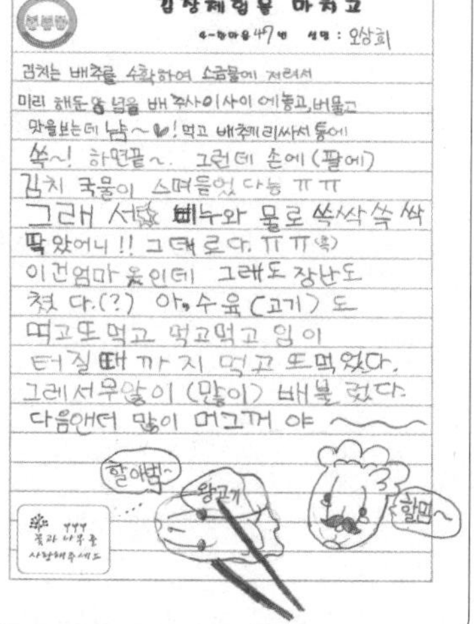
김장체험을 마치고

이름 : 오상희

김치는 배추를 수확하여 소금물에 저려서
미리 해둔 양념을 배추사이사이에 놓고, 버물고
맛을보는데 냠~! 먹고 배추끼리싸서 통에
쏙~! 하면끝~. 그런데 손에 (팔에)
김치 국물이 스며들었다는 ㅠㅠ
그래서 배추와 물로 싹싹 씻
딱 았어니 !! 그대로다. ㅠㅠ(흑)
이건엄마 옷인데 그래도 장난도
쳤다.(?) 아, 수육(고기)도
먹고또먹고 먹고먹고 입이
터질때 까지 먹고 또먹었다.
그래서우앓이 (많이) 배불렀다.
다음엔더 많이 머그꺼 야 ~~~

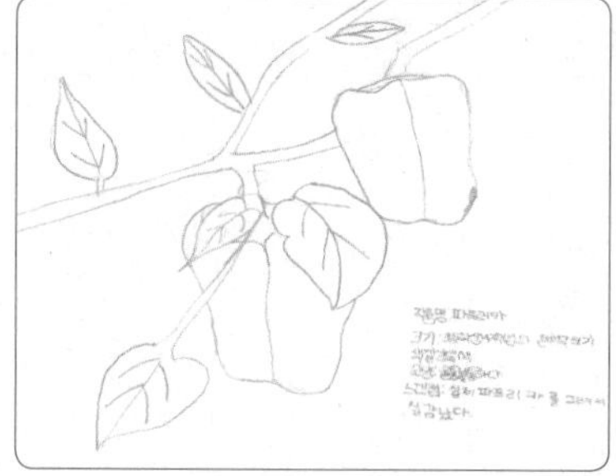

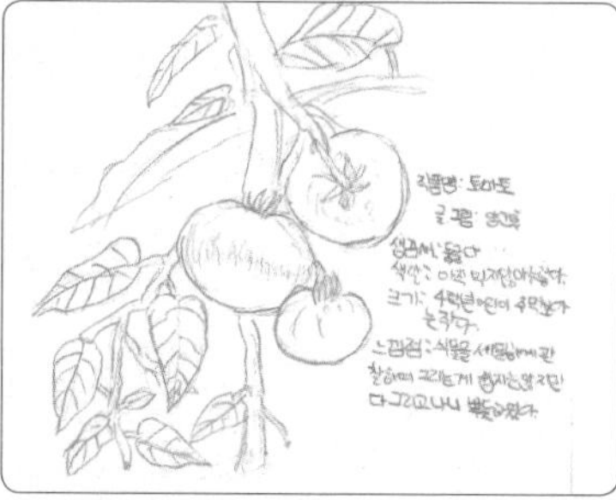

역사·문화와 생물다양성의 만남

풍생고등학교 성남시 역사문화유적지 주변 생물다양성 탐사

풍생고 생물동아리 바이오스

현장에서 배운다

우리 교육의 나침반

풍생고등학교는 과학중점학교이지만 입시가 가장 중요한 인문계 고등학교에서 과학동아리활동을 이끄는 일은 쉽지 않다. 과학교사로서 외부기관과 협력을 꾀해 판교생태학습원, 신구대학교 등과 다양한 사업을 진행하는데, 교보교육재단의 지원으로 3년간 풍부한 활동을 할 수 있었다. 바이오스 부원들은 2년여 동안 자료 정리, 보고서 작성, PPT 작성, 발표 등을 쉼 없이 하다 보니 자신이 수행한 일을 정리하고 발표하는 능력이 향상되었다. 동아리활동이 계기가 되어 환경 관련 학과로 진학하는 학생들이 많아졌다.

풍생고 생물동아리 바이오스

분당선 모란역 11번 출구를 나와 조금 걸으면 풍생고등학교(이후 풍생고)가 나온다. 풍생중학교와 나란히 서 있는 붉은 벽돌 건물에서 학교의 연륜이 묻어나는 듯하다. 전형적인 1970년대 학교풍이다. 본관 계단을 오르자 하얀 머리에 단아한 선비풍 인상의 표선경 교사와 나무처럼 씩씩해 보이는 이연정 교사가 환한 웃음으로 맞아준다. 생물실로 옮겨 두런두런 얘기를 나누었다. 생물실에는 각종 식물이나 동물의 표본이 놓여 있고, 사방에 놓인 책장 곳곳에 논문과 자료집이 빼곡히 꽂혀 있다.

풍생고는 1966년 설립된 학교법인 풍생학원에 뿌리를 두고 있다. 1974년 설립인가를 받아 1974년 3월 6일 개교하였다. 2010년 교육과학기술부 지정 '과학중점학교'로, 2013년 '경기과학교육 우수학교'로 선정되었다. 2015년 '과학중점학교 교육부장관상(전국 최우

학교 환경교육 활동
BIOS
B.C.R

수학교)을 수상하는 등 과학에 강점을 가진 학교이다.

눈부신 성과를 이루어낸 주역은 풍생고의 대표 동아리 바이오스. 1992년 출범한 바이오스는 생명과 환경을 연구하고 탐구하는 동아리인데 이름을 생명과학(bio-science)에서 따왔다. 이들은 성남시의 생태계 지도 제작, 환경 조사, 생물을 이용한 실험, 보고서 작성 등 다양한 활동을 펼치고 있다. 활발한 야외활동으로 '등산부'라고 불리기도 한다고.

2014년 바이오스 소속 학생들은 '성남시 역사·문화 유적지 주변 생물다양성 탐사' 프로젝트를 시작하였다. 성남시 숲·습지 생태 현황 조사, 성남시 지역에 대한 사회·역사·문화적 가치에 대한 문헌 조사, 성남시 환경 보존 교육활동, 역사·문화 유적지 주변 생물다양성 여행 가이드북 제작 등이 주된 내용이다.

성남시는 반딧불이가 있는 주요 습지와 탄천이 있고, 남한산성과 청계산 자락의 금토산과 맹산 등 숲 생태계가 있다. 이런 주요 생태 지역을 조사해 생물다양성 여행 가이드북을 제작해 배포하는 것은 시민의식을 높이고 환경을 보호한다는 차원에서 큰 의미가 있다. 또 학생들에게 지역공동체와 함께 지역사회의 문제를 인식하고 해결 방안을 찾는 과정에서 지역사회에 대한 관심을 높여왔다. 풍생고는 2010년 과학중점학교로 선정된 후 다양한 과학체험활동을 실천해왔고, 지역사회와 연계한 활동을 꾸준히 펼쳐왔다. 재능기부 교육봉사, 체험활동 부스 운영, 지역사회 기관 견학 등이 그런 활동이다.

바이오스는 최근 6년 동안 경기도 과학동아리활동발표대회에서 5회 수상한 경험이 있고, 서울대 사범대학, 판교생태학습원 등과 연계된 활동을 통해 전문성을 키워왔다. 또한 모둠별 과제탐구 주제로 남한산성 식생, 조류 생태 등을 조사하면서 성남시 생태에 대한 자료를 축적했고, 2012년부터 2년 동안 판교생태학습원과 협력해 탄천생태지도 제작활동도 펼쳤다.

'성남시 역사문화유적지 주변 생물다양성 탐사 사업'의 목표는 네 가지였다. 첫째, 성남시의 역사·문화적 가치가 있는 주요한 자연환경을 조사하여 현황을 파악한다. 둘째, 다양한 성남시 생태지도를 바탕으로 보존 가치가 있는 지역을 선정하고 보존활동과 홍보활동을 한다. 셋째, 청소년들이 환경에 대해 이해하고, 애향심을 갖고 성남시 지역의 지속가능한 발전에 기여하고자 한다. 넷째, 청소년들이 만드는 지역의 환경 정보를 바탕으로 지자체와 지역의 환경교육기관, 전문가와 함께 지역의 환경보존 정책에 이바지한다.

바이오스는 이러한 목표 아래 전문가의 강의를 듣고, 이들과 협력해 성남시 내에서 보존 가치가 있는 지역을 선정한 후 조를 짜서 매주 토요일마다 현장 답사활동을 통해 지역의 특징을 기록하고 정리한다. 이는 생물다양성 여행 가이드북 제작에 필요한 기초 자료로 쓰인다. 남한산성(계곡습지, 꽃동산, 은행동 은행나무), 맹산(반딧불이), 율동공원(분당저수지, 율동 느티나무), 분당중앙공원(분당천, 수내동 향나무), 금토산(금토동 산간습지, 조류 관찰 조망대), 탄천(습지)이 그 대상이다.

바이오스는 2014년에 1박 2일간 충청남도 서천에서 철새를 탐조하는 별빛캠프에 참여했다. 국립생태원을 방문하고 신성리 갈대밭에서 철새를 탐조하였다. 이재영 공주대 교수(학교환경교육활동 멘토)의 소개로 '서천생선구이가게협동조합'에서 밥을 나누며 협동조합, 금강, 환경, 역사에 대한 좋은 이야기를 들었다. 별빛캠프에서 선후배들은 밤하늘을 보면서 잊지 못한 추억을 쌓았다고 한다.

현장에서 배운다

'역사 문화와 함께하는 성남시 생물다양성 탐사' 프로젝트에서 빠질 수 없는 인물이 김동현(판교생태학습원) 국장이다. 매주 토요일 부원들과 현장조사를 함께하는 그는 이 프로젝트의 제안에서 실행까지 열성적으로 참여하며 이끌어주고 있다. 김 국장은 매년 사업의 구체적인 방향과 앞으로의 활동계획 수립에 대해 바이오스 신입 부원들을 대상으로 설명회를 갖는다. 먼저 생태조사활동, 역사문화 조사활동, 환경보존교육활동, 활동 보고서 작성 등에 대해 설명한다.

생태조사 활동은 숲 해설가 분들과 함께 남한산성, 맹산 등 우리가 탐사하는 장소로 생태조사를 하는 것, 식물 조사 야장을 기록하는 것, 사진 촬영하는 것, 방형구를 설치하는 것 등이 있다. 야장野帳이란 야외나 현장조사시 답사 내용을 자세하게 기록하는 노트를 말하며 약자나 기호 등으로 간결하게 기록한다.

역사·문화 조사활동은 전문가와 함께 답사를 가고, 사전 조사 활동을 하고, 사진 촬영도 하는 것이다. 환경보존교육활동은 매주 일요일마다 판교생태학습원에 가서 7~12세 정도의 아이들에게 교육 봉사 활동을 실시하는 것이다. 학생들은 설명회를 통해 환경교육활동에 대한 전반적인 계획을 듣고 활동 방향을 수립한다.

2015년 6월, 연간 계획에 따라 바이오스 부원들이 금토산 생태조사에 나섰다. 출석한 인원 23명을 총 5개 조로 나누고 3개 조는 습지, 2개 조는 숲을 조사하였다. 또 하늘경鏡을 이용해 하늘과 나무의 높은 곳을 살펴보았다.

7월에는 바이오스 부원들이 남한산성역사관에 모였다. 부원들은 1시간 정도 남한산성 문화관광사업단 관계자로부터 남한산성

의 역사와 문화에 대한 수업을 들었다. 남한산성은 2014년 유네스코 세계문화유산으로 등재되었다. 김동현 국장이 남한산성에 서식하고 있는 생물을 설명하였고, 학생들은 서어나무, 국수나무, 산딸기, 소나무, 참나무, 붓꽃 등의 식물을 직접 보고 기록하였다.

10월에는 맹산을 찾았다. 반딧불이를 관찰하기로 한 날이다. 우리나라에서 관찰되는 반딧불이는 늦반딧불이, 애반딧불이, 파파리반딧불이인데 모두 출몰하는 장소는 맹산뿐이다. 직접 전용 불을 이용해 유인한 애반딧불이는 매우 신기했다. 반짝반짝 빛을 낼 때마다 학생들의 입에서 탄성이 흘러나왔다. 부원들은 자연의 경이로움을 체험하면서 점점 생명과 환경의 소중함을 깨달아갔다.

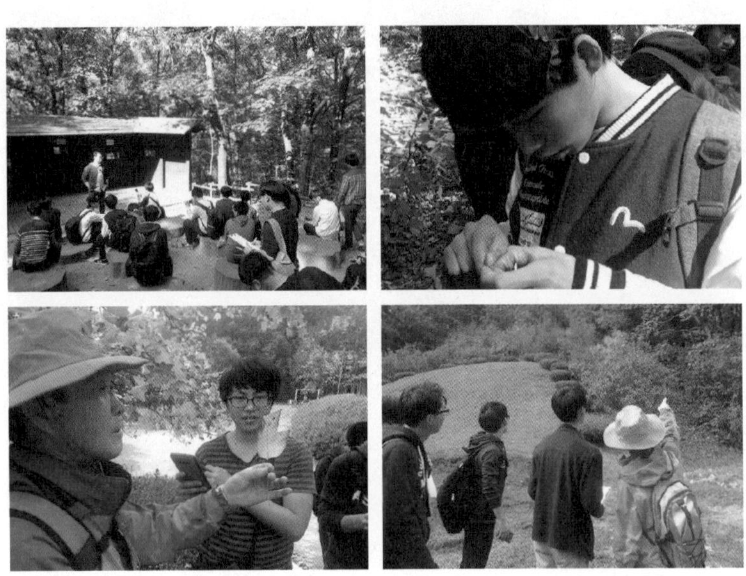

탄천은 용인에서 발원해 성남을 지나 서울 한강까지 가는 하천으로 5차수 하천이라고 한다. 이 차수는 하천을 분류하는데 쓰이는 것으로 하천의 발원지에서 1차수, 1차수와 1차수가 만나 2차수, 2차수와 2차수 하천이 만나 3차수 하천이 되는 것이다. 부원들은 이날 강의 형태와 분류를 배우고 단풍잎 돼지풀, 돼지풀, 붉은 꽃 토끼풀, 쑥, 참새귀리 같은 식물종을 관찰하였는데 생태계 교란식물로 잘 알려진 돼지풀이 많아 안타까움을 자아냈다.

11월에는 분당중앙공원을 찾았다. 먼저 수내동 초가집을 보았는데, 이 초가집은 분당 개발 이전 원래 살고 있던 한씨 집안의 초가집이다. 황토와 짚, 나무 등 자연재료를 사용한 한옥은 그 모양을 중시하였고 접착제나 못을 사용하지 않고 소재 그대로 짜맞추기 방식을 사용하는 등 매우 과학적이었다. 이어 분당 고인돌을 둘러보았다. 분당 지역을 개발할 때 고인돌이 10기가 나왔는데 이를 전부 중앙공원으로 옮겨서 역사를 알 수 있도록 하였다. 10개의 고인돌은 10개이 큰 부족을 상징한다고 한다.

2015년에는 천안 계성원에서 '2014년 학교환경교육활동 1차년도 성과발표회'가 있었다. 다른 학교는 담당 교사가 교감, 교장이 발표했는데 풍생고는 학생 2명이 발표하였다. 발표 후 멘토 교수와 다른 학교 교사들의 칭찬이 쏟아졌다. 표선경 교사의 목격담이다.

"발표 학생들의 외모를 많이 칭찬해주셔서 많이 당황스러웠어요. 별로 칭찬받을 외모가 아니었는데…. (웃음) 아마도 10대 남학생들이 환경에 대해 생각하고 활동한 것을 발표하는 모습이 매우 신선하고 예뻐 보이지 않았을까 합니다. 마치 잘난 아들을 사람들 앞에 내놓은 것처럼 저도 많이 뿌듯했습니다."

우리 교육의 나침반

바이오스는 2015년 6월 'IT페스티벌'에 참여하였다. 풍생고 동아리 대부분이 참여해 저마다 부스를 꾸몄는데, 바이오스는 '책상 위에 작은 숲 만들기'를 주제로 다육식물을 나눠주고 재배법을 알려주었다. 다육식물이란 흔히 말하는 선인장과식물로 잎에 많은 물을 저장하는 특징을 가지고 있다. 그래서 물을 자주 줄 필요도 없고 내버려 두면 잘 자라는 식물이기에 학업에 바쁜 학생들에게 도움이 될 수 있었다. 바쁜 일상 속에서도 자연을 가까이 하며 환경을 생각하라는 뜻이었다.

10월 17일 성남시청에서 '환경교육도시 추진 및 환경정책 수립을 위한 청소년 대토론회'가 열렸다. 토론회는 각각 성인 100인, 청소년 100인을 대상으로 한 번씩 진행하였는데, 원탁에 앉아 돌아가며 주제에 관한 자신의 의견을 제시하는 형식이었다. 바이오스 부원 8명은 처음 접해 보는 형식의 토론회여서 많이 긴장하였다. 하지만 평소 성남시 환경에 대해 누구보다 많이 생각하고 성남시 곳곳을 탐사하던 동아리 부원들이었기에 좋은 평가를 받았다.

11월에는 성남시청 누리홀에서 '성남시 환경한마당'이 열렸다. 이 행사는 생태보전, 기후변화, 에너지 절약, 창의적인 환경활동 등 팀별 환경실천 발표대회이다. 바이오스에서 4, 5, 6조가 참가했다. 4조는 EM(Effective Micro-organism) 탐구를 주제로 발표했다. 우리에게 악취 제거, 수질정화, 남은 음식물 발효는 물론 금속과 식품의 산화 방지 등에 탁월한 효과가 있는 EM, 유용미생물을 이용해 탄천의 수질을 정화하는 실험이다. 5, 6조는 환경교육에 대해 발표했다. 성남시 가이드북을 만들기 위해 역사, 문화, 생물다양성을 알 수 있는 장소를 선정해 자료를 수집하고 시민들을 대상으로 설문조사를 한 내용이다. 그 결과 4조는 을지대학교 총장상, 5, 6조

는 동서울대학교 총장상을 받았다. 부원들은 기대에 못 미치는 결과를 낳은 것을 아쉬워하면서 발표 준비를 제대로 하지 않은 점을 반성하였다.

교보교육재단 프로젝트의 멘토를 맡은 이재영 교수(공주대)는 '어떤 것이 좋은 삶인가'를 주제로 바이오스 부원들에게 유익한 얘기를 들려주었다. 그는 자신이 원하는 분야, 재미있는 분야를 선택하라고 조언하였다.

"고등학교를 졸업하고 무슨 과를 가야 할지 모르는 사람들이 60%, 대학을 졸업하고 어느 직장을 다닐지 모르는 사람들이 60%, 정년퇴직을 하고 무슨 일을 해야 할지 모르는 사람이 60%라고 합니다. 그 이유는 바로 자기 자신을 잘 모르기 때문입니다. 공부는

자기 자신을 알기 위한 것입니다. 배우는 과정에서 자신이 진정 하고 싶은 것을 찾고, 그것에 집중해서 공부한다면 행복한 삶을 살 수 있습니다."

이 교수는 잠재성이 중요하다고 강조하였다. 그러면서 재미있는 비유를 들었다.

"입은 먹을 때와 말할 때, 목적에 따라 역할이 달라집니다. 도둑은 도둑질을 하기 전까지는 평범한 사람이었다가 도둑질을 한 후에는 도둑이 됩니다. 이것들을 보면 결국 어떤 행동을 하고 어떤 과정을 거치느냐에 따라서 본질이 달라진다는 말입니다. 학생들의 잠재력은 무한합니다. 그 잠재력을 일깨우고 발휘하기 위해서는 끊임없이 의문을 던지고 그 답을 찾기 위해서 노력해야 합니다. 이 점을 잊지 마십시오."

환경교육활동에 참가한 학생들을 만나 얘기해보면 한 가지 공통점을 발견할 수 있다. 그것은 그들이 스스로 생각하는 방법을 알고 있다는 점이다. 주제 설정, 조사 연구, 보고서 작성, 발표와 토론의 과정을 통해 점점 '생각하는 인간'으로 성장해나가는 것이다. 어떤 문제를 발견하면 의문을 던지고 해결책을 연구 방법을 찾아 실행한다. 그리고 잘한 점과 잘못한 점을 분석해 다시 실행한다. 이 선순환의 과정을 그들은 알고 있었다. 이보다 큰 공부가 어디 있을까. 풍생고 바이오스는 우리 교육이 나아갈 지점을 정확하게 가리키는 나침반이다.

낮은 목소리

바이오스, 지역 네트워크를 만나다

표선경, 이연정 • 풍생고 생명과학교사

지도교사 아닌 조력자

풍생고 바이오스를 지도하고 있는 표선경, 이연정 교사. 그들은 일주일에 6일을 일한다. 표선경 교사는 2002년부터, 이연정 교사는 2013년부터 생명과학을 가르치면서 바이오스를 지도하고 있다.

두 교사는 토요일에 쉬어본 적이 없다. 바이오스 학생들의 체험 활동을 지도해야 하기 때문이다. 그리고 매주 목요일은 저녁 늦게까지 학생들과 함께한다. 그들은 지도교사이지만 지도라기보다 조력자에 가깝다.

학생들 스스로 과제를 수행할 수 있도록 곁에서 돕는 역할을 한다. 이날도 그랬다. 각 조의 팀장들은 팀원들과 치열하게 토론하고 집중해서 실험했고 두 교사는 이를 묵묵히 지켜보고만 있었다.

바이오스는 자율적 탐구와 과제연구가 가능한 동아리였다. 이미 성남시 탄천 모니터링활동을 하고 있었기에 '성남시 역사·문화 유

적지 주변 생물다양성 탐사' 프로젝트를 수행하는 데 거부감이 없었다. 표선경 교사가 말문을 열었다.

"풍생고는 과학중점학교로 다양한 기관과 협력관계를 구축하고 있었기 때문에 환경교육사업을 시도할 수 있었습니다. 2012년 판교생태학습원과 연계해 탄천생태지도 제작 프로젝트를 진행하고 있었는데 운 좋게도 교보교육재단의 학교환경교육활동에 선정되었어요. 하지만 환경에 대한 전문성과 구체적인 계획 없이 시작한 사업이라 부족한 점이 많고, 학교 차원이 아닌 동아리가 중심이라 어려운 점이 있습니다. 입시가 우선인 인문계 고등학교에서 학생들로부터 적극적인 활동을 끌어내는 것이 매우 어려운 일입니다."

이 프로젝트는 올해 3년 차로 마무리된다. 어떤 변화와 성과 있었을까. 표선경 교사의 말이다.

"바이오스는 누구나 인정하는 풍생고의 대표 동아리가 되었고, 바이오스에 가입하고 싶어 풍생고에 지원하는 학생들도 생겼습니다. 2012년부터 환경(생태) 관련 활동을 하다 보니 환경공학과, 조경학과, 해양생물학과, 동물자원학과로 지원하는 학생이 많아졌습니다. 자신이 원하는 곳에 지원한 만큼 대학에서도 좋은 성과를 거두고 있어요."

이연정 교사가 미소를 지으며 덧붙인다. 기억을 떠올리면 슬그머니 웃음이 나오는 모양이다.

"수없이 많았던 학생들의 발표 시간이 가장 기억에 남습니다. 1학년에 갓 들어온 아이들은 선생님과 선배들 앞이라 바짝 졸아서 주뼛주뼛했고, 2학년 녀석들은 이유 없는 자신감과 허세로 가득 찼어요. (웃음) 환경교육 프로젝트 활동을 하면서 각자의 역할을 해야 했고 그 중 역할에 충실하지 못한 조원들이 있으면 누군가는 그 짐을 떠안아야 합니다. 이런 갈등이 비일비재했지만 활동을 하면서 점점 성숙해가고 적어도 제 몫을 하기 위해 노력하였습니다. 지금은 아무나 불러 세워 자신의 활동에 대해 이야기해보라고 하면 자신 있게 발표할 수 있어요. 자신이 직접 참여하고 직접 해왔던 것들이기 때문에…. 진짜 자신이 하고 싶은 말을 또박또박 당차게 말할 수 있는 아이들로 거듭난 것이 가장 큰 변화입니다."

평가도 빠질 수 없다. 결국 소통과 협력이 관건이다. 표선경 교사의 설명이다.

"프로젝트 운영의 효율성을 위해서는 상향식 토론회를 자주 가져야 할 것 같습니다. 학생들의 활동에 따른 행동 변화를 관찰, 기록하는 것이 미흡했기 때문에 모둠별 일지 관리와 활동에 따른 소감을 좀 더 체계적으로 관리할 필요가 있어요. 프로젝트가 지속가능한 발전으로 이어지기 위해서는 현재 갖추고 있는 환경사회 영역에 경제적인 영역까지 고려해볼 필요가 있습니다. 생물다양성 여행 가이드북이 지역경제에 긍정적인 영향을 미칠 수 있도록 좀 더 고민이 필요합니다."

굵은 땀방울이 모여

바이오스 학생들은 다른 학생들과 달리 학업과 동아리활동을 병행하면서 자연스레 역량이 강화된다. 2년 동안 자료 정리, 보고서 작성, PPT 작성, 발표 등을 쉼 없이 하면서 발표 능력을 기른다. 이런 반면 어려운 점도 많다. 대학입시를 준비하는 인문계 고등학교라 시간 제약이 많고 학력에 집중하는 담임교사와 의견 차이도 발생한다. 다시 표선경 교사의 얘기.

"학생들이 진급하면서 매년 활동하는 부원의 절반 정도가 바뀝니다. 매년 3월이 되면 모든 것을 새로 시작하는 것 같습니다. 매년 활동 자료를 남겨도 잘 활용되지 않고 사장되는 경우도 있고, 자료 자체가 분실되는 경우도 있어요. 그러다 보니 밑 빠진 독에 물 붓기처럼 성과물이 쌓이지 않고 사라지는 것처럼 느껴져요."

이연정 교사의 평가도 크게 다르지 않다.

"기존에 학생들이 해왔던 활동에 방향성을 제시하고, 사업을 실시하는 과정에서 학생들의 생각이나 의견의 반영이 부족했던 점은 짚어볼 필요가 있어요. 학생들이 열심히 활동하면서도 이것을 왜 하는지, 무엇을 해야 하는지에 대한 이해는 다소 부족한 점이 있습니다. 이를 보강하기 위해 사업 초기에 했던 오리엔테이션을 다시 하고, 프로젝트 수업을 이해시키기 위해 힘썼습니다. 이 과정에서 의사소통이 정말 중요하다는 것을 절감했습니다. 대화하고 소통하는 것, 이것이 처음이자 끝인 것 같아요."

풍생고는 2016년 10월 21일에 신구대학교 식물원과 업무협약을 맺었다. 멸종위기식물 대체서식지를 풍생고에 조성해 관찰하는 프로젝트이다. 식물의 유지와 관리는 바이오스 학생이 중심이 되어 한다. 바이오스에게 아주 좋은 과제가 생긴 것이다. 이처럼 풍생고는 지역 네트워크가 강하다. 부족한 자원을 지역 환경단체와 여러 기관과 협력해 해결해나간다. 이연정 교사의 설명이다.

"많은 분에게 넘치는 사랑과 도움을 받았습니다. 판교생태학습원 김동현 국장은 학생들에게는 이미 풍생고 선생님처럼 여겨질 정도로 열심히 지도해주었고 길을 잃었을 때 길을 알려주셨습니다. 그동안의 삶이 묻어나는 언행으로 학생들에게 긍정적인 영향을 주었어요.

김인호 교수님도 멘토로서 사업의 큰 방향과 성남시의 다양한 기관과 연계할 수 있도록 도와주었고, 신구대, 분당환경시민의 모임, 성남시 환경정책과, 맹산생태학습원 등 다양한 기관에서 도와주고 다양한 행사에 참여할 수 있는 기회를 제공해주었습니다."

두 교사는 학생들이 바이오스 활동을 통해 환경이 곧 우리 삶이라는 것을 알게 되었으면 하고 바란다. 환경활동을 통해 성남시에 대해 좀 더 관심을 갖고 애정을 갖게 되었으면 하는 것이다.

"우리 교사들에게도 지난 3년은 환경에 대해 고민하는 시간이었습니다. 학생들과 함께 들었던 특강, 참여했던 행사를 통해 저도 많이 배웠습니다. 환경을 생각하면서 자연뿐만 아니라 사람을 생각하게 되었고, 추구하고자 하는 삶의 방향이 다소 바뀌었습니다. 앞으로 우리 교사들의 일상을 통해 학생들이 환경이 무엇인지를 생각할 수 있었으면 좋겠습니다."

풍생고 생물실 책장에는 보고서와 자료집이 빼곡하다. 모든 과정은 반드시 책자로 묶는다고 한다. 왜 그런가 물었더니 잘 모르겠는데 '오랜 전통'이라고 답한다. 바이오스의 역사와 경험, 교사와 학생들이 흘린 굵은 땀방울은 그렇게 한 권 두 권 쌓여가고 있다.

인터뷰

'고등어 선생님'의 믿음직한 스승이자 벗

김동현 • 판교생태학습원 국장

선생님보다 더 선생님 같은

김동현 판교생태학습원 국장은 풍생고 생물 동아리 '바이오스' 학생들에게 교사 버금가는 스승이자 친근한 벗이다. 그는 지난 3년 동안 바이오스와 함께 '성남시 역사·문화유적지 주변 생물다양성 탐사' 프로젝트를 진행해왔다. 그를 만난 날도 그는 신구대학교식물원에서 학생들과 함께 있었다.

장소를 옮겨 판교생태학습원 2층 회의실에서 김 국장과 차를 한 잔 나누었다. 햇볕이 잘 들고 바람이 잘 통하는 곳이었다.

2012년 개관한 판교생태학습원은 어린이들에게 생태계보전의 중요성을 알리고 환경과 자연에 대한 이해를 돕는 공간이다. 지하 1개 층, 지상 2개 층 규모로 전시관, 체험학습실, 온실, 영상실, 옥상정원을 갖추었다. 그는 이곳에서 운영을 총괄하고 있다.

"3년 전에 풍생고와 인연이 닿아서 프로젝트를 함께 기획하고 진행해왔습니다. 탄천에 대한 조사활동부터 시작했는데, 학생들이 하고 싶은 것을 선택하다 보니 애초 목표보다 주제가 다양해지고 넓어졌습니다. 체험 장소에 대한 가이드북을 만들려 했는데, 거기까진 못하고 간단한 생태지도를 제작하고 있습니다."

이 프로젝트는 2014년 세계문화유산으로 등재된 남한산성과 탄천, 율동공원, 금토산, 맹산, 중앙공원 등의 숲과 습지를 찾아 생물다양성을 조사해 널리 알리는 것을 목표로 삼았다. 비록 목표가 축소되긴 했지만 소중한 결실을 눈앞에 두고 있다.

"학생들이 동아리에 자원해서 왔다고는 하지만 처음부터 자발성이 높지는 않아요. 대부분 환경보다 생물에 더 관심이 많고 동아리활동을 통해 얻는 것이 있다고 생각해서 들어오는데, 환경적 관점을 갖기까지는 시간이 걸립니다. 작년부터 원예나 조경, 환경공학 쪽으로 진로를 정하는 학생들이 생겨나기 시작했고 점점 늘어나는 추세입니다."

사람은 대개 경험한 대로 갈 길을 정한다. 좋은 교사를 만나면 교사를 꿈꾸고, 감명 깊은 책을 만나면 작가를 희망한다. 생명과 자연을 접한 학생들은 자연스레 그것과 가까운 쪽으로 가고 싶어 한다.

"물고기를 잘 잡는 학생이 있었어요. 다른 학생에 비해 조금은 뒤처진 친구였는데, 탄천에만 나가면 신바람 나게 뛰어다녔어요. 물고기가 너무 좋다 해서 『현산어보를 찾아서』라는 책을 추천했는데 일주일만에 다 읽고 와서 '선생님 저 이 길로 갈래요' 하는 겁니다.

실제로 그쪽으로 진학했습니다."

재능은 작은 유리조각 같다. 빛이 없으면 보이지 않다가 어느 순간 빛이 비치면 불꽃처럼 튕겨져 나온다. 남한산성에 설문조사를 나갔을 때였다. 오가는 산행자들을 상대로 설문지 한 장 받기 쉽지 않은데 무려 30여 장을 받아온 학생이 있었다. 평소에 얌전한 줄만 알았던 그 학생은 놀라운 친화력을 지녔던 것이다.

"학생들과 현장학습을 하다 보면 30%는 열심히 하고, 40%는 어영부영하고, 나머지 30%는 하기 싫어합니다. 그런데 열심히 하는 30%만 모아 놓으면 똑같은 현상이 빚어집니다. 그게 집단의 특성인 것 같아요. 차별 없이 꾸준히 다양한 기회를 주다 보면 어떤 주제에 꽂히는 친구가 나옵니다. 그럴 때 가르치는 사람으로서 기쁨을 느끼지요."

숲과 습지가 '삼색도시'를 잇는다

바이오스 학생들은 목요일 방과 후 활동, 토요일 현장체험학습을 소화한다. 또 토·일요일에는 판교생태학습원 '고등어선생' 프로그램 자원봉사도 한다. 고등어 선생은 6~13세 어린이들을 대상으로 고등학생이 직접 프로그램을 진행하는 생태환경 프로그램이다. '고등어'는 '고등학생 어진'이라는 뜻이라고 한다.

동아리 학생들은 시험공부하랴 동아리활동하랴 정신없이 바쁘다. 과제를 어김없이 수행하려면 잠도 줄여야 한다. 친구들은 이들을 가리켜 '불쌍하다'고 말한다고 한다. 그만큼 고된 활동이지만 남다른 노력 없이 성장과 변화는 불가능하기에 값진 시간이다.

"저는 늘 학생들을 보기 때문에 잘 모를 수도 있는데 다른 이들의 눈에는 우리 학생들이 확연히 다르다고 합니다. 지식의 폭이 넓어진 측면도 있겠지만 문제가 생겼을 때 대처하고 해결하는 능력이 생기는 것 같습니다. 야외에서 활동하다 보면 계획대로 되는 것이 거의 없어요. 그때마다 판단하고 결정해야 하니까… 그런 과정을 통해 성장하는 것 같아요."

남한산성에서 소나무 생태를 조사할 때였다. 소나무는 햇볕을

좋아한다고 했더니 학생들이 북사면과 남사면 조사를 해보자고 제안했다. 햇볕이 잘 드는 쪽과 그렇지 않은 쪽의 소나무는 어떻게 다른가, 그걸 알아보자는 것이다. 대견했다. 조사 방법을 알려주자 열심히 조사해서 보고서까지 남겼다.

"풍생고는 오래된 학교라 지역 연고가 깊고 외부 네트워크가 좋은 학교입니다. 부족한 자연을 지역 연계를 통해 보강해나가는 전통이 있습니다. 이번에 멸종위기식물이 이 학교에 들어가는데 아무런 거부감이 없습니다. 대개 이런 경우 '누가 관리하느냐'면서 받아들이지 않거든요. 신구대가 진행하는 이 사업이 앞으로 바이오스 활동에 도움이 될 것 같습니다."

성남은 이른바 '삼색도시'로 불린다. 구도심이 들어선 후 분당, 판교 신도시가 들어서다 보니 색깔이 다르다. 상권과 인구가 점점 신도시 쪽으로 몰린다. 풍생고는 구도심과 신도시 사이에 위치한다. 아무래도 도시의 특성과 변화가 학교에 미치는 영향이 없을 수 없다.

"서울의 도시빈민이 이주하면서 형성된 구도심과 이후에 형성된 분당, 판교가 앞으로 어떻게 조화를 이룰지 무척 궁금합니다. 일부 갈등과 차이도 나타나겠지만 성남이 가진 역사·환경자산이 건설적인 역할을 할 수 있다고 생각합니다. 남한산성을 비롯한 유적지와 탄천과 숲, 습지를 잘 활용한다면 좋은 결과를 낳을 수도 있어요."

김 국장이 유일하게 현장수업을 진행하는 곳이 바이오스이다. 그는 학생들과 함께하면서 활력과 영감을 얻는다. 그는 자연 속에서 숨 쉬지 못했다면 금세 지쳤을 것이라고 한다.

그는 프로젝트의 범위가 넓어지면서 한 곳에 집중하지 못한 점이 못내 아쉽다고 한다. 거기서 자연스레 앞으로의 활동 방향이 정해진다. 이번에 넓게 해봤으니 이제 하나를 깊게 파보는 것이다. 그 작업은 또 새로운 친구들과 하게 될 것이다. 새로운 바이오스 학생들도 과묵하고 듬직한 맏형 같은 그가 있어 외롭지 않을 것 같다.

풍생고를 방문한 날은 마침 목요일이었다. 매주 목요일은 정규수업이 끝나고 6시 30분부터 8시까지 바이오스 활동이 진행된다. 구내식당에서 식사를 마친 2학년 학생들이 회의실에 속속 들어섰다. 김기현(1조 팀장), 송남훈(2조 팀장), 권병준(3조 팀장), 허문근(4조 팀장), 이희수(5조 팀장), 서준혁(6조 팀장)이 그들. 학생들은 하나 같이 씩씩한 목소리로 거침없이 자기 견해를 밝혔다. 계획수립, 현장조사, 자료정리, 발표자료 제작, 발표순으로 이어지는 강도 높은 활동을 통해 단련된 면모를 엿볼 수 있었다. 최재원(3학년) 학생이 선배로 참여했다.

김기현•1조 팀장

처음에 바이오스에 왔을 때는 생물동아리라고 하기에 개구리 해부 같은 실험을 할 줄 알았다. 하지만 이 동아리가 주로 하는 것은 환경교육활동이었다. 이 활동은 우리가 살고 있는 성남시의 생태뿐만 아니라 역사와 문화에 대해 알아보고 직접 가이드북도 제작하는 것이었다. 처음에는 내가 원하던 실험을 하지 않

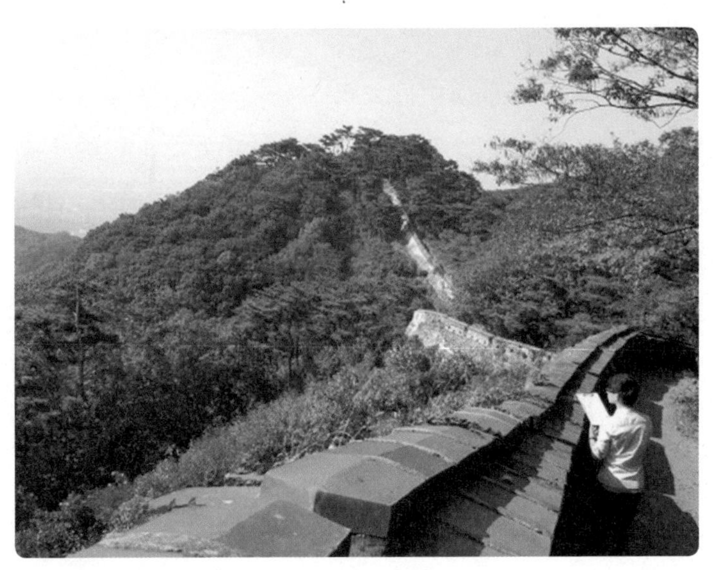

아 실망하였으나 이 활동을 하다 보니 의미 있는 활동이라는 생각이 들었다.

송남훈•2조 팀장

나는 환경교육을 말 그대로 환경만을 위한 활동이라고 생각했다. 하지만 환경교육수업을 듣고 설문지도 만들어보면서 환경은 인간과 연결돼 서로 상호작용한다는 사실을 알 수 있었다. 동아리활동을 통한 나의 변화는 어떤 일을 할 때 반드시 환경을 생각해본다는 것이다. 또 내가 살고 있는 성남이란 지역을 더 이상 불평하지 않고 좋아하게 되었다.

권병준•3조 팀장

처음에 환경교육을 한다는 소리를 듣고 외부 강사를 초빙해 교육받는 것이라고 생각했다. 하지만 생각했던 것과는 달리 주변의 자연환경을 보고 만지고 체험하며 그에 대한 지식, 역사, 설화 같은 이야기를 듣는 활동이었다. 나는 평소에 관심은 있었지만 잘 알지 못했던 식물들에 대해 배울 수 있어서 좋았다. 지금은 웬만한 식물들을 보면 무슨 식물인지, 또 특징은 무엇이 있는지 알 수 있다.

허문근•4조 팀장

내가 중학교 때까지 가진 환경에 대한 생각은 '쓰레기를 버리지 말자, 지구온난화는 위험한 것이다'라는 정도였다. 그런데 고등학교에서 하는 환경교육은 뭔가 달랐다. 뭐랄까 조금 환경교육이 심화되었다는 느낌이 들었다. 우리는 매주 일요일마다 한 조씩 돌아가며 판교생태학습원에 교육 봉사를 갔다. 처음에는 환경과 관련된 강의를 하는 줄 알았는데 아이들에게 환경이나 생태계에 대한 인식이 높아지도록 하는 교육활동이었다.

이희수•5조 팀장

처음에 학교에 있는 나무들에 대한 조사를 하고 야장을 적으면서 이 활동을 왜 하는 것인지 의문이 들었다. 그리고 얼마 후 외부로 나가 생태조사를 하였다. 평소라면 다 같은 나무로 착각했을 나무를 구별하기 시작했고, 식물들의 사소한 특징에 대해 알게 되다. 이때부터 전에는 없던 관심이 생기기 시작했다. 똑같은 장소를 두 번, 세 번 반복해서 가면서 나는 어느새 그곳을 꿰뚫고 있었다.

서준혁•6조 팀장

'성남시 생물다양성 여행 가이드북'은 성남시를 잘 모르는 이들에 대한 안내서이자 홍보물이다. 가이드북 제작 활동을 하면서 나도 몰랐던 내용을 알게 되었고, 성남시에 대한 애정을 갖게 되었다. 현장조사를 하면서 내가 가보지 않았던 장소를 잘 알게 되었고, 조원들과 함께 매주 모여 활동을 하여 친목을 다질 수 있어서 좋았다.

김기현•1조 팀장

이 활동을 하면서 탄천, 율동공원, 중앙공원, 맹산, 금토산, 남한산성, 모란시장을 다녀왔는데 남한산성이 가장 기억에 남는다. 성벽을 따라 거의 2시간 동안 걸었던 피곤한 기억이 있는 곳이지만 그런 활동이 있었기에 우리가 남한산성 가이드북을 만들 때에 도움이 될 수 있었다. 이제 신입이 아닌 2년 차이기 때문에 마음가짐을 달리 해야겠다고 생각한다. 앞으로 그동안 보여주지 못했던 열정을 보여야겠다고 다짐했다.

송남훈•2조 팀장

환경교육을 하면서 많은 것을 배웠고 자유롭게 활동을 할 수 있어 좋았다. 평소에 나는 환경의식이 별로 없었다. 하지만 환경교육을 통해 의식을 기를 수 있었고 성실함이라는 아주 큰 선물을 얻었다. 내년에는 자료 정리하는 것을 더 보완하고 싶고 지금보다 더 꼼꼼히 기록할 수 있도록 노력을 할 것이다.

권병준•3조 팀장

나는 성남시에 대해 환경보다는 발전을 우선시하는 도시로 알고 있었다. 하지만 남한산성, 금토산, 맹산, 중앙공원, 율동공원, 탄천 같은 여러 곳을 다니면서 자연을 많이 보호한다는 느낌을 받았다. 하지만 아직 우리 주위 번화가의 환경 상태는 좋지만은 않다. 내가 바라는 성남시의 모습은 관광지만이 아닌 깨끗한 환경을 가진 도시이다.

허문근•4조 팀장

내가 4조에 속하여 조의 활동을 하니까, 뭔가 중학교보다 책임의식 같은 게 느껴진다. 중학교 때도 비슷한 동아리에 속해 있었지만 지금 이 활동이 힘들긴 해도 재미있다. 처음엔 우리 조가 정확한 지식도 없이 무작정하는 바람에 주제를 바꾸는데 약간 힘들었지만, '똑바로 정해 놓고 하자'라는 교훈을 얻었다. EM에 대한 수질정화능력 실험을 했는데 그리 큰 성과를 얻지 못했지만 오류가 무엇인지 알았다. 다시는 실패하는 일이 없도록 해야겠다.

이희수•5조 팀장

처음엔 생소하게 느꼈던 것들이 이제는 너무나 익숙한 것이 되었다. 산이나 공원에 갈 때, 예전에는 단순히 길을 걷거나 동행하는 사람과 대화를 나누었지만 지금은 등산로와 산책로 옆에 있는 풀과 나무를 보게 되고, 풀과 나무에 대해 이야기한다. 앞으로 내가 배우고 경험한 것을 후배들과 더 많이 나누고 싶다.

서준혁•6조 팀장

처음에 현장조사를 나가면서 관목, 우점식생 같은 생소한 단어들을 이해하기 어려웠고 현장 지도 그리는 방법이 어려웠다. 야외활동을 하면서 자주 느낀 것인데, 30명이 한 장소를 조사하다 보니 하는 사람만 하는 것 같았다. 내년에 야외활동을 나간다면 각 조가 따로따로 가는 것이 좋을 것 같다. 그래야 더 책임감을 느끼고 할 수 있을 것 같다.

최재원•3학년

환경교육활동은 나에게 많은 점을 변화시켜 주고 많은 것을 느끼게 해준 활동이다. 남들보다 늦은 시기 동아리에 들어와 환경교육활동이라는 사업을 진행한다는 이야기를 들었을 때 나는 '그게 뭔데?'라는 생각뿐이었던 것 같다. 나는 많이 부족한 상태였다. 하지만 지속적으로 현장조사를 하니 아는 식물들이 보이기 시작하면서 흥미가 생기기 시작하였다. 여러 특강과 선생님들, 형들의 조언을 통해 활동의 목표를 알아가면서 점차 이 활동에 적극적으로 참여하게 된 것 같다. 이 활동을 하면서 마냥 즐거웠다고 하면 거짓말일 것이다. 모두가 처음 하는 활동이고 다들 어설펐던 시간을 겪는다. 그렇기에 더 많은 시간이 필요했고 식물들의 이름을 모르고 조사한 내용을 해독하지 못할 땐 답답함마저 느꼈다. 그렇지만 이런 어수룩한 우리의 모습이 자연에 대해 더 깊은 생각을 갖도록, 더 많은 생각을 하도록 만들어 주었다. 조원들 사이의 관계 역시 더 돈독해졌다고 생각한다. 다만 앞으로 이 활동을 시작하기 전 충분한 이해와 교육이 필요할 것 같다. 왜냐하면 우리가 하는 활동의 의의를 잘 모르고 그냥 산을 오르고 탄천을 거니는 부원들이 있을 수 있기 때문이다. 또한 각 조별로 담당 구역을 나누어 진행하였으면 한다. 조사지역이 자신의 담당 구역이라면 조금 더 신경 쓰고 열심히 기록해 나중에 자료가 없어 힘들어하는 일은 없을 것이기 때문이다. 나는 이 활동을 끝냈지만 앞으로 진행할 후배들은 더욱 잘할 것이라 믿는다.

남한 산성 가이드북
전체 지도
남문
백련사
꽃동산
남한산성 입구
산성공원
수정구
꽃동산
꽃동산의 다양한 식물.
남한산성 문화
남한산성 문화제 행사
남한산성을 찾은 시민이 즐길 수있도록 만든 행사입니다.
관람기간 9월경 3일동안
관람시간 10:00 ~ 19:00
장소 남한산성도립공원 남문행사장
수어장대
병자호란이란 아픈 역사가 깃든 남한산성
병자호란은 인조 14년에 청이 군신을 맺자는 요구를 계속 거절하자 이에 불만을 가지게 된 청 태종이 13만 군대를 데리고 압록강을 건너와 6일 만에 한양을 유린하였다.
왕은 궁궐을 버리고 남한산성에 1636년 이곳으로 피신하였는데, 이때 수어사인 이시백은 서성을, 총융대장 이서는 북성, 호위대장 구굉은 남성, 도감대장 신경진은 동성 망월대, 원두표는 북문을 지키었다.
그러나 강화가 함락되었다는 소식과 최명길 등 주화파의 주장에 의하여 인조는 세자와 함께 성문을 열고 삼전도수항단에 나가 치욕적인 굴욕을 당하게 된다.
또 다시 이러한 일이 일어나지 않도록 지금 이 기억을 잊지말자.
유형문화재 수어장대, 숭열전, 청량당, 현절사, 침괘정가
기념물 망월사지, 개원사지
문화재자료 지수당, 장경사
주유소
남한산성 교통편
편의점
수정구 양지동 23, 수정구 산성대로 599
남한산성 입구 산성공원 부근

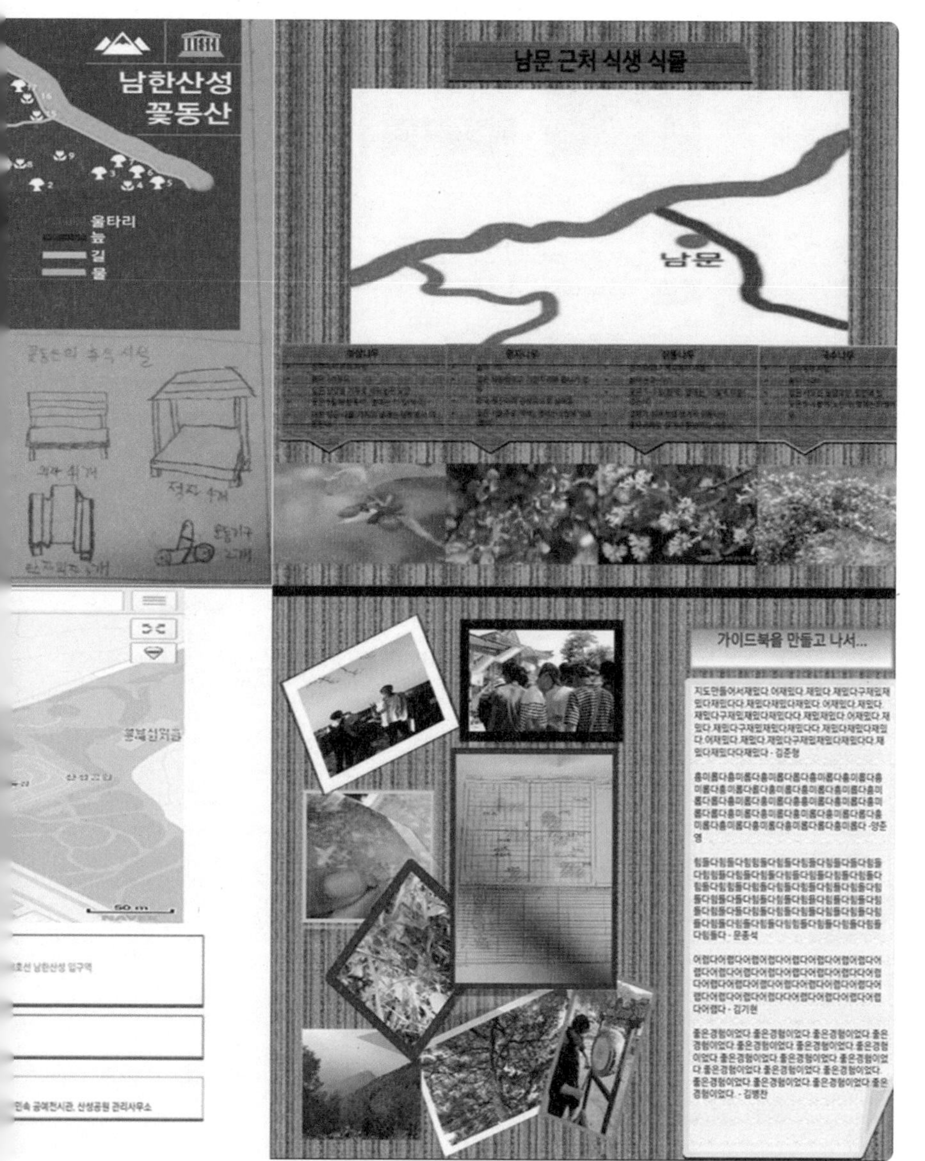
남한산성
꽃동산
울타리
늪
길
물
남문 근처 식생 식물
남문
가이드북을 만들고 나서...

탄천 생태 가이드북

탄천
생태가이드북
탄천은?
습지란?
탄천 설화
찾아오는 길
탄천 그 외 주변 시설들

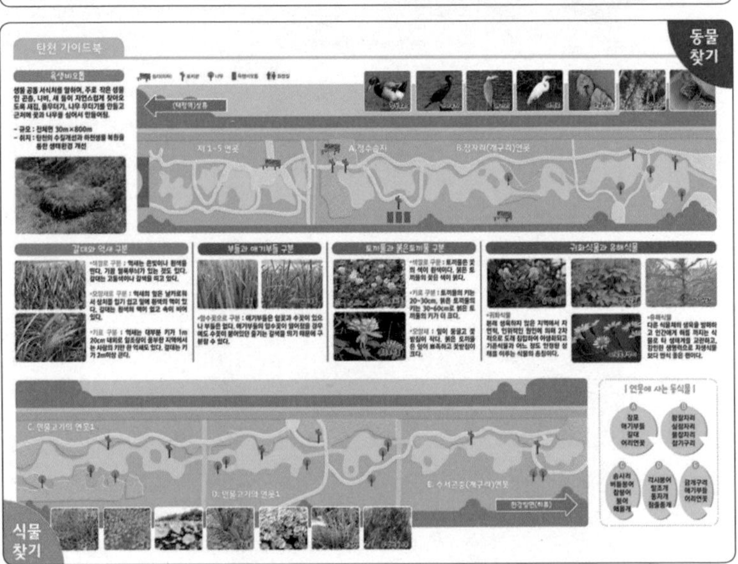
탄천 가이드북
동물
찾기
A.정수습지
B.장자리(개구리)연못
E.수서곤충(개구리)연못
식물
찾기

율동공원 가이드북

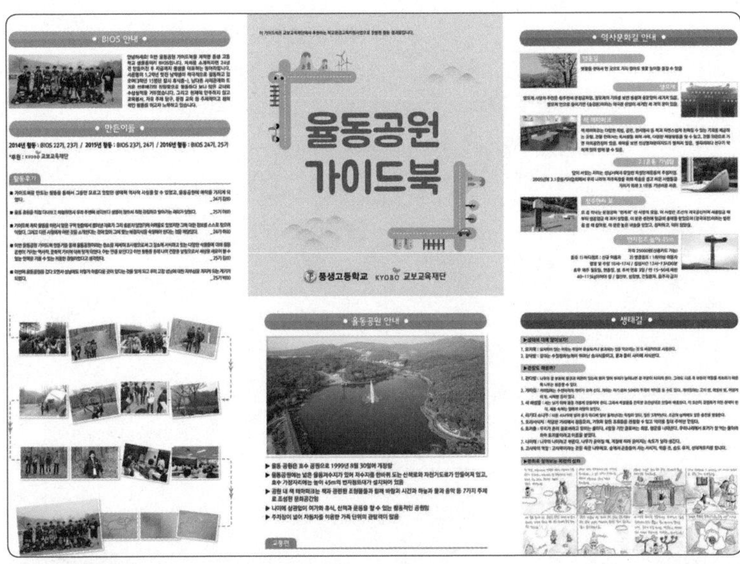
BIOS 안내
만든이들
율동공원 가이드북
풍생고등학교
교보교육재단
역사문화길 안내
율동공원 안내
생태길

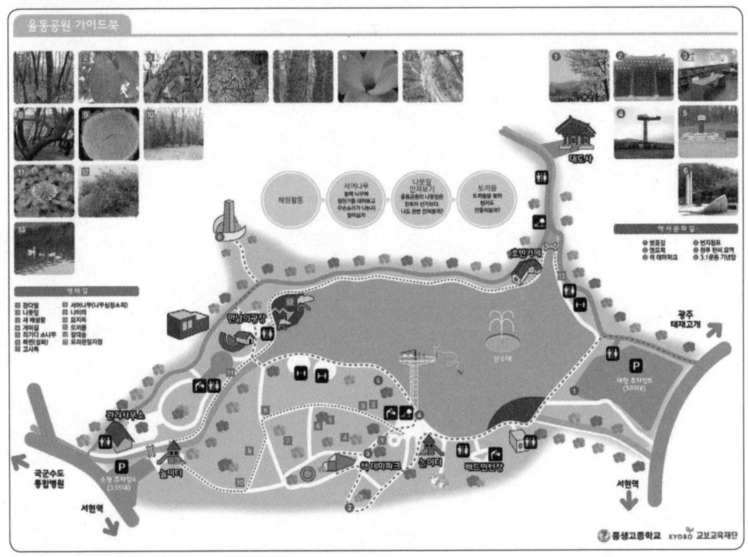
율동공원 가이드북
체험활동
대도사
호반카페
만남의광장
관리사무소
놀이터
책테마파크
배드민턴장
광주 태재고개
국군수도 통합병원
서현역
역사문화길
생태길
풍생고등학교
교보교육재단

도심 속에 초록빛 오아시스를 가꾸다

서울금화초등학교 생태문화다양성을 지켜가는
옴살이 Eco-school 프로그램

생명의 숨결, 인간의 냄새

옴살이 에코스쿨

녹색이 가져온 변화

연미와 수진이의 벼농사 일기

자연과 더불어 사는 법

금화초등학교는 서울 도심에 있는 학교로 최근 몇 년간 환경이 급변했다. 단독주택과 골목으로 이어진 동네에서 재개발로 아파트 단지가 앞뒤로 들어서면서 섬이 되어 학교 공간이 그만큼 소중해졌다. 학교 내 자투리 공간을 활용하고, 옥상텃밭을 가꾸며, 교실을 생태 공간으로 변화시켜 생태문화의 다양성을 지켜가고자 했다. 어린이들이 생태문화다양성을 직접 체험하고 실천하며 삶의 과정 속에 녹아들어갈 프로그램을 개발해, 미래의 친환경 프론티어로 성장할 수 있도록 돕는 학교가 되고자 한다.

생명의 숨결, 인간의 냄새

인왕시장, 모래내시장과 더불어 서대문구의 대표적인 재래시장인 영천시장. 지금은 '현대화 사업'으로 그런 풍경이 사라졌지만 한때는 장안의 한다 하는 술꾼들이 들끓던 곳이다. 싸고 맛있는 순댓국집과 족발집이 즐비했기 때문이다. 빠른 도시화는 먼저 녹색을 뭉개고, 그 다음 시장을 삼킨다. 녹색의 자리에 잿빛 콘크리트가, 시장의 자리에 대형마트가 들어선다. 자본 앞에 예외는 없다. 생명의 숨결, 인간의 냄새는 지워진다.

영천시장과 바로 맞붙어 있는 서울금화초등학교(이후 금화초). 서울성곽길 맞은편 통일로 큰길에 바로 면한 이 학교는 1924년 4월 1일 문을 열었으니 100년의 역사를 앞두고 있는 유서 깊은 학교이다. 정문 맞은편에 대규모 아파트 단지가 곧 완공될 예정이어서 그야말로 도심 한가운데 섬처럼 고립된 곳이다.

이처럼 자연과 완전히 격리된 열악한 환경 속에서 생활하고 있는 학생들은 벼가 나무에서 자란다고 생각하고, 강아지풀, 토끼풀 민들레의 이름도 모른다. 자연 속에서 나무와 흙과 접하는 일이 상상조차 할 수 없는 어려운 일이 되고 말았다. 메마르고 삭막한 환경 속에서 자라나는 학생들을 지켜보면서 너무도 안타까웠던 교사들이 간절한 뜻을 모아 '생태문화 다양성을 지켜가는 옴살이 에코스쿨' 프로그램을 기획하였다. 가정과 지역사회(도심 환경)로부터 경험하기 어려운 자연친화적 생태문화환경을 학교에서부터 지키고 가꾸고, 학생들이 생태문화의 다양성을 존중하고 스스로 실천할 수 있도록 프로그램을 개발한 것이다.

학교 안에 녹지 공간을 조성해 생태문화의 다양성을 가꾸어 가는 노력을 시작할 때, 자연에 대한 이해와 감수성은 자연스럽게 증진되고 환경문제에 대한 올바른 인식능력을 기를 수 있다. 또한 학생들이 학교에서 학습하고 체험한 것을 가정과 지역사회에서 실천하는 친환경 프로티어로 성장할 수 있도록 지원한다.

교사들은 생태문화의 다양성에 대한 경험과 자연을 지키고 가꾸고자 하는 노력이 '생태발자국을 줄이기 위한 실천적 생활'로 나아갈 것으로 기대하였다. 그래서 자연과 어울려 살아가는 모습이 더 이상 신기한 것이 아니라 익숙하고 당연한 모습이 될 수 있도록 기반 구축, 활성화, 일반화의 단계별로 실천 과제를 도출하였다.

'에코스쿨' 프로그램은 나와 우리 이웃, 더 나아가 함께 살고 있는 여러 생물의 생명까지 모두 하나라는 공동체 의식을 함양하고,

실천지향적인 생태문화 지킴이 친환경 프론티어(frontier)를 양성하는 것을 목표로 삼았다.

옴살이 에코스쿨

이 사업은 학교 안 생태문화의 다양성을 존중하며 함께 생활하는 자연 친화적이고 실천적인 '따로'가 아닌 '같이' 옴살이 환경교육 프로그램을 강구하는데 있으며 세 가지 방향을 갖고 있다. 첫째, 생태문화의 다양성을 체험할 수 있는 교육환경을 조성한다. 둘째, 옴살이 Eco-School 프로그램을 운영한다. 셋째, 생태문화의 다양성을 지켜가는 옴살이 생태교육 의식을 올바르게 정착시켜 나아가는 것이다.

1차년도(2012)에는 기반을 구축하는 것이다. 학교농업을 활용한 다양한 프로그램을 통해 학교 내 생물다양성을 2배 증가, 아이들이 직접 찍은 사진을 이용하여 금화학교농업 동영상 UCC 제작, 지역사회와 연계한 옴살이 에코스쿨 기반 구축하기, 전교생의 70% 이상이 에코 마일리지 가입 등의 사업을 펼치기도 했다.

2차년도(2013)에는 이를 활성화하려 했다. 생태문화 다양성을 지켜가는 교육 프로그램 연구, 파종에서부터 수확까지 전 과정을 체험한 꼬마농부 100명을 배출, 도시학교에서 적용할 수 있는 연간 학교농업 매뉴얼 초안을 제작, 텃밭활동과 연계하여 학년별 건강

식습관 교육, 전교생의 80% 이상 에코 마일리지 가입 등을 목표로 했다.

3차년도(2014)에는 이를 일반화하는 시기이다. 생태문화 다양성을 지켜가는 교육 프로그램 구안과 적용, 도시학교에서 적용할 수 있는 연간 학교농업 매뉴얼 책자 제작, 지역사회 연계를 통한 옴살이 에코스쿨 정착, 텃밭 활동과 연계된 건강교육활동을 통해 학생들의 건강 체력 증진, 전교생과 학부모 90% 이상이 에코 마일리지 가입 등이 세부 사업이다.

옴살이 에코스쿨 3년의 기간 동안 도시학교 속에서 생태문화의 다양성을 가꿀 수 있도록 학교 공간을 활용해 다양한 생태문화를 형성하고 유지하려는 실천 사업을 진행하였다.

먼저 학교 농장 가꾸기. 전교생이 1인 1모를 심고 직접 가꿀 수 있는 논 상자를 만들어 모내기부터 수확까지의 전 과정을 학생들이 직접 체험하며 벼의 생육을 함께하도록 하였다. 옥상은 넓고 중요한 공간이다. 옥상에 야생화를 심고 빗물저장 설비를 갖추었다. 생태연못을 가꾸어 수생 생태계가 스스로의 힘으로 유지되고 살아갈 수 있는 환경을 구축하였다. 처음엔 꽃모종 위주로 화초를 심었지만 점차 딸기, 해바라기 같은 학생들이 좋아하는 종류를 심었다. 주변에서 흔히 볼 수 있는 벼, 채소, 허브 등을 학교 텃밭과 자투리 공간에 재배해 학교 텃밭을 활용한 재배물 수확과 식생활 안전교육활동이 가능해졌다.

학교 내 녹지 공간의 확보가 쉽지 않아 실내 환경 조성이 중요했다. 교과목을 초월하여 통합적인 교육이 이루어질 수 있도록 생활 속에 친환경 생태교실을 학년별로 구성하였다. 주제를 가진 초록 생태교실 가꾸기이다.

또한 건강한 식습관 교육을 통한 잔반 포인트제를 운영하였다. 음식물 쓰레기를 남기지 않도록 하고 잔반포인트제를 운영(자연을 지키는 옴살이 일지 작성)하였다.

건강한 먹을거리 교육을 영양교사와 담임교사의 협력수업으로 진행하였다. 적당량의 건강한 음식을 남기지 않고 섭취하는 것이 얼나마 중요한 일인가를 교육과 체험활동을 통해 익히고 있다. 학교도서관에서는 학생들의 발달 수준에 적합한 필독도서와 권장도서를 지정해 한 학기에 5권 이상의 책을 읽을 수 있도록 하였다.

교실과 교실 사이에 있는 도서 쉼터에 환경 관련 도서를 비치해 학생들이 방과 후 활동과 쉬는 시간에 책을 쉽게 접할 수 있도록 하였으며, 학교도서관을 숲을 테마로 정해 학생들이 숲 속에서 책을 읽는 것과 같은 환경을 조성하였다. 학기말 학년별로 자율적으로 진행되는 독서 페스티벌에 생태문화를 지키는 환경 관련 서적을 독서 퀴즈 대회와 금화 북-페스티벌에 생태문화다양성을 지켜가는 도서를 꼭 넣어 필독도서로 선정해 학생들의 지식 수준을 높이고 있다.

녹색이 가져온 변화

교실은 생태문화다양성을 존중하는 공간이다. 개미와 달팽이, 사슴벌레와 장수풍뎅이를 기르고 텃밭에서 가꾼 채소로 먹이를 준다. 개구리, 누에, 배추흰나비, 구피와 같이 숨 쉬며 사는 교실에 스파트필름과 관음죽, 아이비와 깻잎을 길렀다. 강낭콩, 봉숭아, 나팔꽃, 토마토, 고추, 치커리, 미나리를 페트병 화분에 담아 가꾸어 주변 사람들과 나누기도 했다. 교실에 윈도우 팜과 석부작, 게릴라 정원을 만든 반도 생겨났다.

가을이 되면 야생화 부채를 만들어 더위를 식히고, 상추 모종을 나누어 심는다. 푸름이 아동환경교실을 운영하고 에너지 수호천사단이 에코통통 교육활동을 펼쳤다. 철새를 보기 위해 DMZ를 찾기도 하고, e불끄기 행사에 참여한다.

학교 밖에 나가서 환경캠페인을 벌이고 스티커를 제작해 붙이기도 했고, 도시농업박람회를 가고 쌀박물관을 둘러보고 생태 탐방 수학여행을 떠났다. 이렇게 날마다 새로운 일을 하면서 조금씩 깨달아 간다.

"참새가 내가 먹을 쌀을 먹어버려서 속상하지만 한편으로 한 마리의 참새가 해충도 잡아먹는다는 것을 알았다. 참새가 없으면 수확량이 더 준다니 참새가 고맙다."

참새와 벼의 공존을 깨닫는다.

"21일 동안 알이 깨어나면 오래오래 건강하게 키우고 싶은 마음

에 매일 알을 돌보았다. 알이 깨어나면 동생처럼 잘 키워주고 싶었고, 가족처럼 살고 싶었다. 그런데 날씨가 더워서 에어컨을 틀었는데 오골계 알이 추웠는지 부화하지 못했다."

생명을 배운다.

"선생님이 가져오신 EM원액과 섞어서 발효액을 만들었다. 발효시키는데 일주일이 걸린다고 하는데 싱크대 아래 공간에 넣으면 좋다고 하셨다. EM발효액을 빨리 써보면 좋겠다."

자연과 환경, 생명을 살리기 위한 실천은 곳곳에서 벌어진다.

이처럼 생태문화 다양성 프로그램을 경험한 학생들은 많은 변화를 경험하였다. 특히 외향성에 많은 향상을 보였고, 개방성, 친화성, 성실성 모든 부분이 나아졌다. 저학년부터 3년간 생태문화 다양성 프로그램을 접한 학생들에 비해 변화가 적었으나, 건강한 인성 향상에 의미 있는 변화를 보였다.

학교에 다양한 생물이 처음 들어올 때, 꽃을 꺾기도 하고, 올챙이와 사슴벌레의 눈을 연필로 찌르는 등의 행동을 보이기도 하던 학생들이 지금은 학교와 집에서 생물을 기르고 돌보고 있다. 참새가 벼 농장에 앉아서 벼를 먹고 있을 때 한 아이가 돌을 던지거나 해코지하면 다른 아이들이 못하게 말리는 정의로운 모습을 보이기도 하였다. 2013년 여름방학 과제로 오골계 부화하기 활동에 참여했던 학생은 오골계가 병들자 밤에 동물병원을 찾고 아침에 울면서 등교하는 등 마음이 따뜻한 아이들로 자라고 있다.

하교 후 컴퓨터 게임을 하며 홀로 지내던 아이들이 친구들과 모여 운동을 함께하거나 방과 후 학교 생명과학반(전교생 570여 명 중 120여 명이 수강하고 있음)을 하며 생명을 돌보고 가꾼다. 교실과 교내 곳곳에서 생물을 기르면서 놀거리와 대화거리가 생겼고, 컴퓨터나 스마트폰 게임을 하기보다는 운동장에서 뛰어 놀고, 스포츠클럽 활동을 하는 등 신체활동이 눈에 띄게 늘었다. 이로 인하여 학생 건강 체력 평가 등급도 해마다 좋아지고 있다.

성향상의 변화 외에 건강 상태도 크게 향상되었다. 학생들은 건강한 식생활의 중요성을 알고 바른 식습관 형성을 위해 노력하였다. 이와 병행하여 성장기 어린이가 너무 마르거나 과체중일 경우 어른이 되었을 때도 건강에 영향을 미칠 수 있음을 수시 교육하였다. 건강한 먹을거리 교육을 통해 인스턴트 음식과 과자류를 줄였고, 학교에서 먹을거리를 직접 재배하면서 채소류에 대한 호감이 증가하였다. 채소와 식물에 대해 호감을 갖고 좋아하는 아이들이 많아졌다.

전교생의 '탄소 발자국 줄이기 실천 프로그램'을 진행한 결과 학교에서 사용하는 종량제 봉투량이 줄었고, 학교 내 쓰레기량이 대폭 감소하였다. 전교생 옴살이 일지에 잔반 포인트를 학생들 스스로 매일 기록하고, 전교 어린이 회의에서 학생들 스스로 잔반 남기지 않기 운동을 전개한 결과 전년도에 비해 올해의 잔반량이 줄어들었다.

이처럼 생태문화 다양성 지키기 옴살이 프로그램을 통해 주변의 생물들과 조화롭게 어울려 살아가는 경험을 하며, 바른 인성을 함양하였다. 또한 옴살이 먹을거리 프로그램을 통해 먹는 것에 대한 바른 인식을 가지고, 올바른 식습관을 형성하여 학생들 심신이 건강해졌다.

학급 내 생태문화다양성 증진 활동을 통해 학년 주제와 연계된 생물과 함께하기, 지역사회와 연계된 실천 활동을 펼쳤다. 또한 다양한 학생 동아리활동을 통해 생태문화다양성을 증진할 수 있는 방법을 찾아 실천하였다.

연미와 수진이의 벼농사 일기

2012년 금화초 4학년 김연미와 김수진 학생이 '에코스쿨' 학습경험을 담은 〈친환경 벼사랑 체험농장〉이라는 작은 책자를 펴냈다. 김연미 학생의 어머니 서은아 씨가 편집했다. 책자는 가까운 사람들과 나누었다.

6월 5일 맑음

부여군에서 오셔서 모내기에 관한 설명과 벼의 성장 과정에 관하여 설명을 해주셨다. 모판에서 자란 모를 유기농 토양에 6명이 한 조가 되어 한 사람이 3개씩 옮겨 심었다.

6월 14일 맑음

3개의 모가 7개로 늘어남. 키는 38cm 정도 된다. 벼를 키우는 물 위에 초록색에 이끼 같은 것이 생겼다. 개구리밥이라고 한다는데…. 다른 벼에는 물이 검정색으로 변한 곳도 있다. 네잎 클로버처럼 생긴 잎이 물에 둥둥 떠 있다.

6월 20일 맑음

벼가 8개로 늘어남. 키는 물 위에서 37cm 정도 자람.

6월 27일 맑음

벼의 포기 수가 배 이상 늘어남. 키는 48cm 정도 자람.

7월 5일 흐리고 비

벼의 포기 수가 24개로 증가. 키는 62cm 정도 자람. 잎마름병이라는데 벼들이 노란색을 띠며 말라 있다.

7월 13일 비온뒤 맑음

벼의 포기 수가 25개로 증가. 키는 70cm정도 자람. 물 위에 실 같은 벌레들이 있다. 유기농 토양으로 재배를 해서 그런지… 벌레들이 많이 생겼다. 잎마름병 증상은 아직 그대로이다. 아쉽게도 벼에 꽃이 핀다는데 촬영을 하지 못했다. 너무 아쉽다. 하루하루 너무 빠른 속도로 자라나는 벼들을 보니 정말 놀랍다.

요즘 학교 근처나 집근처 어디에서도 참새를 보기가 너무 힘들었으나 운동장의 벼에 나락이 한 알 한 알 늘어갈수록 참새들의 방문이 늘어났다. 그러다 보니 우리의 쌀알들을 모두 먹어버리는 마음 아픈 일들이 생겼다. 그래서 벼에 쌀알이 없는 것들도 생겨났다.

태풍 산바의 영향으로 벼들이 쓰러져 다발로 묶어두었다. 그래도 큰 피해는 없어 다행이다. 평소 주변에서 볼 수 없었던 참새들이 우리의 벼 이삭을 모두 먹어버렸다. 허수아비도 어쩔 수 없었나 보다.

10월 24일 맑음

추수에 관한 설명과 떡메치기 새끼꼬기 체험을 했다. 추수에 쓰는 도구는 홀태라고 하며 떡 만들 때 쓰는 도구는 떡메라고 한다.

모를 심을 때는 여기서 어떻게 쌀이 생길까, 생각하며 모내기를 했다. 그런데 하루하루 시간이 흐를수록 벼의 개수가 늘어나고 쌀알이 생기고 참새들이 모여들고 초록색이던 벼가 노랗게 익어 고개를 숙이는 것을 보니 신기하고 흥미로웠다. 발소리를 들으면서 벼가 자란다는 설명을 듣고 많이 들려주려 했는데 그러지 못한 것이 못내 아쉽고 후회가 된다. 추수를 하며 홀태라는 도구도 사용해보고 떡메도 쳐보고…. 다음에 또 이런 기회가 주어진다면 농부의 마음으로 더 열심히 해보고 싶다.

자연과 더불어 사는 법

'가랑비에 옷 젖는 줄 모른다.' 생태문화 다양성 증진을 위한 에코스쿨 프로그램은 그렇게 진행되었다. 교장과 교내 생태문화연구회 교사들은 삭막한 인공물 속에 자연을 들여오기 위해 결코 서두르지 않았다. 환경교육은 천천히 오래 지속해야 한다고 생각했기 때문이다. 교사들은 학생에게 가르쳐야 할 중요한 내용이 조금씩 달랐기 때문에 실행에 부담을 느끼지 않고 함께할 수 있는 방안을 모색하였다.

먼저 교장과 각 부서의 부장이 생태문화 다양성 증진 프로그램 진행에 필요한 내용을 추출하였다. 행정지원팀에서는 지역사회에 기반을 둔 교육 기부 프로그램을 찾아서 각 학년으로 연계하는 역할을 하였다. 프로그램을 진행하면서 점차 경험이 쌓이고 이는 공통의 과제로 자리 잡았다.

첫해에 학생과 학부모들은 벼 농장 조성, 학급 내 생물 기르기, 교내 텃밭활동을 아주 즐겁게 수행하였다. 처음에 생명과 함께하는 활동이 수업 결손이나 학습력 저하로 나타나지 않을까 우려하는 분의 목소리도 많았지만 그런 우려가 기우에 지나지 않는 것을 보여주었다.

둘째 해에는 교사, 학생, 학부모의 적극적인 관심과 참여로 활기를 띠었다. 교사들은 새로운 아이디어로 새로운 시도를 하였다. 서울시 농장 지원 사업, 환경부 환경체험 프로그램 공모, 영양사의 식습관 개선 활동, 행정실의 전기 절약 사업 추진 등 각자의 관심과 재능으로 다양성한 프로그램을 운영하였다.

생태동아리와 환경동아리에 많은 학생이 관심을 갖고 참여하였다. 방과 후 생명과학 동아리 반은 2개 반에서 5개 반으로 늘었고, 토요 방과 후 초록지킴이 동아리는 지원자가 많아 추첨을 해야 했다. 도서실에는 다양한 생태 관련 서적을 구비하였고, 생물의 생태에 관심을 갖는 학생이 늘면서 탐구 보고서도 제출되었다. 인근 이화여대 영재원, 서부 영재원 등에서 생명탐구를 주제로 공부하는 학생 수가 크게 늘었다. 학부모님들은 텃밭지기 모임을 구성해 적극적으로 지원, 활동하였다.

셋째 해에는 예기치 못한 어려움이 다가왔다. 익숙함이 주는 무관심이 나타난 것이다. 더 이상 사업을 확장하기보다 그동안 진행

해온 사업을 유지하고 보완하는 데 주력하면서 아이들의 삶에 자연스럽게 스며들 수 있는 프로그램을 모색하였다.

작물을 텃밭 상자와 화분에서 재배하다 보니 토양이 산성화돼 식물들이 살아가기 어려워졌다. 모든 텃밭 상자의 산성도를 측정하고 흙을 갈아엎으며 농작물의 생장에 적합한 흙을 찾아 갈아 주었다. 한 화분에 한 가지 종류만을 심던 기존의 방식에서 함께 심으면 좋은 작물을 찾아 혼작을 하였고, 콩을 섞어 심어 땅심을 높였다. 자투리 공간에 다양한 야생화 씨앗을 뿌려 모종을 만들고 곳곳에 분양하면서 나눔의 기쁨을 함께했다.

무엇보다 3차년도에는 지역사회 연계 활동을 적극적으로 진행했다. 적절한 지역사회 프로그램을 찾아 학년별 교육활동에 지원을 받았고, 고민을 함께 해결해나갔다. 또한 우리 지역에서 우리와 같이 농업과 환경보호활동을 하고 있는 교사들과의 '카톡방'을 개설해 수시로 정보를 교환하고 연꽃과 야생화, 김장 모종을 나누었다.

3년간의 과정 속에서 가장 큰 변화는 우리 꿈과 미래에 자연을 더하였다는 점이다. 학생들은 장래 희망 조사에서 꽃과 동물을 기르는 경찰관, 허브를 응용한 바리스타, 생태 원예활동을 하는 교사, 멸종위기종을 살리기 위해 연주하는 피아니스트, 환경보호 프로젝트를 진행하는 은행원을 꿈꾸고 있다. 다양한 식물을 기르고 주말농장을 운영하는 가정이 눈에 띄게 늘었고, 숲 해설가 과정을 공부하고 야생화 사진을 찍는 교사도 생겨났다.

C F
50 120
40 100
30 80

한번은 학생들을 대상으로 재미있는 실험을 했다. 한 화분은 “미워요”, 다른 화분은 “사랑해요”라고 말하면서 관찰하는 것이다. 어떤 화분이 더 잘 자랄까.

“사실 과학적 근거는 없다고 해요. 하지만 우리가 진실만 말하고 사는 것은 아니잖아요. 콩나물만 한 것은 아니고 양파와 꽃도 했는데 결과는 비슷비슷했지만 중요한 시사점을 얻었어요. 학생들이 말을 할 때 그냥 하지 않는다는 거예요.”

김지현 교사의 얘기다. 그냥 “미워요”라고 말만 하는 학생은 없었다. 손으로 툭 치거나 눈을 흘기기도 하고 햇빛도 들지 않는 구석에 처박아 두기도 했다. 물을 줄 때 일부러 흘리기도 했다. ‘사랑해요’ 화분에 더 정성을 기울인 반면 ‘미워요’ 화분은 홀대했다. 교

사들은 이 실험을 통해 감정에 따라 학생들의 행동이 달라진다는 사실을 알았다.

“사실 통합, 융합교과를 쉽게 얘기하는데 문서상으로만 억지로 꿰맞추는 경우가 많아요. 꽉 짜인 교과계획안에 끼어 넣기도 힘들고요. 우리 학교에는 생태환경교육에 관심 있고 좋아하는 선생님은 많았지만 전문가가 없었어요. 그러다 보니 시행착오를 겪으면서 다양하고 특이한 활동을 많이 했는데, 그게 오히려 금화초의 특징이 된 것 같아요. 욕심 내지 않고 선생님들이 할 수 있는 만큼 했는데 그러다 보니 저마다의 다채로운 색깔이 나온 것 같습니다.”

변화는 소리 없이 온다. 저마다 다른 성장 과정과 생각을 갖고 있는 사람들이 모여 ‘에코스쿨’을 만들기 위해 마음을 합쳤다. 이처

럼 3년간의 사업을 수행할 수 있었던 것은 구성원들의 마음이 함께 모였기 때문이다. 땅을 갈고 모종을 심고 물을 주고 벌레를 잡고 과실을 따서 함께 나누는 이 과정을 통해 학교공동체 구성원들은 자연과 더불어 살아가는 방법을 배우고 있다. 이들은 생명이라는 새로운 구성원을 맞아들이면서 깨달았다. 부지런하게 움직이고 정성껏 돌봐야 생명을 지킬 수 있고, 결실을 맺을 수 있다는 평범한 진리를.

낮은 목소리

자연과 인간이 공존하는 학교를

김지현 • 금화초 교사

타고난 성정이 밝고 유쾌한 사람이 있다. 스스로 가진 빛으로 주위를 빛나게 만드는 이가 있다. 그런 사람을 보면 덩달아 기분이 좋아진다. 김지현 금화초 교사(과학정보부장)가 그런 사람이다. 표정도 밝고 목소리도 또랑또랑 활기가 넘친다. 그는 초빙교사로 금화초로 와서 학교농장 사업을 진행하였다.

"도시 속에 살고 있는 학생들은 모든 것이 인공적이지요. 입고 있는 옷, 먹는 음식, 쉬고 잘 수 있는 집 등 거의 모든 것이 자연과는 동떨어져 있어요. 입고 있는 옷은 시장에서, 먹는 음식은 비닐하우스에서, 집은 아파트나 도시형 주택이지요. 도시에서 살아있는 생명과 초록빛을 보기가 어렵지요. 절박한 문제라고 생각했어요."

벼가 어떻게 생겼는지조차 모르는 채 자라나는 도시의 아이들. 화분에 벼를 심고, 텃밭에 오이며 가지, 고추를 심었다. 식물이 자라 제법 무성해지자 새와 벌레가 찾아왔다. 어느 순간부터 학생들의 관심은 온통 텃밭에 쏠렸고, 화제는 자연으로 바뀌었다. 나무와 풀에도 이름이 있다는 사실을 깨달았고, 순환에 대해서 배웠다.

"욕구 불만이나 좌절감이 있고 화를 잘 내던 아이들의 적대감이 낮아졌죠. 외롭거나 슬픔을 느끼는 우울함이 덜해졌어요. 과거에 있었던 충격적인 경험이나 감정 등이 영향을 미치는 정서충격이 낮아졌는데 특히 친화력이 현저하게 향상되었습니다. 그전에는 운동장이나 복도에서 자주 다투고, 소리를 지르거나 욕을 하고, 어항 속에 손을 넣어 물고기들을 못 살게 구는 아이가 많았어요. 이제 그런 아이는 거의 없어요. 타인을 이해하고 배려하는 모습을 자주 볼 수 있습니다. 자연을 좋아하면 마음이 넓어지고 여유가 생기는 것 같아요."

김 교사는 자연에 익숙해지려면 천천히, 긴 호흡으로 해야 한다고 말한다. 너무 힘들거나 의무감에서 하면 오래 갈 수 없다는 것이다. 자신이 하기 싫은 일은 다른 이에게도 그럴 것이니 늘 자신에 묻곤 한다. 힘들지 않을까?

"처음엔 신기해하고 재미있어 하지요. 새로운 것을 하니까. 이듬해에는 열정이 넘쳐서 이것저것 마구 벌리고…. 하지만 해를 더할수록 '똑같은 것 또 하네' 하면서 심드렁해지지요. 그래서 아, 가랑

비에 옷 젖듯 해야겠구나, 전략을 바꾸었지요. 환경교육은 절대 혼자 할 수 없어요. 에너지가 무척 많이 드는 일이지요. 그래서 밖에 있던 식물들을 슬금슬금 교실로 들여오고, 옥상텃밭도 많이 정리했지요. 이제는 할 수 있는 것 위주로 합니다."

생태문화 다양성 프로그램을 경험한 학생들로 외향성에 많은 향상을 보였고, 개방성, 친화성, 성실성 모든 부분이 나아졌다. 저학년부터 3년간 생태문화 다양성 프로그램을 접한 학생들에 비해 변화가 적었으나, 건강한 인성 향상에 의미 있는 변화를 보여 주었다고 볼 수 있다.

"5년 정도 하니까 이젠 탄소 발자국을 줄이기 위한 실천이 생활 속에 자리 잡은 것 같아요. 학교는 물론 가정에서 환경의 중요성을 알게 되었고, 조금은 불편하더라도 건강한 삶을 위한 길을 찾고 있습니다. '매직'을 경험해본 교사는 몸으로 압니다. 생명체가 없는 교실의 아이들은 (생명체가) 있는 교실에 비해 정서적으로 안정적이지 못하다는 사실을. 처음에는 저도 믿지 않았어요. 거의 밀림 수준으로 풀이 많은 교실의 아이들은 정말 감성이 촉촉하고 훨씬 안정감을 보입니다. 눈빛이 달라요. 생명체를 기르는 일은 중독성이 있어요. 한번 해보면 그다음부터는 안할 수 없게 되는 것 같아요."

곁에 있던 전민자 보안관이 슬쩍 거든다. 31년간 평교사로 재직하다 정년퇴임 후 금화초에서 자원봉사를 하고 있는 그는 가장 가까이에서 학생들을 지켜보는 이 중 하나이다.

"식물을 심고 가꾸면서 아동들의 인성이 눈에 띄게 좋아졌지요. 처음에는 그저 시키는 대로 했는데 2, 3년이 지나면서 스스로 돌보고 가꾼답니다. 수확의 기쁨을 느끼고 맛있게 나누어 먹는 모습을 보면 정말 사랑스럽습니다."

김지현 교사와 학교 옥상에 올랐다. 문을 열고 들어서는 순간 시원스런 광경이 펼쳐졌다. 푸른 나무와 초본식물들이 너른 옥상 전체를 뒤덮고 있었다. 살뜰하게 잘 가꾼 정원 곳곳에 정자며 벤치가 놓여 있다. 잠시 쉬어가라는 배려가 엿보인다. 도심 한가운데 이런 녹색지대가 있다니 숨통이 트이는 것 같았다.

"저는 전혀 '환경스럽지' 않은 교사예요. 멀쩡한 화분도 다 죽이고…. 이젠 꽃집 앞을 지나가다도 발길을 멈춥니다. 주변에서는 제

가 이상해졌다고 말합니다. (웃음) 이번에 환경교육을 하면서 저도 많이 배웠어요. 이젠 어디 가면 나도 모르게 '어 뭐가 이리 허전하지?' 합니다. 화분이 놓여야 할 자리가 비어 있는 걸 느끼는 거지요. 식물이 없는 교실에 들어서면 '여기에 생명체라곤 너희와 나밖에 없구나, 좀 삭막하지 않니?'라고 얘기합니다. 학교가, 교실이 푸르다는 것이 너무 좋습니다. 이젠 어딜 가도 녹색 없이는 살지 못할 것 같아요."

명랑하고 쾌활한 김 교사에게는 요즘 걱정이 생겼다. 함께 프로젝트를 수행한 교사들이 많이 떠난 것이다. 어느 학교나 지속가능성이 고민이었다.

"저처럼 토요일 일요일에도 신경 안 쓰고 나오는 이상한 선생님들이 많았어요. 늦게까지 일해도 절대 토 안 달고 막 하고 싶어서 하고. 시선이 늘 아이들과 생명에 가 있고, 욕심 없이 연구하는 것 좋아하는 선생님이 많이 모였어요. 그게 큰 동력이었는데 앞으로 어쩌나 걱정도 됩니다."

김 교사는 한편으로 걱정이면서 다른 한편 민들레 홀씨처럼 널리 퍼져 나갈 것이라 믿고 있다. 그에게 학교는 자연과 인간이 공존하는 공간이다. 그는 금화초처럼 다른 학교도 푸르러지길 바란다. 그는 콘크리트로 둘러싸인 도심 학교에서도 그것이 가능하다는 것을 보여주었다. 나무는 땅에서만 자라는 것은 아니다. 뜻이 있다면 돌 위에서 꽃이 피지 않으랴.

그룹 채팅

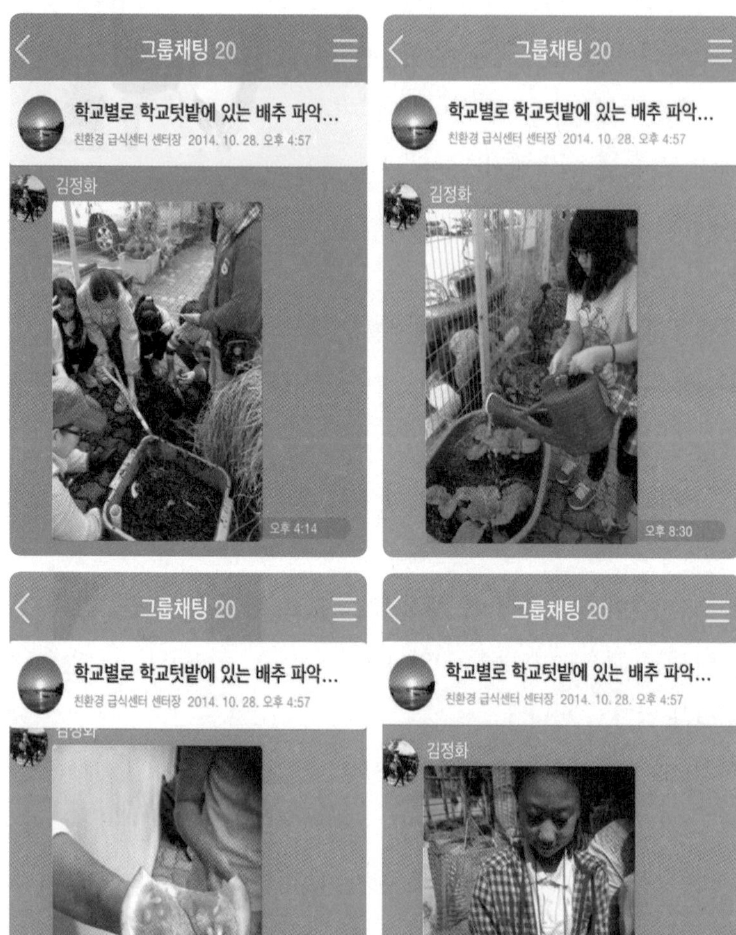
그룹채팅 20
학교별로 학교텃밭에 있는 배추 파악...
친환경 급식센터 센터장 2014. 10. 28. 오후 4:57
김정화
오후 4:14
그룹채팅 20
학교별로 학교텃밭에 있는 배추 파악...
친환경 급식센터 센터장 2014. 10. 28. 오후 4:57
김정화
오후 8:30
그룹채팅 20
학교별로 학교텃밭에 있는 배추 파악...
친환경 급식센터 센터장 2014. 10. 28. 오후 4:57
오전 11:51
그룹채팅 20
학교별로 학교텃밭에 있는 배추 파악...
친환경 급식센터 센터장 2014. 10. 28. 오후 4:57
김정화
오전 11:51

신문

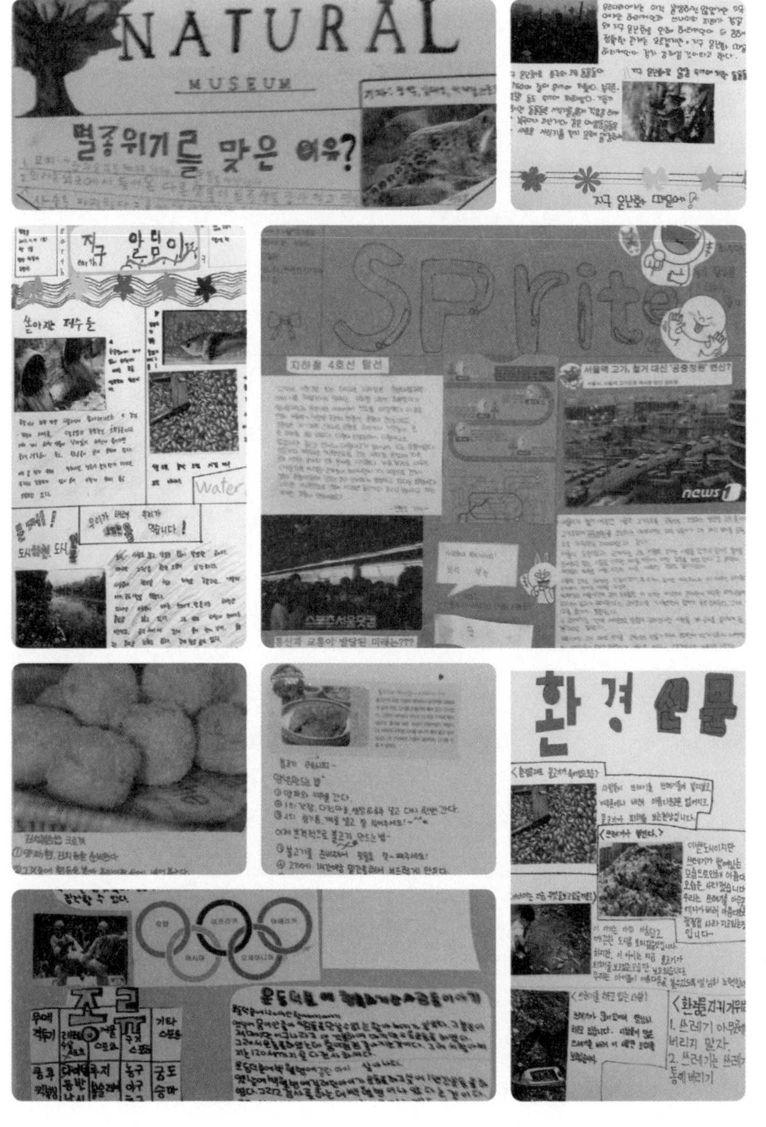

에코달력 & 월드컵과 브라질

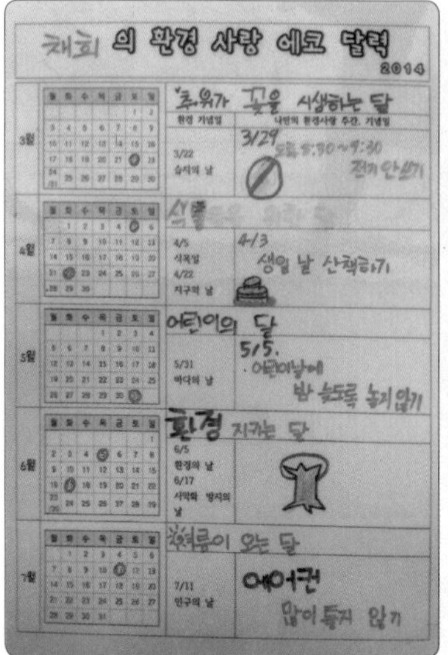

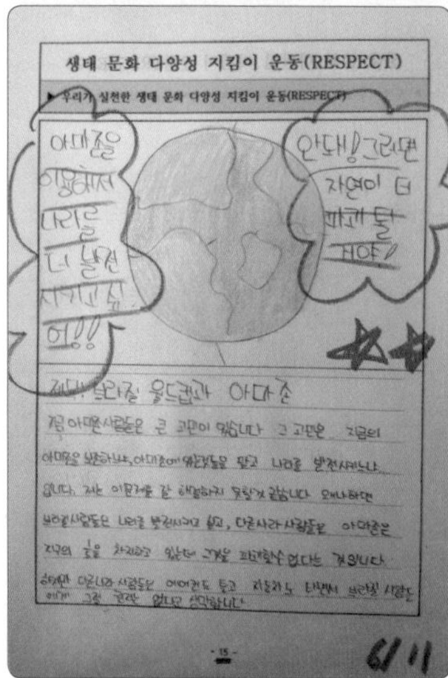

교실 속 생물

보살핌
받는
존재에서
보살피는
존재로

태백미래학교 동식물자원을 통한
장애학생 맞춤형 환경·직업교육 프로그램

기르기와 가꾸기 교육

닭을 무서워하던 홍준이

동물과 식물에 대한 이해

환경교육이 가져온 변화

태백 지역은 지역 특성상 타 지역에 비해 장애 출현률이 상대적으로 높은 지역이다. 이는 광물자원에 따른 환경파괴와 연계성이 있다고 본다. 태백미래학교는 강원도 특수교육의 불모지나 다름없었던 영동 남부 지역에 2004년 3월 5일 개교한 정신지체 및 지체부자유 아동 교육기관으로서, 고원 청정 지역의 특성을 최대한 살릴 수 있는 직업교육으로 무항생제 축산물을 재배·사육→관리→포장→판매로 이어지는 교육 시스템으로 구축하여 직업교육인 동시에 취업이 가능한 시스템을 운영하고자 하였다.

기르기와 가꾸기 교육

강원도 태백시에 들어서자 갑자기 풍경이 바뀌었다. 제천, 영월을 지나 평일 국도의 한가로움에 한껏 풍요로웠던 시간도 동시에 사라졌다. 온 도시가 플래카드로 가득했다. 도로를 따라 '태백시민 다 죽이는 장성광업소 폐광 결사반대'의 주장이 담긴 온갖 플래카드가 걸려 있다. 대한석탄공사 장성광업소가 오는 2019년 폐광된다는 소식에 태백시가 발칵 뒤집혔다더니 그 말이 실감났다. 정부가 석탄공사 산하 3개 탄광을 순차적으로 폐광한 뒤, 석탄공사를 정리한다는 방침을 내놓자 태백시민들은 규탄성명을 발표하고 반대투쟁에 나섰다.

지역에서 인구문제는 절박하고 첨예한 사안이다. '5만 인구 회복'을 절체절명의 과제로 설정하고 매진하던 태백시는 지역의 대들보인 장성광업소가 문을 닫는다는 소식에 공황상태에 빠졌다.

꽃사랑
커피사랑

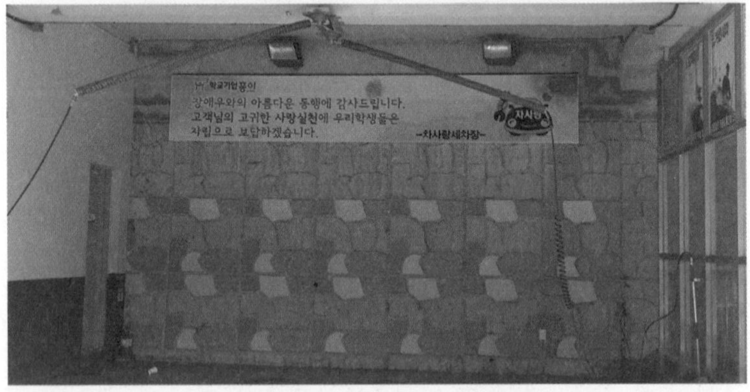
학교기업꽃인
장애우와의 아름다운 동행에 감사드립니다.
고객님의 고귀한 사랑실천에 우리학생들은
자립으로 보답하겠습니다.
-차사랑세차장-
차사랑

차사랑세차장

2016년 5월 현재 장성광업소는 직영 654명, 협력업체 297명 등 모두 951명이 연간 48만 톤의 무연탄을 생산하고 있다. 시민들은 장성광업소가 폐광되면 인구 4만 명선 붕괴는 물론 도시 존립 기반이 아예 무너질 것이라 우려하고 있다.

태백시 금천동의 태백미래학교(이후 미래학교). 2004년 3월 5일 개교한 이 학교는 장애학생을 위한 무상교육기관이다. 유치원과 초중고, 전공부 학생 87명이 기숙하는 학교공동체로 가족 참여와 지원활동 프로그램, 장애인 종합복지관과 연계한 치료교육, 다양한 방과 후 프로그램을 운영하고 있다. 차사랑(자동차 해체와 재활용), 꽃사랑(녹색식물자원 재배와 판매), 커피사랑(카페 운영과 바리스타 양성교육장) 등 학교기업도 운영하고 있다. 학교기업은 직업생활에 필요한 기능을 습득하고, 지역사회와 연계한 일자리 창출을 목표로 설립되었다.

마중 나온 서인석 교사도 지역 현안부터 언급했다. 안 그래도 지역 기반이 취약한데 장성광업소마저 폐광한다면 미래학교의 앞날도 어두워질 것이라 걱정한다. 강원도 오지, 지적·지체학생 대상의 특수학교는 이중삼중의 난관에 처해 있다. 그러기에 미래학교의 환경교육 프로그램이 더욱 눈물겹고 소중한지도 모르겠다.

"학생들 대부분이 중증 장애를 갖고 있습니다. 자폐 성향이 있는 아이도 있고, 휠체어를 타거나 손을 못 쓰는 아이들도 있어요. 유치원과 초중고, 전공과가 있는데 각각 2, 23, 15, 28, 23명씩 해서 전교생이 89명입니다. 한 반에 중증 아이가 2명, 3명만 있어도 정말 힘듭니다. 직업교육도 마찬가지예요. 프로그램을 아무리 잘 만들어도 아이들이 따라오지 못하거나, 문제 행동을 하게 되면 적용하기가 매우 힘들죠. 일반 학생과는 달라서 일일이 손이 다 가야 하니까요."

미래학교는 기숙학교이다. 학생의 3분의 1이 태백 관내에 거주하고, 3분의 2가 강원도 전역에서 온다고 한다. 영월, 원주, 동해, 삼척, 속초, 인제, 평창, 정선 등 여러 곳에 사는 학생들이라 2주일에 한 번씩 귀가했다가 다시 학교로 돌아오는 것도 큰일이다.

"학생들이 귀가하는 날은 교사들이 구역을 정해서 데려다주고 데리고 옵니다. 저 같은 경우는 속초 담당이어서 아이들 데리고 속초로 가서 부모님께 인계했다가 월요일 새벽에 다시 집으로 가서 데려옵니다. 2주일에 한 번씩 교사들이 자진해서 다니는 거죠."

방과 후 수업도 자원봉사로 하고 학생들이 잠들 때까지 학교에 남아 있는 게 일상이었다. 교사들은 학교 인근에서 거주하거나 자취를 한다. 철저하게 학교와 학생 중심으로 일상이 돌아간다.

"일과는 9시부터인데, 아이들이 8시 반에 아침식사를 해야 하기 때문에 그 전에 세수와 양치를 시키고 기숙사에서 아이들을 데리고 나와 아침운동을 합니다. 모든 게 학생 위주로 되어 있어요. 정규수업이 끝나면 방과 후 수업이 이어지고, 그리고 기숙사에 들어가요. 교사들은 보통 9시나 10시쯤 퇴근합니다."

여기저기 흩어져 있는 농장(텃밭과 계사) 관리와 학교기업의 운영도 교직원들의 몫이다. 어떻게 그 많은 일을 다 하느냐고 놀라워

하자 서인석 교사가 "저도 그게 신기한데… 다 하게 돼 있습니다"라면서 씩 웃는다.

"큰 어려움은 없었는데…. 환경에 관련된 멘토나 기관이 없어 답답할 때가 많았고, 눈비가 잦아 계획한 일정에 차질을 빚기도 했어요. 학교 행사와 겹치거나 담당자 출장으로 인해 계획대로 진행하지 못한 일도 있었고…. 그래도 대체로 순조롭게 진행되었다고 볼 수 있지요."

'동식물자원을 통한 장애학생 맞춤형 환경·직업교육 프로그램'은 지역사회와 연계한 실천 중심의 직업교육으로 2013년에 시작하였다. 이 사업의 목표는 장애학생들이 양계와 작물재배 활동을 통해 정서적 안정을 꾀하고, 졸업 후 생활의 기틀을 마련하는 것이다. 태백 지역의 모든 학생이 자연생태학습장을 이용할 수 있도록 교육환경을 조성하는 것까지 덧붙였다.

"특수교육에 환경생태교육을 접목한 거죠. 장애학생들의 정서나 사회성 변화에 영농교육, 동물과의 교감이 영향을 줄 거라 기대했죠. 닭을 사육하는 일을 규칙적으로 반복하면서 정서적으로 불안한 아이들이 안정이 되고, 자연친화적으로 바뀌어나갑니다. 그 변화가 아이들 그림과 행동으로 확인되니까 교사로서 의욕도 생기고 보람도 느끼지요."

친환경 양계교육 프로그램은 기르기 활동이다. 살아 있는 생명체와의 직접적이고 꾸준한 만남은 장애학생들에게 정서적 애착을 갖게 하고 학생 스스로가 '보살핌을 받는' 존재에서 '보살피는' 존재로의 경험을 하게 된다. 살아 있는 동물과의 지속적인 만남을 통해 다른 자연 요소에서 느낄 수 없는 신비로움과 독특한 희열을 느끼게 되는 것이다.

닭을 무서워하던 홍준이

기르기 활동을 통해서 얻을 수 있는 교육적 가치는 매우 크다. 첫째, 자연과 장애학생이 연결되는 기회를 통해 정서적 유대감을 갖게 만든다. 둘째, 동물을 돌보는 경험을 통해 생명에 대한 책임감과 생명존중 의식을 함양한다. 셋째, 동물을 돌보는 방법과 적합하거나 적합하지 않은 환경에 대한 지식을 확대한다. 넷째, 일정한 주기로 변화하는 동물의 생태를 통해 탐구 능력을 신장시킨다. 다섯째, 동물의 특성과 성장 과정을 관찰하면서 학생주도의 학습경험을 제공한다.

인간은 태어나면서부터 자연환경에 둘러싸여 자라고 자연환경 속에서 보고 듣고 느끼고 의문을 가지면서 성장한다. 자연친화적 교육은 학생들에게 자연과의 접촉 기회를 많이 제공함으로써 자연을 공존의 대상으로 받아들이고 생명의 중요성을 알 수 있도록 한다. 또한 학생들이 본래 가지고 있는 능력을 스스로 발휘할 수 있도록 돕는다.

미래학교는 동물자원(양계)을 통한 장애학생 맞춤형 친환경 양계교육 프로그램을 3년 동안 운영하였다. 1차년도에는 사업 기반 시설 구축 단계로 친환경 계사를 완공하였다. 이로 인해 안정적인 양계 사육 여건을 마련하면서 장애학생에게 현장 실습의 기회를 제공할 수 있었다.

기존 비닐하우스 계사에서 신축 계사로 전환하면서 야생동물로 인한 피해를 막을 수 있게 된 것이다. 땅을 파고 들어와 닭을 물어 죽이는 야생 쥐와 족제비는 그동안 골칫거리였다. 또 태백 지역의 특성상, 눈이 많이 내리면 비닐하우스가 무너지거나 철제골조가 휘어지곤 했는데 그 문제도 해결할 수 있었다. 안전하고 튼튼한 양계 시설을 마련함으로써 계란 수급이 가능한 틀이 마련되었다. 신축 계사가 8월에 완공되면서 2학기부터 프로그램을 시작하였다.

2차년도에는 사육장을 관리하면서 단계적으로 프로그램을 운영하였고, 동물과의 교감활동을 통해 어떤 변화가 나타나는지 살펴보았다. 학생들은 사육활동을 통해 생명의 소중함을 느끼고, 동물과의 교감활동을 통해 정서적 안정을 도모할 수 있었다. 그리고 자기관리 능력도 향상되었고, 계란 판매 수익으로 소액이나마 임금을 받을 수 있었다.

3차년도에는 프로그램의 소중한 결과물을 지역사회의 학교, 유관기관과 공유하였다. 이 프로그램은 장애학생들의 환경교육, 직업교육에 큰 도움이 되었다. 일상생활과 직업 기능의 향상, 정서 안정, 문제행동 감소 등 유의미한 영향을 미친다는 결과를 얻었다.

태백은 날씨가 춥고 눈이 많이 내리는 지역으로 3월에 프로그램을 운영하기에는 어려움이 많아 4월 중순쯤부터 프로그램을 시작한다. 직업교육을 처음 접하는 중학교 영농반 학생을 중심으로 활동하였는데 닭을 무서워하는 학생이 있었다. 홍준이는 양계장 근처에도 가지 못하였다.

그래서 1학기 동안에는 늘 벤치에 앉아 다른 활동을 하였다. 어떻게 하면 홍준이가 친구들과 함께 활동을 할 수 있을까. 처음에는 홍준이에게 토근강화법(보상)을 통해 참여를 유도하였으나 별 관심이 없었다. 또 체계적 둔감법(이완훈련과 함께 공포를 일으키는 대상에 노출시키는 행동치료 기법)을 적용해보았으나 이마저 신통치 않았다.

동물과 식물에 대한 이해

실패를 거듭했다. 하지만 두 달 정도 지날 무렵 변화가 생겼다. 아이들이 닭장에 들어가 즐겁게 일하는 모습을 보면서 홍준이가 관심을 보이기 시작한 것이다. 아주 미약했지만 가능성이 보였다. 흥미와 관심을 지속할 수 있도록 닭과 병아리를 주제로 대화를 나누었다. 그리고 닭의 행동을 관찰하고 그 내용을 발표하도록 하였다.

놀라운 변화가 일어났다. 홍준이가 급우들을 따라 양계장에 들어가는 것이었다. 그 후 홍준이는 "어평(양계장)에 가고 싶다", "알 낳았어" 등의 표현을 하였다. 또 닭을 감싸안고 토닥이고, 작업복

과 작업화를 혼자 입고 신었다. 작업이 끝나면 신발을 털고 옷을 정리할 수 있게 된 것이다. 어느 날엔가는 계란을 닦고 포장한 다음에 "선생님 집에 가지고 가도 돼요?"라고 말해 선생님들을 놀라게도 하였다.

양계 프로그램은 계란 수거하기, 세척하기, 사료 주기, 배설물 제거하기, 닭의 부산물과 짚, 왕겨로 퇴비 만들기의 과정을 거쳐야 하는 일이었다. 학생들은 모두 자기 점검표와 관찰일지를 작성하였는데, 수준별로 그림을 그리거나 글로 표현하였다.

"계란도 많이 깨먹었어요. 계란을 꺼내올 때뿐 아니라 닦는 과정에서도 많이 깨먹었죠. 닭을 무서워하는 아이도 있지만 좋아하는 아이도 많았어요. 닭은 사육하면서 다양한 경험을 하게 되고 이것이 정서적으로 큰 도움이 되는구나 생각했어요. 아이들이 닭장에 가고 싶다고 하고 시키지 않아도 알아서 작업복을 입고 준비합니다. 그런 변화를 보면 큰 보람을 느끼죠."

부산물을 이용한 친환경 작물재배 활동도 3년 동안 진행하였다. 1~2차년에는 방울토마토, 오이, 감자, 고구마, 가지 등을 재배하였다. 3차연도에는 옥수수와 고추를 추가해 대량재배를 하였다. 학생들이 수확한 작물은 주말에 가정에 보냈는데 학부모의 만족도가 높았다. 학생들은 재배 전 과정에 참여해 수확의 결과물까지 받아봄으로써 성취감과 자신감을 얻을 수 있었다.

작물재배는 전공과, 고등학교, 중학교 학생을 대상으로 진행했다. 4월부터 얼어붙은 땅을 고르고 자연숙성한 유기농 퇴비를 밭에 뿌리며 시작한다. 작업 전에는 항상 안전교육을 실시하였는데 학생들 스스로 "옆사람을 조심해야지" 하면서 수레 안에 농기구를 담아 밭으로 이동하는 등 익숙해졌다.

4월에 이랑 만들기와 비닐덮기를 하고 농기구 사용법을 익혔다. 4월 말에서 5월 초에 모종을 옮겨 심었다. 장애 정도가 다른 학생들에게 개별 학생의 능력에 맞게 작업을 나누어 세심하게 지켜봐야 했고, 전체적으로는 협동학습을 실시하였다. 돌을 골라내고 삽질을 하고 비료를 옮기는 힘든 작업이었지만 힘을 합쳐 즐겁게 작업에 참여할 수 있도록 유도하는 게 관건이다.

3인 1조로 이랑을 만든다. 힘 좋은 학생이 비닐을 잡고 나머지 두 학생이 비닐 양쪽을 덮는 방식으로 작업하였다. 3차년도는 옥수수, 감자, 고구마, 상추, 오이, 토마토, 호박, 고추 등 작물을 많이 심을 수 있게 되었다.

학생들은 직접 관리(푯말 만들기, 잡초 제거, 물주기 등)하며 자신이 무엇을 해야 하는지 조금씩 알아갔다. 또한 자기 점검표를 활용하고 학생들 상호 간에 피드백을 받는 등 다양한 자극을 주려 했다. 관리에 필요한 농기구를 직접 활용해 기초 기능과 조작하는 기능이 향상되었으며, 학생들과 함께 작물을 재배하며 협동심을 기르게 되었다.

"올해는 양계 비중을 축소하고 텃밭 쪽으로 중심을 옮겼어요. 감

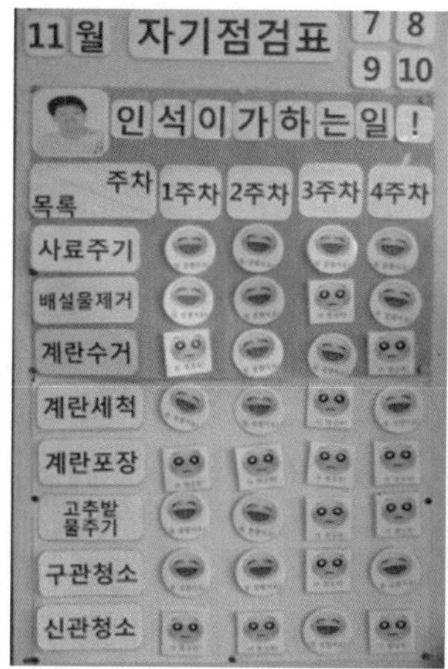

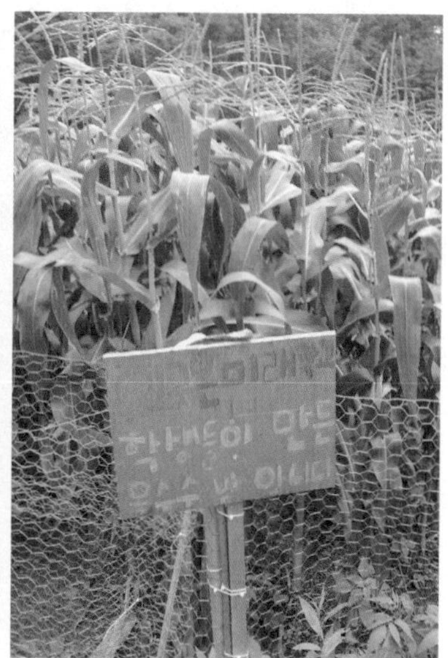

자, 가지, 고추와 산마늘을 많이 심었습니다. 수확한 작물을 급식실에 보내니까 자급자족용 텃밭이라고 할 수 있어요. 아이들이 힘들어 하면서도 재미있어 합니다. 수확한 작물을 자신이 쓴 편지와 함께 학부모에게 전해주면 무척 좋아합니다."

유기농 비료 덕분인지 3년 차에는 풍년이 들었다. 수확한 작물은 가사 실습활동에도 사용하였다. 비빔밥, 된장찌개, 호박전, 고추전, 가지전, 찐 감자, 찐 옥수수, 찐 고구마 등 다양한 음식을 만들어 먹었다. 수확한 작물과 가사 실습을 연계한 진로교육의 시도였는데, 이제는 어느 정도 정착이 되었다고 볼 수 있다.

환경교육이 가져온 변화

3차연도에는 의욕적으로 '프로그램 홍보와 활성화'라는 주제를 잡았다. 환경교육 프로그램을 인근 지역까지 전파하고 활성화하는 것이다. 홍보물을 나누어주는 일은 이곳 학생들에게 무척 어려운 일이다. 아이들은 힘겨워했다. 그래서 다른 부스를 체험하게 하면서 운영 상황을 관찰할 수 있도록 했다.

학생들에게 서비스 교육도 실시하였다. 1조는 인사조로 고객들이 지나갈 때 인사하고 제품을 홍보하였다. 2조는 제품을 관리하고 포장하였다. 처음에 어색해하던 학생들도 인사를 나누고 대화

를 주고받으면서 금세 좋아졌다. 2조는 물건을 판매하고 계산기를 사용해 가격을 계산하고 장부를 관리하였다. 비록 물건을 많이 팔지는 못했지만 제품을 만들고 판매할 역량을 갖추었다는 점을 홍보할 수 있었다.

3차연도에는 태양광 자동차 만들기를 하였다. 이를 통해 태양광이 일상과 동떨어진 과학원리가 아닌 현재와 미래의 유용한 대체에너지원이라는 것을 이해할 수 있도록 학생들에게는 강의식 설명보다 자동차 같은 물건으로 설명하는 것이 더 효과적이었다.

중학교 2학년 이서현 학생의 관찰일지에는 사람이 닭을 쓰다듬는 그림이 나온다. 그리고 그 아래 '닭한테 사료밥 주고 물 주고 재미있어요'라는 문구가 네 차례 반복된다. 또 다른 일지에는 계란을 꺼내는 그림을 그리고, '닭장에 들어가서 품고 있는 계란을 꺼냈다. 무서웠지만 기분이 좋다'는 글귀를 적었다. 그 다음 관찰일지에는 삽과 고리를 그려 넣고 닭장을 청소했다고 적었다. 사료, 물, 병아리를 그리기도 하고, 배설물을 치우고 계란을 씻고 포장하는 것까지 전 과정을 서툴지만 정확하게 표현하고 있다.

이처럼 환경교육 프로그램을 운영한 결과 원예, 양계를 통해 농업과 축산업이라는 직업 세계에 대해 이해하고 기능이 향상되었다. 세부적으로는 작물재배를 통해 농기구 사용법을 익혔고 정지, 정식, 수확 과정을 원만하게 소화하였다. 또한 수확물을 이용해 다양한 요리를 만들어봄으로써 기초 조리 능력이 향상되었다.

닭을 기르면서 동물을 다루는 방법과 시간에 맞게 사료 주는

법을 익히고 스스로 작업 규칙을 지키게 되었다. 또 생산된 달걀을 세척하고 포장하면서 기초 포장 조립 능력을 갖출 수 있었다. 자기 점검표 작성, 판매액 정리 등을 통해 문서작성 능력과 계산 능력이 향상되었다.

이 밖에도 정서적으로 불안하던 학생들이 식물재배를 통해 환경 친화적으로 변화했고 신체에너지를 사용하면서 과잉행동이 크게 줄어들었다. 동물 돌보기를 통해 정서적 안정감을 보였고, 동식물에 대한 거부감이 줄어들었다. 육체적 노동을 통해 근육이 발달하였고 섬세한 작업도 불량 없이 해낼 수 있었다.

일상생활에 필요한 기술도 향상되었다. 장애학생 특성상 신발을 반대로 신거나 의복을 바로 입지 못했는데 지속적인 반복 훈련을 통해 자신의 의복을 스스로 점검하고 사용한 공구는 정리정돈하는 습관이 생겼다.

사회성 기능도 향상되었다. 협동 작업을 통해 다른 장애학생을 이해하게 되고 과업수행을 위해 의사소통하고 의견을 나누었다. 특히 자신보다 약한 동료를 도와주는 등 배려심이 전반적으로 높아졌다. 지역사회 축제장에서 일반인과 대화하고 생산한 물건을 판매하는 등 사회적응력도 높일 수 있었다.

학생들은 닭을 돌보고 채소를 기르면서 조금씩 스스로를 돌보는 존재로 변화하고 있다.

낮은 목소리

단 한 명이라도 홀로 설 수 있다면

서인석, 정인영 • 미래학교 교사

쏘는 듯 강렬한 태양빛이 쏟아지고 하늘엔 구름 한 점 없다. 학교기업 '커피사랑' 야외 테라스에 서인석, 정인영 교사와 마주 앉았다. 얼음을 가득 담은 냉커피가 나왔다. '커피사랑'의 바리스타는 이 학교 졸업생이다. 적지만 보수를 받는 정식 직원이다.

"처음엔 닭장에 들어가는 것조차 힘들어 했어요. 닭이 무서워 보기만 해도 도망가고… 계란 하나 손으로 쥐는 것조차 어려웠어요. 계란도 많이 깨먹었지요. 계란을 수거해서 세척하고 용기에 담기까지 오랜 시간이 걸렸습니다."

처음 환경교육 프로그램을 시작하였던 정인영 교사가 입을 열었다. 그는 체육과 과학을 담당하고 있다. 특수체육 전공인데, 작년에는 직업교육을 담당했다고 한다. 이 학교에서는 하나의 일만 잘해서는 부족하다. 서인석 교사도 마찬가지이다.

"그 전에 대학에 있었어요. 원래 전공은 컴퓨터 네트워크인데요. 대학에서 강의하다가 특수교사인 부인을 만나서 전직을 하게 됐

습니다. 다시 대학원을 가서 특수교육을 공부하고 이 학교로 오게 됐어요. 6년 해보니까 재미있습니다. 제가 했던 다양한 경험이 도움이 돼요. 특수교육의 경우 전부 융합이 되어야 하는 학문이더라구요. 이 학교의 교육과 실천은 전부 다양한 학문이 집합이 되어야 해요. 치료든 직업교육이든 뭐가 됐든 간에. 저는 직업 쪽으로 경험이 있으니까 아이들에게 접목이 되더라구요."

교보교육재단이 지원한 환경교육의 시작은 다른 선생님이 시작했지만, 정인영 선생님이 이어받았다고 한다. 갑자기 산에서 돌풍이 불었다. 햇빛을 가리려고 펼쳐놓은 파라솔이 날아갈 듯 흔들렸다. 해발 688m에 위치한 깊은 산속에 들어앉은 학교라 자연환경은 장점이기도 하고, 어려운 점이기도 하다.

"부지 확보나 지역사회의 지원 면에서 환경교육에 유리한 점이 많았습니다. 교직원들도 직업교육과 친환경교육에 관심이 많아서

예산을 사전에 투입해 프로그램을 운영할 수 있었습니다. 양계는 다년간 해오던 일이라 시행착오를 줄일 수 있었고요. 직업교육과 연계하였기 때문에 수업 내용 선정에서도 자유로웠지요."

두 교사가 현장을 둘러보자며 일어섰다. 학교 뒤편의 화훼 비닐하우스와 태양열 가로등을 살펴보러 가는데 어디서 괴성이 들려온다. 덩치 큰 학생이 소리를 지르고 있고 그에 비해 턱없이 작은 여교사가 곁을 지키고 있다. 감정을 주체하지 못하는 상황에 주눅이 들만도 한데, 교사는 따뜻하면서 단호하게 대처하였다. 다른 학생들은 곁에서 조용히 지켜보고 있다.

"이곳은 장애학생들에게 최후의 보루 같은 곳입니다. 사회도, 가정도 돌보기 어려운 학생들에게 학교는 유일하게 믿고 의지할 수 있는 곳이지요. 이곳에서 성장해 독립할 수 있으면 최선인데 정말 쉽지 않습니다. 가장 큰 보람은 장애를 딛고 당당하게 독립하는 경우를 볼 때입니다. 척박한 땅에서 탐스러운 과실이 열린 것처럼 말할 수 없이 기쁘지요."

중증장애를 가진 학생 하나가 있으면 돌발적인 상황이 종종 발생한다. 그럴 경우 계획한 수업이나 프로그램 진행은 불가능하다. 교육도 일상활동도 모두 긴장을 늦출 수 없는 환경이다.

학교에서 차로 15분 거리에 있는 직업전환교육센터로 향했다. 규모가 상당히 컸다. 과거 청소년수련원이었던 곳을 사용하고 있다. 운동장이었던 곳에는 양계장 건물과 텃밭과 비닐하우스가 들어섰고, 그 가운데로 물길이 잡혀 있었다. 인공적으로 꾸민 작은 연못이 이곳의 역사를 알려주는 듯했다.

건물 한쪽은 세차장이었고, 안에서는 목공수업이 이루어졌다. 작업복과 장화가 입구에 가득했는데, 이곳에서 연탄 모양의 연필꽂이 '연이와 탄이'를 생산해 판매한다. 수익금은 그리 크지 않다.

미래학교 학생들의 진로는 불투명하다. 김치공장이나 제화공장에 취업하는 경우는 그나마 나은 편이다. 가정으로 돌아가는 경우도 있지만 장애시설로 가는 경우가 대부분이다. 학교기업을 통해 활로를 모색해보지만 그마저 신통치 않다.

"우리 학교의 역사를 한마디로 하자면 자립을 향한 실패의 역사라 할 수 있지요. (웃음) 차사랑은 고철값이 폭락하면서 어려워졌고, 꽃사랑도 화훼산업이 사양길에 접어들면서 전망이 어둡습니다.

커피사랑 역시 마찬가지입니다. 요즘 커피점이 워낙 많아서 생존이 쉽지 않지요. 바리스타는 학부모들이 선호하지만 창업까지 이어지는 경우는 거의 없습니다. 그래도 포기하지 않아요. 우리가 포기하면 자립의 가능성도 사라질 테니까요. 학교협동조합을 모색하고 있습니다. 학교 운영에 지역사회를 참여시키는 것이지요. 그것을 통해 지역사회와 함께 학교의 미래를 고민해볼 수 있을 것 같아요. 학교와 지역사회는 한 몸입니다."

서 교사가 좋은 아이디어 없느냐고 되묻는다. 그에게서 진지함

과 유쾌함이 동시에 묻어난다. 앞으로 환경교육은 어떻게 되느냐고 물었다.

"지금까지 경험과 시설을 바탕으로 친환경체험학습장을 운영하면 좋을 것 같습니다. 장애학생과 비장애학생이 함께하는 통합형 환경교육·직업교육을 계획하고 있는데, 여기에 필요한 특용작물과 비료, 농기계 같은 것을 지원받을 수 있다면 큰 보탬이 될 것 같습니다. 환경교육이 가져온 변화와 성과를 확인했기 때문에 약간의 도움만 있다면 잘할 수 있을 겁니다."

태백산 등산로와 카페 등이 이어져 있는 길을 따라 미래학교로 돌아왔다. 때마침 작업을 마치고 돌아온 지체장애학생이 막 장갑을 벗고 있었다. 올해 스무 살로 졸업생인데 '꽃사랑'에 취업했다고 한다.

교감선생님이 '작업반장'이 일을 잘했다고 칭찬하자 그 학생이 교무실이 떠나가라 웃어젖힌다. 상담을 하던 다른 장애학생이 덩달아 크게 웃었다. 교사들의 얼굴에도 웃음꽃이 피어난다. 동그라미 같은 웃음이 동심원처럼 하늘로 퍼져나갔다.

친환경 양계 프로그램

부산물을 이용한 친환경 작물재배

그림 그리기

환경지킴이 운동

친환경 직업체험학습의 날 & 자연사랑 미술대회

사육장 관찰일지

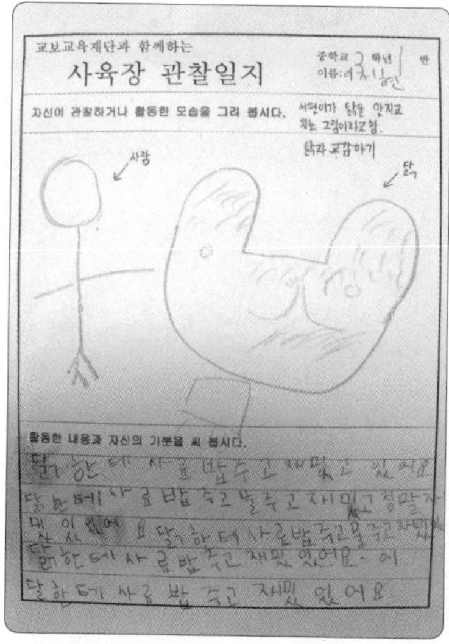
교보교육재단과 함께하는

사육장 관찰일지

중학교 3 학년 1 반
이름: 이서현

자신이 관찰하거나 활동한 모습을 그려 봅시다. 서현이가 닭을 만지고 있는 그림이라고 함.

닭과 교감하기

활동한 내용과 자신의 기분을 써 봅시다.

닭한테 사료 밥주고 재밌고 있어요

닭한테 사료 밥 주고 물주고 재미있고 정말 재미있었어요 닭한테 사료밥주고 물주고 재밌었어

닭한테 사료 밥 주고 재밌었어요. 어

닭한테 사료 밥 주고 재밌었어요

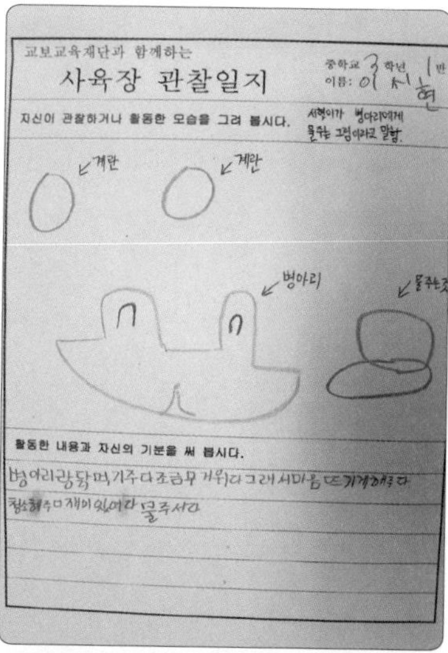
교보교육재단과 함께하는

사육장 관찰일지

중학교 3 학년 1 반
이름: 이서현

자신이 관찰하거나 활동한 모습을 그려 봅시다. 서현이가 병아리에게 물주는 그림이라고 말함.

활동한 내용과 자신의 기분을 써 봅시다.

병아리랑닭먹기주다조금무거워다그래서마음뜨기게해주다

청소해주ㅁ재미있어다 물주서다

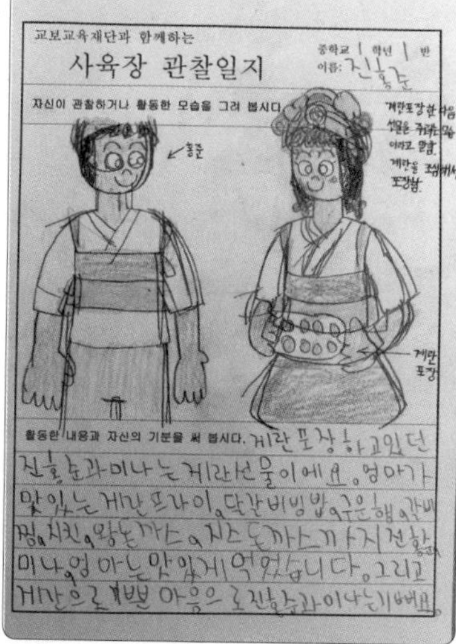
교보교육재단과 함께하는

사육장 관찰일지

중학교 1 학년 1 반
이름: 진홍준

자신이 관찰하거나 활동한 모습을 그려 봅시다. 계란포장한 다음 선물을 주려는 모습이라고 말함. 계란을 조심해서 포장함.

활동한 내용과 자신의 기분을 써 봅시다. 계란 포장하고있던 진홍준과미나는 계란선물이에요. 엄마가 맛있는 계란 프라이, 닭갈비빔밥, 구운햄, 갈비찜, 치킨, 왕돈까스, 치즈돈까스까지 진홍준, 미나, 엄마는 맛있게먹었습니다. 그리고 계란으로 기쁜 마음으로 진홍준과미나는 기뻐요.

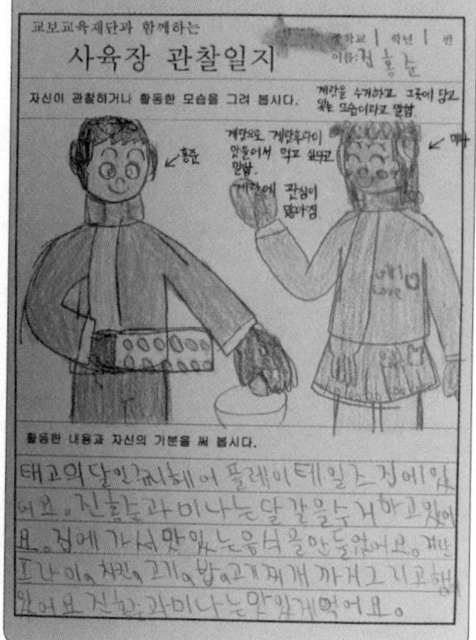
교보교육재단과 함께하는

사육장 관찰일지

중학교 1 학년 1 반
이름: 진홍준

자신이 관찰하거나 활동한 모습을 그려 봅시다. 계란을 수거하고 그릇에 담고 있는 모습이라고 말함

활동한 내용과 자신의 기분을 써 봅시다.

태고의 달인 줌바해 어 플레이 테일즈 집에 있어요. 진홍준과 미나는 달걀을 수거하고 있어요. 집에 가서 맛있는 음식을 만들었어요. 계란프라이, 치킨, 고기, 밥, 고기찌개 까지 그리고 했었어요 진홍준과 미나는 맛있게 먹어요.

좌담 | 학교환경교육 지원사업을 말하다

마을은 아이를 키우고 햇빛은 행복을 만든다

사회 : 송헌석 • 교보교육재단 사무국장
참석 : 이재영 • 공주대 환경교육과 교수
오창길 • 자연의벗연구소 소장
한지원 • 의여중 기술가정교사
신경준 • 숭문중 환경교사

학교와 지역이 함께 성장하다

사회 오늘 학교환경교육의 전문가이신 멘토 선생님과 교보교육재단(이후 교보재단)의 '학교환경교육 지원사업'을 3년간 진행한 교사 선생님 네 분을 모시고 환경교육의 활성화 방안에 대해 허심탄회하게 얘기를 나누고자 합니다. 지속가능한 학교와 지역사회를 만들어가기 위해 처음 이 사업을 기획한 때가 2010년이니, 감회가 새롭네요. 기획 단계에서부터 멘토로 참여한 이재영 교수께서 말문을 열어주시지요.

이재영 벌써 6년의 시간이 지났네요. 2010년 당시 이 프로젝트를 기획할 때 기존의 학교환경교육 사업과 교보에서 진행했던 사회환경교육 사업의 한계를 동시에 극복할 수 있는 모델을 찾기 위해 고민했습니다. 지나치게 일회적이고 형식적인 시범

학교 모델이나 체험활동 위주의 사업을 넘어서려면 일정한 시간을 보장해주는 것이 필수적이라 판단했어요. 그러려면 적어도 3년 정도는 지원해야 한다고 생각했지요. 이것이 기존의 1, 2년짜리 사업과 다른 교보재단 지원 사업의 첫 번째 특징입니다. 첫해에 역량 강화를 하고, 2년 차에는 틀을 만들고 3년 차에는 정착하고 그것을 확산할 수 있는 모델을 만드는 게 제일 중요한 과제였죠.

두 번째로는 보통 학교환경교육 시범학교로 지정되고 나면 그냥 1년이 되도록 내맡겨졌다가 연말에 보고서 내고 끝나는 경우가 많은데, 이를 극복자하는 거예요. 그런데 실제로 학교에서 뭔가를 하려고 하면, 교사 혼자 하다보면 골병들게 마련이니까 지역사회의 자원이 결합하는 것이 좋겠다고 판단했습니다. 그래야 지속성이 생기게 됩니다. 학교가 중심이 되어서 지역 서포트 그룹을 만들고 교보 차원에서는 멘토라는 그룹을 만들어서 원격으로라도 지원할 수 있는 체계를 만들자. 이게 두 번째 중요한 특징입니다.

세 번째는 그전에 환경교육이 오염문제나 쓰레기문제 등으로 너무 한정되어 있어서 지속가능발전교육처럼 통합적으로 했으면 좋겠다. 학교마다 처한 위치가 다르기 때문에 각기 처해 있는 고유한 상황을 반영해서 테마를 잡고 지속가능성이란 측면에서 통합적으로 갈 수 있게 좋은 사례들을 만들었으면 좋겠다고 생각했어요.

그렇게 1차연도 5개 학교, 2차연도 8개 학교, 모두 13개 학교에서 이 사업을 진행해, 13개 학교가 나름대로 고유한 빛깔이 있어서 좋은 사례가 되었다고 생각합니다.

사회 처음 시작할 때의 문제의식은 학교를 중심으로 지역공동체를 만들고 싶다는 것이었습니다. 이전엔 사회환경교육에 집중했어요. 시민단체에서 교육이 잘되면 학교로 들어가고, 그러면 마을이 바뀔 것이라 생각했는데 그게 잘 안됐어요. 단체 활동가들도 많이 바뀌고, 학교로 들어가는 걸 힘들어했죠. 그래서 학교 선생님이 중심이 되고, 지역사회의 다양한 단체와 전문가가 결합해 프로그램을 운영하면, 학교에는 학부모들이 있기 때문에 뭔가 바뀌지 않을까 생각한 거예요.

또 하나는 학교 안에는 교육 전문가가 있으니까 이러한 몇 가지 소스만 주더라도 선생님들이 충분히 교육적으로 풀어낼 수 있을 것이다. 그리고 학교에서 지역사회와 같이 손을 잡고 프로그램을 만들고, 정착되면 선생님이 바뀌더라도 그 프로그램은 기풍으로 남아서 계속 운영될 것이다. 이런 희망을 가지고 학교를 지원하기로 했어요.

3년 정도 지원을 하게 되면 그 학교에 프로그램이 정착될 것이고 그렇게 된다면 학교를 중심으로 다양한 지역 환경교육 공동체가 만들어질 것이라는 생각을 했었죠. 그 모티브는 거산초등학교의 사례예요. 작은 학교가 없어지려 했을 때 선생님들이 모여서 작은학교를 살려낸 모델을 벤치마킹해서 학교를 바꿔보자고 진행을 했고 이재영 교수님과 오창길 소장님에게 자문을 많이 받아서 프로그램이 만들어진 거죠. 처음부터 참여해 직접 멘토링을 해서 학교에서 선생님들이 혼자 부닥치는 다양한 문제들을 해결할 수 있게끔 도와주는 체제를 만든 오창길 소장님 얘기를 들어보기로 하죠.

오창길 저도 기획 단계에서부터 멘토로 참여했는데, 교보사업의 가장 큰 특징은 유연성이었다고 생각합니다. 이런 사업이 성과주의로 가다보면 보고서만 그럴듯하고 내실을 갖기 어려운데, 교보사업은 예산이나 협업의 측면에서 단연 돋보이는 면이 있었습니다.

2010년에는 환경운동을 하는 시민단체분들이 학교라는 공간에 벽 같은 걸 느꼈다고들 해요. 그 이유는 다름 아니라 학교에 이렇게 훌륭한 선생님이 있다는 걸 잘 몰랐기 때문이에요. 학교 교육에 열의가 있는 분들이 환경교육의 주체가 되어서 지역사회와 연계한다는 것이 새롭기보다는 13개 학교가 모두 지역에 들어가 지역 주민들을 만나고, 같이 생활했던 게 큰 차이점인 거죠. 겉에서 보기에 이 사업에 참여한 학교들이 다 텃밭만 한 것 같고 비슷비슷해 보이지만 그 과정을 살펴보면 성과를 비교하기도 어려울 거라 생각합니다. 사실 보고서만 보면 교보재단 지원사업 학교보다 훨씬 정리가 잘된 학교도 있어요. 하지만 이 사업을 진행한 학교는 보고서를 잘 쓰려고 노력한 게 아니라 아이들하고 선생님이 행복하게 하는 걸 가장 주안점을 두었던 게 가장 두드러진 차이입니다.

또 하나는 저도 멘토를 하면서 많이 배웠는데, 환경교육이 우리 사회가 가지고 있는 환경문제, 환경 사안과 정면으로 맞딱뜨려서 문제를 해결하려 노력했다는 점이에요. 예를 들어 두루미 서식지와 관련한 문제해결 노력을 들 수 있습니다. 그런 부분들을 높게 삽니다.

도시농업의 경우를 봐도 텃밭을 중심으로 했어도, 의여중은 가능동 지역 주민들과 공동체를 만들려는 노력을 했었고, 숭문중은 소금꽃마을이라는 지역공동체의 중심이 된 사례도 있어요. 이런 경험은 우리가 생각해보지도 못했던 유형이잖아요. 그런 것들을 많이 배운 기간이 아닌가 싶어요. 이 기간에 네트워크가 형성된 것도 유의미한 사례입니다. 보여주기에 연연하지 않다 보니 질적 네트워크가 가능했었고, 일반화라는 모델이 만들어지지 않았나 생각합니다. 이 모델이 오래 지속되고, 네트워크를 통해 교사들 사이의 관계가 활성화되리라 봅니다. 아쉽게도 올해 종료되지만 앞으로 학교환경교육에서 중요한 역할을 하지 않을까 기대합니다.

사회 교육과정을 바꿨으면 좋겠다고 생각했었어요. 기존의 교육과정이 바뀌지 않으면 프로그램이 계속 겉돌고 지원이 끝나면 프로그램이 끝나고 말죠. 환경교육은 특정한 담당 선생님이 프로그램을 운영하는 것이 아니라 담당은 있되 모든 선생님들이 함께 참여할 수 있기를 바랐습니다. 직접 프로그램을 진행하신 선생님들의 얘기를 들어보지요. 이런저런 어려움이 참 많았지요?

신경준 저희 숭문중은 2012년부터 14년까지 학교환경교육사업을 진행했는데 이 과정에서 개별화돼 있던 교사관계가 경계와 벽을 허물고 공동체화했어요. 이것이 가장 중요한 성과인 것 같습니다. 지난 3년은 공론화 방법을 통해 어떻게 환경교육을 할 것인가 고민을 나누는 시간이었어요. 1년 차에는 아이들과 탐방할 지역을 찾았고, 2년 차에는 이 프로그램 실제 적용하고, 3년 차에는 지역사회와 만나면서 골격을 완성해나갔습니다. 이 과정에서 교사와 학생 간, 교사와 교사 간, 학교와 지역 간 경계선이 굉장히 많이 낮아졌어요. 그래서 환경교육이 경계선 없는 교육으로 확장될 수 있었던 계기가 되었고요. 상호간에 신뢰가 높아지고 학생과 학교, 지역사회에 자신감이 생겼습니다. 학교에서 있었던 환경교육이 지역사회에 나가서 신뢰와 공감을 얻었기 때문에 이 사업이 끝난 뒤에도 교사들은 여전히 학생들과 환경수업을 진행하거나 주민을 만납니다. 학생들이 공부방을 진행하기도 하고, 그 과정에서 주민들과 만나게 되고, 학부모들은 학교에 적극적으로 참여하기도 합니다.

처음엔 이게 될까 싶었는데… 학교와 교사, 지역사회가 함께 성장하는 모습을 보면 마음이 뿌듯합니다.

한지원 의여중은 2014년에 시작해서 올해 사업을 마무리합니다. 저희 학교에는 교보사업 이전에도 환경교육을 나름대로 꾸준히 해왔는데, 교보재단을 만나면서 그동안 하고 싶어도 못했던 것을 할 수 있었어요. 저희 학교 프로그램은 학년에 따라 특징을 달리하는 데 초점을 맞추었습니다. 1학년은 생소한 흙을 접하게 하고 정해진 작물을 심고, 2학년은 벼농사에 집중하면서 작물을 선택하고, 3학년은 배추를 기르면서 특용작물을 심는 식이지요. 우리 학교는 주변에 으슥한 골목길도 많고 노후화된 건물도 많아서 보기에 좀 을씨년스러운데, 어느 날

보니까 흉물처럼 방치된 방음벽 앞에 화분과 운동기구가 놓이기 시작했어요. 마을주민들이 하나둘 이곳에서 운동을 하게 되면서 농사짓는 아이들에게 한마디씩 하고…. 그렇게 학교와 지역사회가 조금씩 소통하게 된 거지요.

교사가 즐거워야 학생도 행복하다

사회 재단의 지원 원칙은 긴 호흡으로 바라보면서 선생님들에게 부담되지 않게 하자입니다. 선생님이 즐거워야 학생도 즐겁고 그래야 좋은 결실을 맺을 수 있다고 생각했어요. 멘토링 시스템은 그런 원칙을 실현하기 위해 도입했는데, 학교에서 혼자 온갖 문제에 부딪히는 교사들을 도와드리려는 제도이지요.

오창길 적극적으로 멘토링을 한 경우도 있지만 아쉽게도 교사와 멘토 간에 거리가 좁혀지지 않거나 이견이 발생한 경우도 있었어요. 앞으로 멘토링 시스템이 안정화되고 한 단계 발전하려면 이번 사업의 과정을 잘 살펴보고 피드백을 통해 철저한 평가 작업이 필요할 것 같습니다. 멘토링을 통해 문제를 해결한 사례를 정리하거나 잘 안된 경우, 지속적으로 제기되는 문제에 대한 대처 방안 같은 것을 매뉴얼화한다면 더욱 좋을 것 같아요. 그래야 앞으로 사업에서 시행착오를 줄이고, 애초에 의도했던 다른 환경교육 사업과의 차별성이 분명하게 드러나지 않을까 싶습니다.

신경준 사업을 시작하면서 저희 학교 교사들은 무조건 노는 것부터 시작했습니다. 이 점이 아주 중요한데, 점심 회의나 방과 후 회의처럼 일 중심으로 출발하지 않았다는 것입니다. 그 사람이 무슨 생각하는지를 알아야 제가 어떤 것을 하자고 했을 때 충돌하지 않겠다 싶어서 인간적으로, 삶으로 접근한 것이지요. 다른 환경교육 사업은 학생들이 어떻게 변화했는지에 대한 양적 결과에 주로 관심이 있어요. 사업이 끝나면 기관과의 관계도 끝나고 인적 네트워크가 전혀 남지 않습니다. 그런데 교보사업은 학교와 지역, 네트워크가 고스란히 남았는데, 이게 참 행복한 일이었어요.

한지원 우리가 꿈꾸는 생태나 환경은 거창한 게 아니에요. 마을 주민들이 담장 너머로 고개를 내밀고, "뭐 하냐" 그러면 학생들이 "배추 심어요" 그러고 "배추는 그렇게 심는 게 아냐", "그럼요?" 이렇게 참견하고 주고받는 따뜻하고 낮은 어울림이에요. 3년의 시간을 지나면서 사람과 사람 사이에 소박한 어우러짐이 생겼다는 게 신기하고 고마워요.

이재영 돌아보면 이런저런 기억이 떠올라서 머릿속이 잘 정리되지는 않는데…. 일단 제 생각에는 교보라는 기업이 좋은 일 했다고 봅니다. 이번 사업의 가장 중요한 성과로 저는 훌륭한 선생님들을 꼽고 싶습니다. 프로젝트를 수행하면서 선생님들에게 정보와 경험, 성과가 차곡차곡 쌓였고 그것이 의미 있는 두께로 자리 잡은 것 같습니다. 또 대부분의 사례에서 알 수 있듯이 학교의 틀을 벗어나서 지역 소재의 대학, 연구소, 시민사회 같은 민간섹터들이 참여해서 공동으로 사업을 진행했어요. 국가나 정부 쪽의 참여는 거의 없었는데, 저는 이것이 아주 좋은 경험이자 모델이라고 생각합니다. 이러한 성과를 잘 모아서 정리하고 확산해나가는 후속작업이 필요합니다.

신경준 우리 학교 선생님들이 이제 "세상은 함께 사는 세상이구나"라고 말합니다. 대부분의 교사집단은 자기 수업만 잘하면 된다고 생각하는 폐쇄적인 경향이 있는데 이런 변화가 생겼다는 자체가 놀랍습니다. 공동의 수업을 통해 마을과 주민을 만나면서 인식의 변화가 생겼습니다. 저희 학교는 학생들을 7개 팀으로 나누어 '소금꽃마을 지도 만들기' 프로그램을 진행했는데 얼마 전에 그중 한 팀이 없어졌어요. 재개발로 동네가 사라지면서 학부모의 삶터가 사라지고 아이들도 전학을 간 거지요. 그때 저는 절실하게 깨달았습니다. 아, 아이들을 키운 것은 마을이었구나. 삶과 교육이 따로 떨어진 것이 아니었구나. 새삼 주민들에게 고마움을 느꼈습니다.

한지원 선생님이 스스로 '좋았다'라고 느껴야 아이들에게도 가르쳐주고 싶은 마음이 들고, 꽃을 보고서 '예쁘다'라는 마음이 들어야 애들 데리고 나가서 예쁜 꽃도 보여줄 수 있잖아요. 저희 학교 선생님 밴드가 있는데 프로필 사진이 추수할 때의 장면이에요. 처음엔 소극적이었던 선생님들도 나중엔 적극적으로 달라졌어요. 뒤에서 바라보기만 하던 분들이 모내기할 때 줄잡아주고, 추수할 때 낫질하고, 벼를 털고…. 그렇게 해서 떡을 만들어 다 같이 나누고…. 환경교육이 최고의 인간교육이라는 말이 실감납니다.

사람과 네트워크가 가장 큰 성과

사회 다들 좋은 말씀만 해주셔서 제가 몸 둘 바를 모르겠습니다. 저는 사실 환경의 개념이 무엇일까 여전히 고민입니다. 재단에서는 인성과 리더십 교육에 주목하고 있는데, 거기에 비하면 환경이 조금 작은 개념인 것처럼 느껴지기도 하고. 더 많은 연구가 필요할 텐데, 앞으로 학교에서 환경교육이 잘되기 위해서는 어떤 것이 필요한지 말씀해주시지요.

이재영 환경의 개념은 보는 관점에 따라 무척 다양할 텐데, 저는 자연환경뿐 아니라 사회체제까지도 환경에 포함되어야 한다고 생각합니다. 그런 면에서 인성과 리더십의 하위개념은 아닐 것 같고. 만일 새로운 환경교육을 해보자, 이런 기회가 왔다면 과감하게 혁신적으로 해야 할 것 같아요. 새로운 것도 시간이 가면 전통적인 방식으로 퇴행하는 경향이 있는데 이번에도 그렇지 않았나 싶습니다. 그런 것을 염두에 둔다면 더욱 도전적인 실험을 해볼 필요가 있지 않을까요. 저는 사실 '학교숲' 운동이 순식간에 퇴보하는 것을 보면서 좌절하고 있었는데 이번 사업을 통해 다시 희망을 갖게 되었어요.

신경준 저는 두 가지를 건의하고 싶은데, 먼저 사업 실행 과정에서 발생한 문제를 'Q&A' 형식으로 정리해 두면 유용할 것 같아요. 괜히 거치지 않아도 될 시행착오를 줄여줄 것이고, 또 하나는 이 사업을 시작할 때 학교 관리자를 참여시키면 좋겠습니다. 처음부터 같이 하면 행정업무나 여러 일을 처리할 때 훨씬 소통하기 쉬워질 테니까요.

한지원 관리자의 욕심이나 욕망이 크면 자칫 압박이 될 수도 있어요. 올해 사업을 마무리하면서 아쉬운 점도 많지만 저로서는 크게 성장하는 계기가 되었던 것 같아요. 요즘엔 다른 학교에서 저희 학교로 많이들 배우러 오시는데, 저희처럼 교육과정 자체를 바꿀 정도는 아니지만 그래도 바꾸려고 조금씩 시도하는 모습을 보면서 보람을 느낍니다. 나눔과 배움에 목말라 하는 선생님들이 참 많은데 그분들을 도와줄 수 있는 방법이 많았으면 좋겠어요.

오창길 좋은 성과와 사례를 널리, 많이 알려야 합니다. 예를 들면 2014년에 고양 상탄초에서 '한일청소년생물다양성포럼'이 열렸잖아요. 생물다양성 교육을 위해 한·일청소년들이 한자리에 모인 것인데 매우 중요한 국제 행사였는데 이걸 아는 사람이 많지 않아요. 선생님이나 담당자가 자주 바뀌는 것이 주요한 원인인데 그럴수록 이를 잘 전수하고 과정을 공유할 필요가 있지요. 농사를 지었다는 얘기는 들었는데 무슨 농사를 어떻게 지었는지는 잘 모릅니다. 안타깝게도 이번 사업을 중도 포기한 경우도 있었는데, 제안 단계에서 지역사회와 공동으로 사업을 추진한다든지 해서 대책을 마련해야 합니다. 덧붙이자면 이렇게 좋은 사업이 긴 시간 동안 지속될 수 있었다는 것에 감사하고, 저에게도 큰 배움의 과정이었습니다.

이재영 이 사업을 처음 시작할 때 환경교육이 세상을 변화시킬 수 있었으면 좋겠다고 생각했는데, 그런 면에서 어느 정도 성과가 있지 않았나 생각합니다. 작든 크든 변화가 생겼고, 사람과 네트워크가 성장하고 남았잖아요. 앞으로 더 큰 변화를 만들어내기 위해서는 채널과 방식을 조금 더 조밀하고 강도 높게 디자인해야 하지 않을까요? 끓이다 멈추기를 반복해도 100

도에 다다르지 못하면 물은 절대 끓지 않습니다. 섭씨 100도가 될 때까지는 계속 끓여야지요.

사회 마지막으로 한 가지 바람이자 덧붙이고 싶은 것은 이번 사업을 계기로 교육과정이 좀 바뀌었으면 좋겠어요. 교육과정이 바뀌지 않으면 프로그램이 지속되기 어려우니까 모든 선생님들이 동의하고 합의해서 교육과정을 만들면 바랄 것이 없겠어요. 오늘 말씀 잘 들었습니다. 모두 고맙습니다.

멘토 소감

교사학습공동체에 주목해야

이선경•청주교육대학교 과학교육과 교수

학교에서의 환경교육은 단지 교육과정을 통해서만 이루어지는 것은 아니다. 2015년부터 전 세계적으로 수행되고 있는 지속가능발전교육 국제실천프로그램(GAP)에서는 지속가능발전교육에서 학교 전체적 접근을 우선 추진 영역 중 하나로 강조하고 있다. 환경교육의 학교 전체적 접근은 학교 교육과정에서 환경교육을 수행하는 것뿐 아니라 학교의 교수학습적 접근, 자원 이용, 거버넌스, 지역사회와의 협력, 학교 관리 등의 영역을 모두 포함한다.

환경교육과 환경운동, 환경문화를 오랫동안 지원하면서 환경을 기반으로 한 지속가능한 사회를 추구해 온 교보교육재단에서는 2011년 학교환경교육 지원 사업의 체제를 변경하였다. 같은 학교에 3년 동안 지속적인 지원을 통해 학교에서 수행되는 환경교육의 질적인 발전을 도모하고, 연속성을 확보함과 동시에 이 학교가 그 지역의 환경교육 중심이 될 수 있도록 하였다. 이때 선정된 학교에는 전문가 지원단의 멘토링을 제공하였으며, 이를 통해 개인 교사는 물론 학교 전체가 환경교육을 위해 노력하는 기회, 즉 학교 전체적 접근을 가능하게 한다는 것이었다.

사업이 시작되고 환경교육 멘토링단이 구성되었다. 대학에 있는 환경교육 연구자들뿐만 아니라 사회환경교육 전문가들, 에너지 전문가, 먹거리 전문가 등도 포함되었다. 학교에서 온 교사, 교장 선생님들과 함께 워크숍도 하고, 여러 멘토들이 함께 학교 방문도 하고 선생님들과 이야기도 나누었다. 해가 바뀌면 다른 학교의 선생님들과 함께 공유하고 성찰하고 논의했다. 그렇게 3년을 지내면서 아이들도, 선생님도, 학교도, 멘토들도 모두 함께 배우고 성장했다.

본 책자에 포함된 사례들은 학교환경교육 지원사업의 사례들을 정리한 두 번째 성과이다. 그중에서 상원초등학교의 교사학습공동체에 대해서는 특별히 주목해 주길 당부한다. 우리가 학교에서 또는 학교 밖에서 어떤 변화를 이루어내고자 할 때 혼자 힘으로는 쉽지 않다. 여럿이면 변화를 지향하는 쪽으로 무게 중심을 조금 더 이동시킬 수 있다. 규칙적으로 함께 만나는 교사학습공동체가 있으면, 개별 교실에서 이루어지는 교육 활동들은 더 이상 따로 떨어져 있는 구슬들이 아니다. 함께 연결되어 근사한 목걸이가 될 수 있다. 일단 함께 만나서 이야기하는 게 필요하다.

이 책의 발간을 계기로 모쪼록 학교 전체가 참여하는 환경교육에 관심이 있는 선생님과 학교, 기업들이 더욱 많아지기를 기대한다.

멘토 소감

혁신의 확산

이재영•공주대학교 환경교육과 교수

학생들의 절대다수를 불행하게 만들고 배움으로부터 소외시키는 대한민국의 학교는 반드시 바뀌어야 한다. 이건 나만의 생각이 아니다. 학교가 바뀌어야 한다고 생각하는 사람도 많고 변화를 만들기 위해 씨앗을 뿌리는 사람도 적지 않다. 그렇게 뿌려진 씨앗들 중 몇 개가 살아남아서 뿌리를 내리고 새로운 배움의 생태계를 만들어내고 있을까? 어떤 씨앗은 뿌리도 내리지 못한 채 먼지처럼 사라지고, 어떤 씨앗은 겨우 뿌리를 내리고 싹을 틔웠다가도 고정관념에 밟히거나 편견에 뜯기거나 반교육적 요구에 잘려 수명을 다한다.

1985년 환경교육시범학교 사업이 처음 시작된 이래 수백 개의 학교가 잠깐 동안 새로운 환경교육을 위한 모델, 선도, 시범의 씨앗처럼 보였지만 지금은 그 흔적조차 찾을 수가 없다. 지난 30년의 어두운 경험은 나에게 질문을 던지게 한다. 혁신은 어떻게 확산되는가? 나는 그 원인과 돌파구에 대해 연구할 기회가 있었고 몇 가지 배운 것이 있었다.

2011년 처음 교보와 함께 이 사업을 기획할 때 그 배움의 결과를 적용하였고, 단기간에 숲을 만들지는 못하겠지만 이번에 뿌려지는 씨앗들 중 일부는 작은 나무로 자라기를 소망했다. 지난 5년의 기간을 돌아본다. 나의 바람은 실현되었을까? 결과적으로 어린 나무들은 각자 자기의 영토에서 외롭게 바람을 맞고 서 있는 듯하다. 우리의 실험은 실패인가? 나는 나무가 자라서 열매를 맺고 씨앗을 퍼뜨리려면 꽤 오랜 시간이 걸린다는 것을 잘 알고 있다. 때로는 10년 이상 걸린다. 어린나무가 열매를 금방 맺지 못한다고 해서 영구적인 불임병에 걸린 것은 아니다.

현명한 농부는 씨앗을 뿌리고 싹이 난 뒤에 무엇을 할까? 햇빛과 바람과 흙과 협력할 수 있는 방법을 찾을 것이다. 주권재민의 민주공화국으로 새롭게 태어나고 있는 대한민국의 요구에 부응하는 새로운 학교, 새로운 환경교육은 무엇이고 어떻게 확산될 수 있을까? 나는 이제 이 질문의 답을 찾아보고자 한다.

멘토 소감

소통과 협의를 통해 성장하는 과정

오창길 • (사)자연의벗연구소 소장

학교를 생태적인 공간으로 바꾸자는 이야기들은 그동안 우리 주변에서 줄곧 논의해왔다. 학교환경교육을 지원하기 위한 시범학교 지정과 공모사업, 민간단체와의 연계사업 등 비슷한 사업들은 90년대 이후 학교환경교육의 가장 큰 발전을 이루는데 기여를 하였다. 교보교육재단에서 6년간 진행한 학교환경교육 지원사업은 그동안의 물적지원뿐만 아니라 인적지원(멘토링)을 더해서 발전을 꿈꾸었다. 생태적인 사람을 육성하기 위한 교육과정의 변화를 통해 현재 한국교육현장에서 파도처럼 출렁이는 혁신학교운동에 철학과 방향성을 가미하여 열매가 익을 수 있는 토양을 만들고자 하였다. 학교전체적인 접근Whole-school approaches을 통한 학교 옥외환경에 텃밭, 논, 옥상, 벽면녹화, 연못을 조성하여 학교구성원들의 생활공간을 친환경적으로 변화하여 환경교육의 장으로서 많은 효과를 가져왔다.

가장 중요한 것은 학교구성원들의 참여를 통한 환경의식의 고취

일 것이다. 함께 새로운 학교의 모습을 협의하고 계획을 세우고 실제 작업에 참여하면서 민주시민으로서의 시민성함양과 생태적인 소양의 체득을 얻고자 하였다.

사실 학교환경교육 지원사업들이 모든 학교에서 풍성하게 결실을 얻은 것만은 아니다. 하지만 교보교육재단의 일관성 있는 지원과 유연한 사업방식을 통하여 소통과 협의를 통해 서로가 성장하고 배워나가려고 노력하였다. 이제 시작에 불과한데 학교환경교육 지원사업을 마감하게 되어서 안타까운 마음이 크다. 이번 사업보다 좀 더 나은 학교환경교육 지원사업의 유형들은 더욱 많이 시도되고 발전되어야 한다.

6년 넘는 시간들에서 가장 큰 혜택을 받은 입장에서 함께 한 모든 이들에게 늘 감사한 마음을 드린다.

멘토 소감

학교환경교육의 새로운 가능성

김인호•신구대학교식물원 원장/신구대학교 환경조경과 교수

지구온난화, 미세먼지, 가습기살균제, 핵발전소 등 지구적, 지역적인 환경문제 심각성과 환경문제를 예방하고 해결하기 위한 환경교육은 중요성이 강조되고 있다. 하지만 학교환경교육의 현실은 녹록치 않다. 환경과목 선택률이 10% 내외로 저조하고, 환경교사임용도 몇 년째 이루어지지 않고 있다. 환경교육은 필요한데, 학교환경교육은 역행하고 있는 것이다.

어려운 시대의 반영으로 시작된 교보교육재단의 학교환경교육 지원사업은 6년간 진행되면서 그동안 시도하지 못했던 학교환경교육의 새로운 가능성과 한계를 보여주었다. 우선, 목표와 전략측면에서 지역사회와의 협력체계 구축, 학생들의 주도적인 참여, 학교특성에 기초한 에코스쿨로서 특성화된 통합환경교육 프로그램 운영, 학교공동체 구성원과 논의를 기반으로 학교의 내발성 강화라는 지향은 의미 있는 도전이었다. 학교 교사중심의 환경교육을 넘어 환경교육이 프로젝트로 학교를 바꾸고 지역을 변화할 수 있다

는 가능성을 보여주었기 때문이다.

운영 측면에서 3년 지원기간을 통해 단계별로 꿈꾸고 실천하는 기회를 제공하였고, 전문가 자문단(멘토) 제도의 도입은 학교가 스스로 성장하는데 자양분 역할을 하였다. 매년 성과평가발표 프로그램을 통해 참여 학교와 자문단 간의 상호학습과 함께 역량강화 기회는 그 어느 배움보다 풍성하고 따뜻했다.

교보교육재단의 학교환경교육 지원사업은 우리나라 구석구석에 숨겨진 학교공동체 구성원들의 알토랑 같은 환경교육적 상상력과 희망을 발굴하는 훌륭한 등용문이었다. 선발과정에서 만난 교사들의 열정은 감동이고 희망이었다. 계획보다 기대 이상의 성과는 항상 학교현장의 학생들과 교사들에 의해 창조되고 있다는 것을 다시 깨닫게 하였다. 사업 전반에 아쉬움이 없는 것은 아니지만 교보교육재단의 학교환경교육 지원사업에서 보여준 생산적이고 의미 있는 학교환경교육 운영사례들은 앞으로 학교환경교육 혁신적인 발전에 촉매제 역할을 할 것으로 믿는다.

멘토 소감

하나로 이어진 학교와 마을, 환경

남영숙 • 한국교원대학교 환경교육과 교수

교보교육재단의 '학교환경교육사업'은 어두움에 밝은 빛을 발하는 등불 역할을 하였다. 우리나라에서 환경교육을 중등학교에 도입한 이후, 2008년 이후 정체되어 가는 환경교육계에 마지막 등불처럼 밝혀준 고마운 프로그램이었다. 기업의 사회적 책임이 부각되면서 크고 작은 기업들이 환경교육 프로그램을 운영하고 있으나 매우 소극적인 프로그램에 불과하다. 고작 지역주민에게 생산 프로세스를 견학하게 하고, 인근지역의 1하천, 1산 가꾸기 운동에 동원되어 쓰레기 줍기 행사를 진행하고 있는 대기업들이 수두룩하다.

그러나 교보의 학교환경교육사업은 미래를 제공하는 사업이었다. 교육부의 정책 부재인 학교환경교육의 희망이 그나마 교보를 통하여 소통하고, 경험을 교류하고, 새로운 학교모델을 만들 수 있는 좋은 프로그램이었다. 이로써 프로그램을 진행하는 교사에게, 학생들에게, 나아가 학교들에게 변화될 수 있는 기회를 제공하는 원동력이 되곤 하였다.

이 책을 읽어 가는 동안 나는 학생들과 교사들의 긴 한숨으로 시작했던 활동들이 학교에서의 행복으로, 환경에 대한 사랑으로 나타나고 있음을 느낄 수 있었다. 이와 같은 환경교육의 효과는 고무적이다. 이는 학생과 교사를 변화시키고, 마을을 변화시킨다. 더 나아가 지역을 변화시키고 국가와 지구를 변화시킨다는 희망을 나타낸다. '학교와 마을, 환경은 하나로 이어져 있다'에 크게 공감한다.

학교환경교육 지원사업의 멘토로서 함께 할 수 있었던 시간들에 감사하고, 함께 했던 아름다운 사람들과의 소중한 추억에도 고마움을 표하고 싶다. 그 과정에서 내가 가장 많이 변화되고, 그 변화를 강단에서 학생들에게 전달해 주기를 시도한다. 우리 모두가 환경교육의 중요성을 외치며, 실천하며 우리나라 환경교육의 부활을 꿈꾸길 희망한다. 그리고 교보교육재단에서 새로운 환경교육 사업을 구상 중이라는 것은 참 반가운 소식이다. 독일의 환경정치학자인 울릴히 폰 바이체크가 말하는 환경의 세기에 가장 필요로 하는 것은 교육일 것이다.

글쓴이의 말

저 싱그럽고 씩씩한 아이들은 어디서 왔을까

김경환

실로 얼마 만이었던가. 반백의 내가 연둣빛 새싹들을 만난 것은. 철원, 태백, 성남, 의정부, 서울의 학교에서 나는 아이들을 만났다. 초등학교 1학년부터 고등학교 3학년까지 아이들은 파노라마처럼 자라고 있었다. 우리의 부모가 그랬고, 우리가 그랬듯이 그들도 우리처럼.

학교는 변했거나 변하지 않았다. 병영을 연상케 하는 칙칙한 교정과 입시지옥은 어딘지 낯익었다. 완고한 제도와 무기력한 관리자들은 얼굴만 바꾼 채 굳건히 자리를 지키고 있었다. 시대는 낡았으나 새로운 시간은 아직 오지 않았다. 어디에선가 울음소리 혹은 노랫소리가 들려오는 것 같았다.

그 속에 사람들이 있었다. 나는 태백의 산중 학교에서 중증장애를 가진 아이들과 24시간 뒹굴며 자립을 향해 분투하는 교사들을 보았다. 철원 평야에서 아이들과 두루미와 더불어 평화를 노래하는 교사들을 보았다. 의정부의 도심 학교에서 여중생들과 운동장

논에 토종볍씨를 심는 교사들을 보았다.

나는 또 보았다. 성남시에서 문화와 역사와 생명을 만나고 이으려 애쓰는 교사와 학생들, 아파트에 둘러싸인 고양시 학교에서 개구리논과 지렁이텃밭을 가꾸는 아이들을. 서울에서 학교 옥상에 태양광 패널을 올려 햇빛으로 전기를 생산하고, 생명의 숨결을 교실 안으로 불러들여 작은 지구를 만들고, 담장을 허물어 학교가 마을로, 마을이 학교로 들어와 어우러지는 광경을. 그리고 교사와 아이들에게 따뜻한 손길을 내밀어 이끌어주는 지역의 수많은 눈 맑은 이를.

희망은 어디에서 오는가. 스스로 깨어 행동하는 사람에게서 온다. 올곧은 시선을 오로지 학생과 그들의 참된 성장에 두고, 온 에너지를 쏟아 붓는 헌신적인 교사들. 종말을 앞두고 나무를 심는 이들은 오래된 미래이다. 좋은 교사처럼 좋은 교육은 없다. 좋은 교사가 좋은 학생을 만든다. 교육은 결국 인간을 만들고 완성해 가는 과정이다.

가슴 아리게 춥고 눈물겹게 서러워도 아이들은 자란다. 그들은 연약하지 않다. 희망은 생각보다 힘이 세다. 당차고 똑똑하고 유쾌한 그 아이들은 우리가 발 딛고 사는 땅에서, 수많은 이의 사랑과 응원으로 자라나 스스로 광장에 섰다. 그들이 만들어갈 세상은 지금과 다를 것이고 더 나을 것이라 믿는다. 나는 그들의 친구로 남고 싶다.